ambitious

アンビシャス
社 会 学

櫻井義秀・飯田俊郎・西浦 功 〔編著〕

北海道大学出版会

はじめに

　「社会学」を初めて学ばれるみなさんを歓迎します。社会学はみなさんが小学校から高等学校まで学んできた歴史・地理・公民の社会科と似ています。ああまた暗記を強いられるのかとげんなりしている人もいるのではないでしょうか。だから社会は嫌いなんだという人も結構いますね。安心してください。社会学は暗記する科目ではありません。考える科目です。考えるのが面倒くさいと文句を言う人はいませんか。それはマズイですね。
　何について考えるのでしょうか。社会というのは抽象的な言葉です。より具体的に社会学の対象を示せば，みなさんが考えるべき課題が見えてくると思います。家族，地域社会，学校という対象はどうでしょうか？　知っている，わかっている，現に経験しているから，と考える人が多いと思います。しかし，それはあなたの家族，あなたが住んでいる地域，あなたが通った学校ですね。あなたの親戚や友達の家族のことはわかりますか。海外の同世代の人たちの家族についてはどうでしょう。あるいはお爺さんお婆さん世代の家族と現代の家族，どこが同じでどこが違うのでしょうか。まだまだ知らないことがありますね。
　社会学では個別具体的な社会(家族，地域社会，学校，職場)と，それに影響を与える大きな社会(世界経済，政治情勢，社会階層)の動きについても考察を進めます。そして，私たちが日常接している社会に共通する要素を社会構造とし，その構造がどのように変化していくのかを見ながら，私たちの住んでいる社会の行く末を考えていくのです。そして，同時に社会的差異(貧富の差，男女の差，差別的な問題)がなぜ生じるのか，どうしたら極端な格差をなくせるのか(社会的支援や福祉制度)についても考えます。現代日本であれば，日本に在住する200万人の外国人定住者の隣人や東日本大震災後の復興についても考えるべきでしょう。
　こうして考えることで，人は同じではないが，あまりに違いすぎてはいけ

ないという感覚や，一通りではない人生のあり方を冷静に見つめることができるようになります。そうなれば社会学を学んだかいがあったというものです。

　もうひとつ注意しておきたいことがあります。社会学は暗記科目ではないと言いましたね。なぜなら，社会学が扱うさまざまな問題・課題には，絶対的に正しい答えはないからです。誰かがそれはこうではないかと言ったとします。あなたは，なぜその人がそう言ったのか，それを考えてください。昔の偉人だからとか，今のエライ学者だからといった権威や肩書きで信用してはダメです。人文社会科学系の学問的問いに対しては，自然科学とは異なり，高度な数理的思考や複雑な実験，長期の観察をしなくとも，現在あなたが持っている知識や経験，テレビや新聞，インターネットから得られる情報によって，その人なりにある程度の判断をすることができます。それができなかったら，世の中で生活できません。ですが，これまで社会の成り立ちやあり方についていろいろなことを的確に考察してきた人たちの知恵を借りたほうが，危険を避けて人生を楽しく生きられるかもしれませんね。

　それでは，このテキストの使い方について説明していきましょう。
〈授業で使用する〉
① 　テキストを授業前に読んでみましょう。このテキストは各章が扱う社会領域や社会的問題を詳しく研究している執筆者がわかりやすく解説しています。小一時間で通読できるはずです。考えるポイントも各節の見出しで説明されています。
② 　授業で社会学の概念や事例について説明がなされますので，集中して聞きましょう。わからないことは遠慮せずに質問してください。実は他の人も同じことを知りたがっているのです。
③ 　各章の最後にある「考えてみよう」という問いをまず自分で考え，次いで友達の考えと比べてみましょう。同じでしょうか。違いますか。なぜ，違っているのか，その理由をお互いに確認し合いましょう。

〈公務員試験や大学院入試の入門編として使う〉
① 公務員試験の社会学で問われる問題は，本書の第1章「学説史」と第2章の「社会調査法」，およびそれ以降の社会学的知識でおおよそカバーされるはずです。専門用語として青色で表示される言葉や索引の用語をおさえておきましょう。
② 大学の学部で社会学を勉強していなかったけれども大学院で社会学を学びたいという人は，社会学的発想のコツや社会学の概念について学ばなければなりません。まず，この本で入門を果たしましょう。各章の末尾に次に読む参考書が示されています。

　では，みなさんがこのテキストで社会学の楽しい学びをされることを期待しています。

編　者

目　次

はじめに

第1章　社会学のあゆみ　　櫻井義秀……1

1. 社会とは何か　2
   人類の発展と社会　2／社会という経験と概念　3／社会学が対象とする社会　4
2. 社会学の発想と方法　6
   社会の秩序と構造　6／社会変動と社会の趨勢　7／社会問題への意識　8
3. 社会学のあゆみ　9
   モダニティの社会学　9／社会学における主意主義と社会学主義　11／社会システム論と機能分析　12／解釈学的社会学と分析的社会学　15
4. 社会学に何ができるか　18
   社会学の諸領域　18／公共社会学と社会的実践　19

第2章　社会調査法　　寺沢重法……23

1. 社会調査とは何か？　なぜ学ぶのか？　24
   社会調査はなぜ大切なのか？　24／エビデンスを求める　26／調査リテラシーの大切さ　27／調査倫理　27
2. 社会調査の種類とプロセス　28
   社会調査の種類　28／量的調査のプロセス　29／問題を設定する　30／調査対象を決める　30／調査方法を決める　32／調査票を作成する　32
3. 相関関係と因果関係　35
   クロス分析　36

第3章　家　　族 …………………………………… 平賀明子 …… 43

1　家族とは　44
   制度と形態，機能と役割　44／1990年以降の家族変動　46／現在の家族の問題　48

2　家族の定義──幸福（well-being）が意味するものは何か　50
   家族の定義に含まれる幸福（well-being）と社会福祉の補完的役割　51／現代の核家族──機能の拡大　51／ライフスタイルからみた現代家族　53／家族的指向と個人的指向──概念図をもとに　54

3　現代家族──課題と包摂の可能性　56
   お金の価値と青年期のwell-being　56／仕事と結婚──子育て期の母の悩み　57／排除される人々と包摂の可能性　58／支援する人々と地域の文化・芸術　58

第4章　教　　育 …………………………………… 野崎剛毅 …… 61

1　なぜ学校はあるのだろうか　62
   「なぜ学校なんてあるんだろう」　62／学校教育の2つの機能　62／属性主義と業績主義　64／教育の近代化理論　65

2　文化的再生産　66
   コールマン報告　66／文化的再生産論　67／ブルデューの再生産論　69／日本における階層と教育　70

3　「平等」と教育　72
   機会の平等／結果の平等　72／努力の問題か　74／教育は無力なのか　75

第5章　政治・社会運動
　　　　社会運動とはどのようなものか？ ……………………… 竹中　健 …… 79

1　誰が，なぜ運動を起こすのか？　80
   政治プロセス　80

2　社会運動研究の歴史　85
   構造的ストレーン　87／相対的剥奪論と準拠集団論　87／資源動員論　88／構造論から文化へ　90

3　社会運動のいろいろ　92
   公害（環境）問題と反原発運動　92／環境保護運動とグローバリズム　94／社会運動の歴史的変遷と社会運動理論の盛衰　94／ボランティアとNPO　96／ナショナリズムと社会運動　99

第6章　メディアの現在
現代社会を生き抜くための思考法……………………辻　　泉……101

1. メディアとは何か　102
   コミュニケーションとは何か？　102／メディアとは何か？　103／さまざまなメディア　104／20世紀の社会とメディア　104／21世紀の社会とメディア　105／ブラックボックス化と自己責任化という問題点　106

2. これからメディアとどう向き合うべきか　107
   考えることから始めよう　107／機能分析を学ぼう　108／ケータイの機能分析　108／機能分析のポイント　110

3. メディアで読み解く現代社会　111
   「古典」に学べ　112／効果研究の歴史　112／震災と原発報道に学ぶ　114／「コミュニケーション2段階の流れ仮説」の2面性　115／再び機能分析へ　117／これからのメディアを考える　117

第7章　地域社会とコミュニティ……………………飯田俊郎……121

1. 地域コミュニティの必要性と可能性　122
   個人と社会の中間　122／コミュニティの喪失・存続・解放　123／コミュニティの理想・再生　124／地域コミュニティの再評価　125／地域コミュニティの再定義　126

2. まちづくりから住民自治へ　127
   都市計画・まちづくり・まちそだて　127／札幌市のまちづくりセンター自主運営化　128／岐路に立つ札幌市の福祉除雪　130／地域コミュニティ再構築の契機　131

3. ライフスタイルの変革と循環型コミュニティ　132
   都市的生活様式　133／循環型コミュニティの設計　133

第8章　労　　働………………………………………今井　順……137

1. 雇用労働の成立と生き方の変容　138
   雇われて働く人の増加　138／産業化と労使関係の成立　139／標準的雇用としての「正規雇用」　141

2. 職場で経験する労働の諸側面　144
   労務管理制度　144／技能・能力　145／性別職域分離　147

3 産業構造転換とグローバリゼーションの中の労働　149
　相対化される標準的雇用　149／働く時間・場所の多様化　152／ワーク・ライフ・バランス　153

第9章　社会階層
格差と社会的排除 ………………………………… 櫻井義秀 …… 157

1 人間社会の歴史と身分・階級・階層　158
　社会階層とライフスタイル　158／歴史と集団の分化　159／身分制社会から階級社会へ　160／社会階層と近代主義　162

2 日本の社会階層　164
　産業構造の変化と階層移動　165／低成長の経済と世代内格差の発生　167／リスクへの対応力と格差　169

3 貧困と社会的公正　170
　現代の貧困　171／社会的包摂の施策　172／社会的公正とは何か　173

第10章　福祉と社会保障
支え合う社会をどのように実現するか？ ………… 西浦　功 …… 177

1 福祉国家の成立　178
　意外と身近な「福祉の仕組み」　178／福祉の歴史を振り返る　179／福祉国家の誕生　181

2 福祉国家の危機　182
　高度成長時代の終焉と福祉国家の転機　182／選別主義と普遍主義　183／多様な福祉モデルの展開　187

3 福祉多元主義へ――さまざまな担い手たちの協働　190
　営利的サービスの限界　190／地域コミュニティによる支援の試み　192／専門家を補完する「当事者の強み」　194／福祉の担い手を多元的にとらえる　195

第11章　グローバリゼーション ……………………… 人見泰弘 …… 199

1 グローバリゼーションと国民国家　200
　はじめに　200／国民国家という社会　201／グローバリゼーションの理論　202／グローバリゼーションの深まりと国民国家　202

2 グローバリゼーションと社会変容――経済・政治・文化　204
　経済のグローバリゼーション　204／政治のグローバリゼーション　207／文化のグローバリゼーション　209

3　グローバル化時代を生き抜くために　212
　　　競争と平等　212／多様性と統一性　214／トランスナショナルな想像力の習得を目指して　215

第12章　少子高齢社会 ………………………………… 青山泰子 …… 217

　　1　少子高齢社会の実像　218
　　　少子化の現状　218／高齢化の現状　220／人口減少社会の将来　221
　　2　少子高齢化と保健・医療・福祉　224
　　　全員参加型社会とは　224／自助・共助・公助の仕組み　226／予防の概念　227／健康寿命の延伸のために　228
　　3　これからの地域戦略　230
　　　医療過疎と向き合う　230／地域包括ケア　232

第13章　地域社会とソーシャル・キャピタル
　　　　　ソーシャル・キャピタルは地域社会をどのように支えているのか
　　　　　………………………………………………… 梶井祥子 …… 235

　　1　「ソーシャル・キャピタル」というアイディア　236
　　　社会的信頼と一般的互酬性の規範　239／「結束型」と「橋渡し型」のソーシャル・キャピタル　240
　　2　ソーシャル・キャピタルの可能性　242
　　　ソーシャル・キャピタルの経済的効果　242／健康・医療とソーシャル・キャピタル　245／教育とソーシャル・キャピタル――開かれた資本であることが重要　246
　　3　コミュニティとソーシャル・キャピタル　248
　　　〈つながり〉の衰退は進んでいるのか　249／「社会的つながりの仕方を発見する」――参加の場を創る　250／規範の醸成　252／「市民的発明の時代」をどう生きるか　254

第14章　ジェンダー・セクシュアリティ ………… 猪瀬優理 …… 257

　　1　ジェンダー，セクシュアリティのはたらき　258
　　　ジェンダー（gender）　258／セクシュアリティ（sexuality）　260／フェミニズム　262／男性中心主義社会の問い直し　263
　　2　社会生活の維持と再生産――ケアとリプロダクション　264
　　　「ケア役割」を担う女性と「ケアレス・マン」　265／再生産労働とは　268／再生産領域のグローバル化　271／ジェンダーの視点からみる社会　272

第15章　災害とコミュニティ ……………………………… 庄司知恵子 …… 275
　1　災害と社会　　276
　　　東日本大震災の発生　276／社会的なるもの「災害」――「地震」と「震災」　277／「自助・共助・公助」　279
　2　防災コミュニティの形成　　281
　　　自主防災組織とコミュニティ　281／東日本大震災における自主防災組織の動き　283
　3　復興とコミュニティ　　285
　　　コミュニティの消滅・分断，個の意見　285／コミュニティの復興――住民の思いをどうつなぐか　287／災害とコミュニティ，その行方　289

　索　　引　　293
　執筆者紹介　　298

第1章　社会学のあゆみ

> この章で学ぶこと
> 　社会学が対象とする「社会」の成り立ちを歴史や私たちの人生にそくして考え，社会学の発想の特徴や社会学が何を問題として探求してきたのかを解説します。
> キーワード：人間と社会，社会理論，社会学の発想と潮流，現代社会学

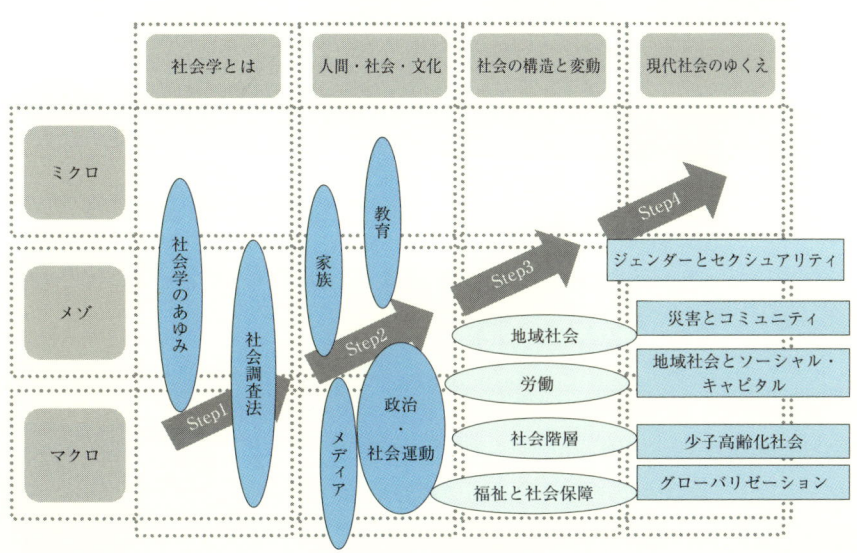

社会学理論と本書の構成

1　社会とは何か

> この節で学ぶこと：社会とは何かをあらためて考えることは、人類の進化、人間社会の歴史を考えることでもあります。社会とは何でしょう？　どこにあるのでしょうか？
> キーワード：人間の進化、想像、発達、役割

　私が社会学を学び始めて30年経ちました。学生時代にピーター・バーガーとトーマス・ルックマンという社会学者の『日常生活の構成』(ブックガイド1参照)という本を読みましたが、そのとき目から鱗が落ちる経験をしました。私とあなた、人と社会、自分の経験と現実の社会が初めてつながった感覚を持てたのです。それまで学生だからということで仕方なく(今も昔も変わらないでしょうが)いろいろな科目の勉強をしましたが、「わかる」「おもしろい」「もっと知りたい」を3つ同時に初めて味わったのです。

　みなさんにとっても社会学がそのような経験をもたらしてくれることを期待しながら、社会と社会学の話を始めましょう。もちろん、みなさんと私は嗜好や趣味も違うでしょうから、みなさんにとって3つの味を同時に味わえる学問が社会学である必要はありません。私にとって実におもしろい、学んでためになった学問なので、みなさんに少しでもその経験を伝えられたらと思います。おつきあいください。

人類の発展と社会

　地球が誕生したのが約46億年前、霊長類から初期の人類が分かれて人類の祖先が生まれたのが約700万年前といわれています。猿人(アウストラロピテクス)が洞窟で生活したのが約300万年前、火を使用する原人(ホモ・エレクトス)の誕生が約100万年前、そして現在のヒト(ホモ・サピエンス)が地上に現れたのが約25万年前とされます。同時期にいたネアンデルタール人が絶滅した一方で、約6万年前にアフリカ大陸から世界中に拡散したヒトが現在の人間になるのです。

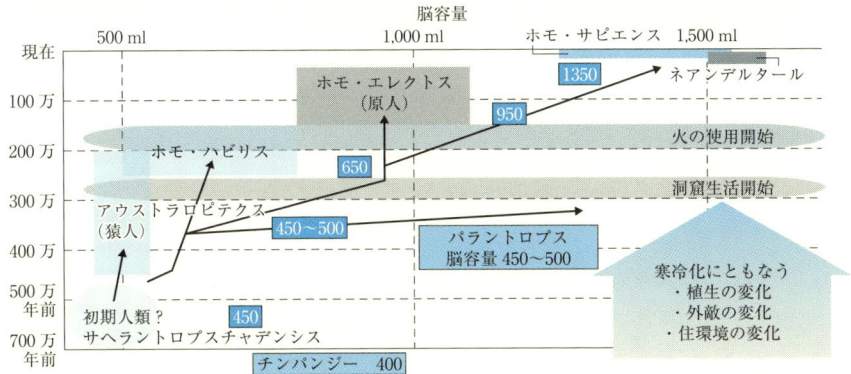

図1-1　人類の進化
出所：「脳容量の拡大時期(http://www.biological-j.net/blog/2009/06/000773.html)」より作図

　ヒトの進化(脳の容量増大)に影響を与えたとみられるのが，道具(石器や火)の使用と生態系への適応，そして社会の形成であると考えられています。類人猿であるサルやチンパンジー，ゴリラも群れという社会を作り，ボスの座をめぐって複雑なかけひきや抗争を行い，他の群れと戦います。しかし，その群れは個体識別が可能な水準である50～100頭の範囲を超えません。その範囲を超えて何百頭，何千頭の集団をまとめあげるために必要な集団の観念，すなわち社会を想像する能力(脳力)が不足しているのです。ヒトは個々の体力では大型類人猿や猿人・原人にかなわなかったのですが，そうした知力と複雑な情報を伝える言語によるコミュニケーション能力がきわめて発達したために，集団としての生態系への適応力を上げたのです。
　社会とは，自分たちの集団のあるべき姿についての想像です。何かしら具体的な集団そのものを指すのではありません。ですから，社会の範囲と奥行きは変幻自在です。社会について考えるということは，人間の進化の歴史と厳しい環境に適応していく可能性をたどることでもあるのです。
　さて，もう少し身近なところから，社会についての考察を進めましょう。

社会という経験と概念
　赤ちゃんは生まれて1歳を過ぎるとつかまり立ちして親の言葉をまねする

ようになり，2～3歳頃から自分の意思を言葉で伝えられるようになります。幼児期の言語学習能力，とりわけ記憶力はすごいですね。幼稚園児や小学校の低学年の子どもとトランプの神経衰弱をやると大人は簡単に負かされます。

　幼児期に子どもたちはごっこ遊びをよくします。お父さんの役やお母さんの役，お店屋さんの役など器用に声色を変えたりする子もいます。この役をやる，○○になるというのは社会的思考の始まりなのです。

　子どもは，お母さんの役をやっても本当に自分がお母さんになるとは考えません。お母さんという役を演じて楽しむだけです。人には役割というものがあるということを徐々に学習するのです。そして，低学年になると将来○○になりたいと考え始めます。お花屋さんやバスの運転手は職業のひとつと理解できるからです。公務員になりたいなんていう子はまずいません。役のイメージができないからです。それが中学生や高校生くらいになると，人に奉仕したいということで公務員という志望動機を語れるようになります。生活が安定しているからといった親の意向に影響される人もいるでしょう。

　役割を模倣する，素の自分と役割上の自分を分けることができる，仮面をつけて（比喩的な意味で）別の自分になるというのは，相当に世慣れていないと難しいですね。成人期くらいまでに子どもは人間関係の複雑な仕組みを学習し，または学校で教えられ，その後，実社会において多種多様な役割を持った人たちと出会い，交渉して生活するようになります。社会性とは，その場やその相手にふさわしい，ルール化されたふるまい方や考え方ができるということです。社会学をあらためて学ばずとも，私たちは社会を生きる実践的知恵を身につけているのです。

　しかしながら，自分の生育歴の中で経験した社会は狭い社会です。その経験から社会全体を一般化するのは危険です。広い社会を見ることで私たちは社会でよりよく生きる発想と方法を学ぶことができます。社会学はその一助となるきわめて実践的な学問です。

社会学が対象とする社会

　日本語の「社会」は，1885年に東京日日新聞の主筆であった福地源一郎が，英語のsocietyの訳語として造語したものが起源とされます。漢和辞典

で調べますと，社はやしろ，土地のカミサマを祀る場所を意味し，会は人々の集まりを意味します。それなら神社と同じかとなるのですが，神社は具体的なカミサマを祀る神殿という建物や施設を指すのに対して，社会はシンボルを共有する人々の集まりとなります。ここがミソです。

家族は血縁関係の親子・兄弟姉妹だけからなるのではありませんね。養子もあるし，家族に相当する他人も含めた「家族」や「氏族」がありました。同じ祖先をいただくという「民族」概念もまた，シンボルを共有する集まりです。

地域社会もまた，地域の厳密な区切りがあるわけではありません。ふるさとや出身はどこというときの範囲は結構伸び縮みするものです。大学では札幌市出身かもしれませんが，東京に出たら北海道民です，国外に出たら日本人ですというふうに答えるでしょうね。地域にもシンボル性があります。

シンボル性が強く，自分が所属していることを示す集団(基礎集団や地域社会)に対して，特定の目的のために作った集団(機能集団)として学校・会社・役所・NPO・ボランティアサークルなどがあります。これらの集団や組織，地域社会において私たちは役割を持って社会とつながっているのです。

国家も大きな組織ですが，これは私たちが所属しているという特性と私たちの安全や生活を保障するための行政機構という機能的特性を併せ持つ集団です。政治学は国家という社会の特性を扱うのが得意ですね。

ところで，所属するわけでも，ある目的をもってこしらえあげたわけでもないのに，人々の生活の仕方や資産の有無によってひとまとまりの特性を持つ集団とみなされるものに社会階層があります。階層にはお金やモノのやりとりを行う市場という経済学が対象とする人々の交渉の空間が関係しています。

以上の基礎集団(家族・親族)，地域社会(農村と都市)，機能集団(学校，職場，施設，NPO など)，社会階層が，社会学の対象となる社会となります。

2 社会学の発想と方法

> この節で学ぶこと：社会にはなぜまとまりがあるのか？ 今の社会はどのように変わっていくのか？ 今の世の中で放置できない問題とは何か？ このような問題意識に基づいて，社会の成り立ちと趨勢を調査し，考察していくのが社会学です。
> キーワード：構造と変動，社会問題

社会の秩序と構造

　よくまとまりのある学校，まとまりのある地域という言い方をします。みなが協力し合い，規律や秩序があり，目的を共有しているからこそ，まとまりがあるのですが，このまとまりのことを構造といいます。学校の構造的要素は何でしょうか？ 教える人＝教員と，学ぶ人＝生徒・学生の役割ですね。学校で学ぶ内容は好き勝手に決めてよいのではなく，学校教育法やカリキュラムという制度に沿って決められます。国によっては宗教的価値や国家の理念を強調して教えるところもあり，子どもたちは学校に通うことで社会を秩序づける価値を修得し，社会の仕組みそのものも学んでいくわけです。

　もちろん，私たちは社会の要請に従って学ぶだけでなく，自らの知的好奇心や学歴や資格を得ることが就職に役立つからという個人的・実利的な理由で学校に通います。こうした個人の意向と社会的要請がかみあっているときには，私たちは概して社会の秩序や構造も意識しないものです。そこからずれたとき，価値や制度のあり方から逸脱したときに規範やルールの存在を制裁（サンクション）によって知らされます。自動車学校を卒業して免許をとって何年も経つと交通法規や標識の意味はかなり忘れるのですが，違反したときにペナルティによって教えられます。

　このように社会の構造的要素は堅固なものであり，人は規範や制度に従って行動するのが一般的なのですが，時に従うことがまったく理にかなわないこともあります。社会のあり方や仕組みに反抗するやり方や理念が多くの人

の共感を呼び，抵抗運動が広範にわたる場合に，これを社会運動と呼びます。2011年3月11日の東日本大震災後に福島第一原子力発電所で炉心融解と建屋爆発が起き，放射能汚染が生じました。原子力発電のリスクの大きさに日本人は驚愕し，代替的な再生可能エネルギーへ方針転換を呼びかける運動が全国で生じ，政府はすべての原子力発電所を停止して安全性確保を厳格化しました。

　社会的事件，運動と環境の変化に応じて社会の構造的要素は自ずから変化していくこともありますし，広範な抵抗運動にあって突然方向を転換することもありえます。こうして社会構造は徐々に変わり，数十年の時間幅でみると大きく構造が変化したとみなされるようになります。これが社会変動です。

社会変動と社会の趨勢

　社会を大きく変動させる要因として人口変動と産業構造の変動があります。日本の総人口は2004年の1億2783万人を頂点に減少に転じ，2047年には1億人を割り込み，65歳以上の高齢者が全人口の約39％を占める超高齢化社会に達します。戦後に人口ボーナスを享受して高度経済成長を遂げた日本は，逆に人口の負荷期を迎えるのです。人口ボーナスとは，年少者と高齢者の被扶養人口よりも稼働人口が相対的に多い時期をいい，医療や年金，社会保障に費やす税金を産業育成の公共事業に費やすことができれば，経済は伸長します。アジアにおける経済成長は人口ボーナスを迎える東南アジアや中国へ移っていったのです。今後，日本では一人あたりの生産性（稼ぐ力）が飛躍的に伸びない限り，低成長の時代に入ることが予測されます。

　また，グローバリゼーション（人・モノ・金の世界的移動）によって産業構造は大きな変化を遂げました。日本の企業は先進国の高い人件費と労務的保障，および為替相場の状況から途上国に生産拠点を移し，市場拡大に期待が持てる中進国・途上国にさらなる進出をしていきます。まねのできない技術を持たないメーカーは日本で操業しにくくなりました。仕事・職場を生み出す工夫を行わないと，産業空洞化や地域経済の衰退が避けられません。

　日本社会は大きな変動期に直面しています。厳しい時代ですが，がんばりましょう。変動期には，さまざまな社会的歪みや社会問題が生じてきます。

私が社会学を学んだきっかけ

　私は学生時代に花崎皋平先生の講演会に出ておそるおそる質問したことがあります。花崎さんは北海道大学の教員でしたが，1971年に学生運動の側に立って大学を辞職し，その後，泊原発反対運動や世界先住民族会議の活動をはじめとする市民運動にかかわりながら，著述業で生計を立てた哲学者です。

　当時，私は哲学科で授業を受けていましたが，ドイツ語の原書講読をはじめとして西欧哲学の概論や思想史の授業がほとんど理解できませんでした。高校のときから哲学を勉強するつもりで自分なりに本を読んできたのですが，大学に入って本格的な授業を受けたところさっぱりわからない。岩波新書『生きる場の哲学——共感からの出発』(岩波書店，1981年)を読んでいたので，花崎先生に「私は哲学の本を読んでもちっともわからないのですが，どうしたらよいのでしょうか？」と素朴な質問をしたのです。

　今から考えると，英語・ドイツ語の語学力が不足し，抽象的な思考に強くない私は哲学に向かない学生だったのですが，花崎先生は「考えるところの根っこの部分で，どこか社会に足がかりを持っていると学ぶ方向づけができるのではないか」と返答してくれました。そのアドバイスに従って，いわゆる社会問題に関心を持ち始め，人間の存在や生き方を抽象的に考えるのではなく，社会の時代状況や問題とのかかわりで考えるようになり，社会哲学，社会思想史から社会学の本を読むようになりました。同時に，大学生ではない同世代の働いている人たちのサークルに入ったり，NGOの活動にも加わったりしました。

　結果的に，大学院で社会学を勉強することになり，NGO活動で行ったタイをもっと知りたくなってタイの地域研究をすることになりました。現場，フィールドで考えるという習慣が身についたのですが，これが私に合う勉強の仕方でした。もし，私があの講演で質問しなかったら，花崎先生からアドバイスをもらわなかったら，勉強の仕方がわからないまま大学を終えたでしょう。

社会問題への意識

　社会問題とは，現在の人権感覚や人間の安全保障の観点から看過できない問題をいいます。個人的属性(病気・障がい，性別，年齢)や社会的属性(民族，階層，居住地)によって人を差別することは許されませんね。しかしながら，歴史的経緯の中で人間の生活環境には明確な差異があります。どの程度までが許容範囲なのか。機会の平等や結果の平等を保障する仕組みはどの

3 社会学のあゆみ

> この節で学ぶこと：社会学には約200年の歴史がありますが，社会認識・方法論から始まり，現在は社会調査による実証研究に至っています。
> キーワード：モダニティ，社会システム論，解釈学的社会学

モダニティの社会学

モダニティ（modernity）とは近現代社会をそれまでの社会と分かつ特徴を指します。イギリスで18世紀末から始まった産業革命が，西欧からアメリカ，アジア他の諸地域の経済成長を促し，勃興した産業資本家たちが形成した市民社会の拡大によって封建社会から近代国民国家への移行が進みました。王様・貴族・農民や職人・農奴といった身分制が取り払われ，資本と政治権力の多寡によって人々が階級・階層へ組み込まれる近代社会に変わったのです。この大きな社会変化を近代化といいます。いち早く近代化を成し遂げた西欧社会は，アジア・アフリカ・南米・オセアニアを植民地として，その地域の資源や人々の労働力を搾取して富を自分たちの国に蓄積しました。このような植民地獲得競争と諸民族の自立を求めるナショナリズムの動きが複雑に重なり合って2つの世界大戦が勃発し，現代社会へと続きます。

社会学とは，まさに近代を理解するための学問として始められたのです。以下では，歴史的社会状況と社会理論の対応を軸に解説していきます。

社会学の創始者はオーギュスト・コント（August Comte, 1798-1857）といわれます。彼が『実証哲学講義』において社会学（sociologie）という言葉を初めて使ったためです。コントの師匠であったサンシモン（Saint-Simon, 1760-1825）は，特権階層（貴族と教会）から産業革命の主役を演じた産業者の時代になると説いたのですが，この産業社会の実証科学こそ社会学です。

社会学の視点は，近代社会・産業社会の現状と将来の趨勢を分析すること

にありました。ひとつは分業の進展であり，多種多様な職業や物産地が市場によって結びつき，社会集団が相互依存的な状態を保ちながら，社会的世界を拡大していくという一連のプロセスです。エミール・デュルケム（Emile Durkheim, 1858-1917）は『社会分業論』(原著1893年，田原音和訳，青木書店，1971年)の中で，有機的連帯こそ近代の特徴であると述べています。簡単にいえば，自給自足的な部族社会や村社会などの単純な構造が連結した社会（機械的連帯）から，市場や国家を媒介にして社会集団・地域が緊密に連絡する包括的な社会に変わったということです。産業化の時代には農村から都市に多くの人が仕事を求めて移り住みます。都市は農村の労働力を必要とし，農村は都市に働く場を必要とします。これが有機的連帯のひとつの例です。

農村社会では慣習やしきたりにみなが従い，同質性の高い，不自由ながらも安定した暮らしがあります。ところが，都市では人々の暮らしは異質で他人への関心も低いものです。相互監視の弱い社会状況では，人々の欲望は肥大化し，弱肉強食の競争を始めるのです。しかし，富と権力を手中に収められる人は一握りです。多くの人は価値観や生活規律を失い始めます。酒・ギャンブルなどの悪徳や犯罪がはびこります。このような社会の状態をデュルケムはアノミー（anomie）と呼び，近代社会の危機と考えたのです。フランスの場合は共和制を守るために，カトリックや封建道徳に代わる市民社会の道徳で社会の安定を図ろうと，デュルケムは道徳教育にも力を注ぎました。

19世紀後半には国家の統治機構である官僚制が，社会を動かす合理的な組織運営のあり方として確立されました。しかし，現代にも通底する肥大化した官僚主義の弊害は100年以上前からいわれていたのです。つまり，政府の省庁であれ，会社の部課であれ，特定の目的を効率的に達成するために作られた組織であるにもかかわらず，時が経つにつれ組織それ自体を維持し，時に組織の権益を拡大するために全体の目的とは相反する方向に動くことがあります。日本でも，国税を使って市民のためならぬ省庁のOBのために天下り用の外郭団体が設立され，公共事業が優先的に割り当てられることが，マス・メディアによって繰り返し批判されています。

マックス・ウェーバー（Max Weber, 1864-1920）は近代社会の桎梏として

官僚機構の弊害や管理社会の到来を予測しました。彼自身は硬直的・抑圧的な社会を打破する方向として政治家のカリスマ的能力や決断の重要性を指摘しましたが(『職業としての政治』原著1921年，脇圭平訳，岩波書店，1980年)，このやり方は難しい問題をはらみます。すなわち，近現代では社会や組織の閉塞性を官僚主義の結果として批判し，強い指導者によるリーダーシップを主張する政治家が現れ，合法的に独裁的な権力を行使することがあるのです。ナチズム，ファシズム，日本の軍国主義がそうでしたし，現代社会にもその萌芽がみられます。2009年から2012年まで政権を運営した民主党のスローガンであった政治主導，日本維新の会(元は大阪維新の会)に期待される強力な政治手腕，現代の自民党政権など，社会をどう変えるかという中身よりも変えられる強力なリーダーシップに期待する政治風潮には危うさがあります。

社会学における主意主義と社会学主義

　ウェーバーもデュルケムも20世紀初頭の社会発展の方向に強い関心を持ち，モダニティの特質を描き出すのみならず，社会を分析する方法論についても大きな示唆を与えました。すなわち，ウェーバーは個人の主観的意図から行為の意味を理解するという方法論を確立し(主意主義)，資本主義のような経済の仕組みや制度においても価値的基盤(エートス)があり，文化が社会変化に果たす役割を強調しました。『プロテスタンティズムの倫理と資本主義の精神』(原著1920-21年，大塚久雄訳，岩波書店，1988年)では，プロテスタントのカルヴァン派の予定説(神はあらかじめ救う人間を決めているが，人間は救いを信じて神が与えた仕事を天職として務めるべきという教え)が世俗内禁欲的な倫理となり，資本の蓄積と勤勉な働き方を促したと述べました。

　それに対して，デュルケムは個人の意図を超えた社会的規制力が作り出す社会的事実を観察し，分析することを説きました(社会学主義)。『自殺論』(原著1897年，宮島喬訳，中央公論新社，1985年)では，個人的動機づけや個別状況において発生した自殺が大きな社会的規制のもとで生じていることを統計資料から解明し，伝統社会に多い宿命型自殺(心中)―集団本位型(利他的)自殺(殉死)と近代社会に増加する自己本位型自殺(孤立感を深める)―アノミー型自殺(規範の喪失，虚無感)の類型化を行いました。都市化や家族構成の縮

小化は孤独を生みやすく，経済変動期にはバブルであっても不況であっても虚しくなりやすいのです。また，居住形態や家族の有無は自殺未遂時の発見しやすさと関連するので，自殺の発生率には社会的条件が大きく左右することは確かです。日本では1997-2011年の間，年間の自殺者が3万人を超えました。

古典期の社会学者には，人間社会の結合の形態を本質意思による結合（Gemeinschaft，共在の意味）と選択意思による結合（Gesellschaft，社会・協会の意）に分け，前者から後者への移行に近代化をみたテンニース（Ferdinand Tönnies, 1855-1936，『ゲマインシャフトとゲゼルシャフト』原著1887年，杉之原寿一訳，岩波書店，1957年）がいます。前近代では人々の生活基盤は家族・親族，あるいは地域共同体にありましたが，近代以降は工場や会社など所属が選択できる組織・機関が増え，人の人生は定められた社会領域から，自分たちの意志で形成可能な社会領域に拡大されたのです。

もう一人のドイツの偉大な社会学者に，社会関係の形式を社会学の対象としたジンメル（Georg Simmel, 1858-1918）がいます。彼によれば，人間関係や相互行為のあり方には，社会組織の相違（学校，職場，政党など）にかかわらず共通する社会関係の形式が現れます。人は仲間や党派を作りたがり，同調的な行動を互いに要求し合います。いじめの目的は特定個人の攻撃ではなく，同調行動の維持や集団それ自体の維持にもあるのです。

次に，現代の社会学者たちの考え方や研究の視点をみていきましょう。

社会システム論と機能分析

第2次世界大戦後，戦争で疲弊した西欧よりも直接災禍を被らなかったアメリカに社会科学の興隆がみられました。アメリカは伝統社会のくびきから外れた資本主義・近代社会の実験場ともいえるところがあり，都市化と犯罪，移民社会特有の人種・民族間の葛藤など多くの社会問題が発生していました。そうした具体的な社会の動きを調査する研究がシカゴ学派と呼ばれる研究者集団によってなされ，生態学的地域理解や資料分析の手法を発展させたのです。パーク（Robert Ezla Park, 1864-1944）やバージェス（Ernest Watson Burgess, 1886-1966）により展開された都市の同心円地帯理論や，トーマス

(William Issac Thomas, 1868-1947)とズナニエツキ(Florian Witold Znaniecki, 1882-1958)によりなされた生活史研究(『ポーランド農民』原著1918-20年,桜井厚部分訳,御茶の水書房,1983年)があります。アメリカの社会学は社会調査を重視したさまざまな調査法を生み出したのです。1960年代以降は,コンピュータ・サイエンスの発達によって大規模なデータ処理が可能となり,大量観察型の社会調査ができるようになりました。

　もうひとつ一世を風靡したアメリカ社会学の頂点が機能主義的な社会システムの研究でした。タルコット・パーソンズ(Talcott Parsons, 1902-79)は1960年代から70年代の日米の社会学において最も影響力のあった社会学者です。彼の構想は,ウェーバーの行為理論を受け継ぎながら,社会全体のシステム分析に接続することであり,構造機能分析という方法論を展開しました(『社会大系論』原著1951年,佐藤勉訳,青木書店,1974年)。構造とは,すでに社会の構造の箇所で説明したように社会のまとまりをつくる諸要素(制度・規範など)ですが,機能(function)という言葉は社会学的発想において重要です。生物のたとえでいうと,身体は構造であり,身体の各部分の働きが機能になります。

　社会学では,機能とは構造(安定的要素)を維持するという目的に役立つ働きのことを意味します。構造機能分析では,社会システムを維持する上で重要な働きを機能要件としてあらかじめ設定して分析の主題にすえるという分析の方法をとります。パーソンズが設定した機能要件は,①社会システムが外環境へ適応する働き(adaptation)で経済活動を指し,②社会システムが目標達成のために秩序づけられること(goal attainment)を政治活動とし,③社会システム内部での相互関係を円滑にすること(integration)をコミュニケーションとし,④最後に,社会システムが存続するために(latent pattern maintenance)文化や価値の働きをあげました。英語の頭文字を取ってAGIL図式と呼ばれます。この機能要件を分析の枠として用いることで社会の相互連関と社会の総体的把握が可能になるというのが社会システム論だったのです。

　ところが,パーソンズの社会システム論は現在ある社会体制をそのまま肯

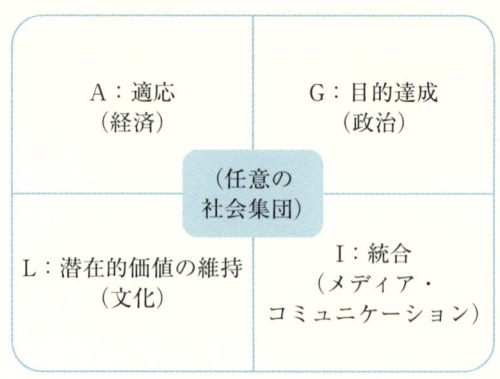

図1-2　AGIL 図式

定する保守的発想であるということで批判されます。『近代社会の体系』（原著1971年，井門富二夫訳，至文堂，1977年）において社会システムの最進化形がアメリカであることが表明され，文化的価値においてもキリスト教的価値観が重視されています。他国からみれば大いに問題ではあるのですが，それ以上に，アメリカ社会の全体（社会システム）にとって社会の各層や部分社会の働きが合目的的に接合され，全体の維持に役立っているかどうかという観点から評価されるという発想法に問題ありとする人が多かったのです。

　ただし，社会システム論や機能主義的発想を使わないで，どのようにして社会全体の構成を考えることができるのかという課題には，現代の社会学が十分に答えられていないように思われます。システム論的発想は，〈全体―部分〉の関連で事象をとらえ，部分が何のために存在しているかに対して全体への働きから答えるというある意味わかりやすい発想法です。たとえば，人間の身体において目とは何だと答える際に，目は光を通して外界の情報を脳に伝える働きをする器官だということになります。目は脳が身体の安全を確保するべく手足に指令を出す一連の行動において重要な機能を果たす感覚器官です。役所の部署などは行政機関全体との関係においてその機能からしか存在の意味を説明できません。学校にしても次世代に有用な知識を与えて個人の生産性を増し，社会を継承するのにふさわしい人物となるよう教育をほどこすところという説明になります。

そこで，指揮系統に従わずに独自の裁量で動く人が組織にとって秩序や機能を乱す人という評価でよいのか，学校に通わない子どもを抱える家族や学校に機能障害が見出せるからということで改善命令を出せるのかという問題が出てくるわけです。現実社会をみると機能的でない現象が多いのです。

マートン(Robert King Merton, 1910-2003)は機能の概念的厳密性を高めるべく，『社会理論と社会構造』(原著1949年，森東吾他訳，みすず書房，1961年)において順機能と逆機能，顕在的機能と潜在的機能，機能的代替性という概念を提示し，全体社会の分析の前に部分社会を実証的に調べる中範囲の理論を提唱して，システム論を補強しました。まとめましょう。

機能主義的理解というのは，私たちが日常生活においてなすいくつかの理解の仕方のうちのひとつです。ある事柄Aとある事柄Bが出てきたときに，AとBに関連のあるなし，どちらかがどちらかに役立つように関係しているという目的論的解釈をなすことはよくあることです。それに対して，自然科学的でより厳密な認識方法を用いるとするならば，AとBのうち，どちらが原因でどちらが結果だという因果関係を明らかにするべきですが，社会的事象は実験室で再現するということがほとんどできませんし，倫理的にも問題があります。その意味では，機能主義を数ある社会学的発想のひとつとしておさえておくことに一定の意味があるのではないかと考えられます。

解釈学的社会学と分析的社会学

機能主義のようにひとつの目的や価値によって社会がまとまっているというのは体制側の言い分であり，社会は利害や目的を異にする諸集団間の葛藤が常態であるという考え方(葛藤理論)があります。マルクス主義の階級対立やエリートと大衆の対立を説く社会理論です。しかし，機能主義も葛藤理論も社会の状態を客観的に考察・分析するという方法論においては共通しています。目的や価値を共有しているか否か，協調か敵対か，被支配か権限委託かといったことに対して，個々人の人間関係や集団では一義的に判定しにくいことがあります。状況によってその解釈も変わるかもしれません。

社会学には，社会的事実を客観的に研究するアプローチと，社会的事実は間主観的(自己と相手との間に共通の認識ができ，同意が成立する状態)に構

成されたものとして主観的認識を重視して意味的世界を研究するアプローチがあります。前者はコント、デュルケム、パーソンズへと続く実証主義、機能主義の流れであり、後者はウェーバーやドイツの現象学に影響を受けたアルフレッド・シュッツ（Alfred Schutz, 1899-1959）の現象学的社会学（『社会的世界の意味構成』原著1931年、佐藤嘉一訳、木鐸社、1982年）です。

　私たちにとって現実（リアリティ）とは、自己と外的世界に対してひとつの解釈によって認識された意味的世界にほかなりません。誤解すること、されることは多いものですが、簡単に解けませんね。宗教や政治的信条の相違によって同じ事柄がまったく違った位相や問題にみえてくることもままあることです。原理的に考えれば、主観的現実は個々ばらばらなのです。それがなぜ、私とあなた、あるいはある集団においては「それが現実だ」「それはこう考えられる」といった共通の見解に至るのでしょうか。これは、間主観性がどのようにして成立するのかという哲学的問題になります。

　シュッツは類型化（ある事柄をより大きな概念で解釈する）と関連性（ある事柄を別の事柄に関連づけること）によるのだと言います。その最たる道具が言語と文化です。夢を予兆とみなすのもこの類型化のゆえです。宗教によって人は日常生活を超えた関連性をもって現実生活の中に意味を発見するのです。

　私たちは言葉によってものの存在を確認し、物事を抽象的に思考し、文化によって人と人との関係や社会のあり方について共通の認識を得るようになるのです。ですから異文化圏に旅行すると、衣食住のあり方、人と人との間合いや関係の持ち方の違いに驚かされます。間主観的世界が異なるからです。私たちは日常生活において自分なりの現実認識を持っていますが、学校で教えられたり、メディアの情報を取り込んだり、人から話を聞いたりして、間主観性の幅を拡大していくことになります。

　しかし、言語や文化、情報の内面化の仕方には個人差があり、生活環境や社会的な経験によっても現実の認識の仕方に差異が生まれてきます。したがって、同じ家族であっても認識のズレは生じるのです。好みが違うからチャンネル争いになったり、こんな趣味にお金と時間をなぜかけたりするの

社会学理論と調査

　現代日本の社会学は，社会調査により社会的現実の一端をデータとして切り出し，社会理論によって解釈するという一連の作業を社会学的営みとしています。社会学を学ぶには，社会学理論や社会学の学説を学ぶことが必要ですが，社会学的構想力を身につけるには社会調査を行うことが不可欠です。

　古典期の社会学者たちは当時の社会問題から考えるべき課題を取り出し，入手できる可能な限りの資料にあたって考え方をまとめていきました。解釈学的社会学のたとえを借りれば，「社会」という現実に「調査」というアプローチで認識の手がかりを作り，「理論」という形で間主観的な認識に洗練したのです。ぜひ，社会調査に挑んでください。

かわからないということになるわけです。

　人によって認識の仕方に差異があるということをさらに詰めて考え始めると，授業中の生徒の私語・おしゃべり行為に対する認識は，生徒自身とそれを見て注意する先生，私語を問題化する評論家や学校現場を調査する社会学者とでは，かなりズレがあるということに気づきます。

　ガーフィンケル(Harold Garfinkel, 1917-2011)が創始したエスノメソドロジー(ethnomethodology,『エスノメソドロジー』原著1967年，山田富秋他訳，せりか書房，1987年)ではズレに注目し，現実を詳細に記述する会話分析を用います。教室の例では，｛生徒たちのおしゃべり｝という，(先生)(評論家)(社会学者)という第三者の認識に還元される前の「社会」こそが，リアルな社会です。生徒たちの意思疎通にどんな意味があり，授業中にもかかわらずなぜそれを「いま，ここで」やらなくてはならなかったのかを明らかにしようとします。

　生徒は，本当はおしゃべりしたくなかったのだけれども，話に乗らないとシカトしたと相手に思われるのがいやで，仕方なくおしゃべりしていたのかもしれません。しかし，仕方なくつきあった自分が先生に叱られて，この状況に対してムカつき，勉強する気が失せたのかもしれません。勉強と仲間を天秤にかけるという選択が，頭によぎったのかどうか。

　さて，解釈的社会学では誰にとっても同じ斉一的な社会を描き出すことに

意味はないと考えますが，そうした意味的世界に制約をかけ，人々の動機づけにも影響を与える人と人とのつながり(社会的ネットワーク)や，組織や制度の役割を重視する客観主義的な分析的社会学も社会学にとって重要です。特に，具体的な社会集団や社会的事件・運動などのプロセスを追うときには，個人の主観的世界にまで下りていく微視的なエスノメソドロジーよりも，社会的結合や集団の構成，内部における資源の交換や権力の獲得といった社会的交換をもみていくことが大切です。

4　社会学に何ができるか

> この節で学ぶこと：現代の社会学が研究対象とする領域をみてください。おおよそ，現代社会にかかわることであれば何でも勉強・研究できます。社会学を学ぶことで，よりよい社会を形成することに力を注いでいただきたいと思います。
> キーワード：ミクロ社会学，マクロ社会学，公共社会学

社会学の諸領域

現代社会学が研究対象として設定している社会には次のようなものがあります。まず，ミクロ(行為・相互作用)，メゾ(集団・運動)，マクロ(全体社会)の水準で社会をみていくことが可能です。行為・相互作用については解釈学的社会学で説明しました。集団・運動，全体社会については分析的社会学が研究領域としています。

社会を地平面でとらえると，そこには地域社会(農村，都市)があり，コミュニティとしてのまとまりを持っています。今度は垂直にとらえてみると，資産・地位・権力をどれだけ保有しているかによって階級・階層という社会の地層が現れてきます。人は一生をかけて(世代内)，あるいは親子で(世代間)で地域や階層を移動していきます。時に，国家の枠を超えて国籍を変えるような移動(移民・難民)も行います。グローバル化の時代に産業の構造変動や国ごとの人口変動に応じて企業やさまざまな集団もまた移動します。

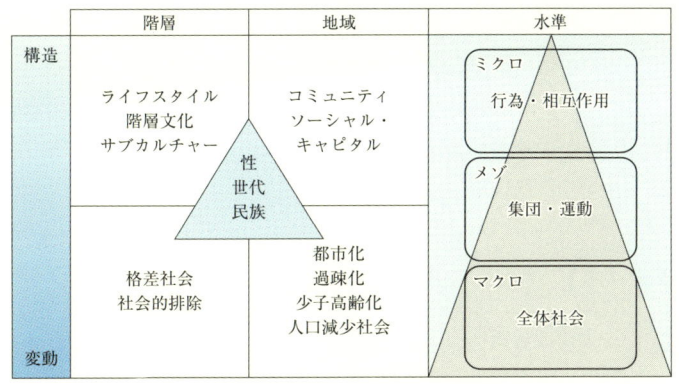

図 1-3　社会学の領域

　このような移動や社会の変化の中で，成長の早い地域と遅い地域との間で経済格差が発生し，貧富の差が地域間で生まれます。ウォーラステイン（Immanuel Wallerstein, 1930-）は世界システム論によって近代世界＝世界資本主義による地域間格差を説明しました。グローバル経済の中心となる都市や工業地帯には世界中から人が集まる一方で，農村部には子どもと老齢世代が取り残され，地域の活力が低下したり，家族の安定性が損なわれたりもしています。現代の国際社会においては平和と人間の安全保障が最大の懸案事項としてあげられています。

公共社会学と社会的実践

　日本国内に目を転じても，格差社会や無縁社会といった言葉が飛び交い，国民の平等や絆・信頼が揺らいでいるという不安が生じています。社会学は，格差はなぜ生じるのか，人間関係や社会関係の綻びはどのようにして生じているのかといった事実関係の分析を冷静に行います。その上で，容認しがたい差異とはいかなるものか，社会から排除され孤立した人々をどう社会全体に包摂していくのかといった社会的・政策的課題について提言します。

　近年，公共的課題について調査研究を行い，その知見に基づいて社会改革を積極的に提言したり，問題の改善に社会参加したりする社会学のあり方を公共社会学と呼ぶ動きがあります。社会学の歩みで述べたように，古典期か

ら近現代の社会学者たちは公共的な問題を自らの課題として受け止めてきました。本書においても各章ごとに社会分析と社会的提言を読者のみなさんに提示するつもりですので，みなさん自身でひとつでもふたつでも自らの問題として現代社会を考えていただきたいと思います。

【ブックガイド】

1 ピーター・バーガー，トーマス・ルックマン，山口節郎訳『日常生活の構成』新曜社，1977 年（新版『現実の社会的構成』2003 年）．
2 長谷川公一・浜日出夫・藤村正之・町村敬志『社会学』有斐閣，2007 年．
3 アンソニー・ギデンズ，松尾精文他訳『社会学』而立書房，2004 年．
4 新睦人編『新しい社会学のあゆみ』有斐閣，2006 年．
5 富永健一『社会学原理』岩波書店，1986 年．

社会学の学習には理論・学説を学ぶよりも 1 人の著者を決めて，その著作を網羅的に読むのが思考力を養う上で重要です．本章では言及しませんでしたが，ミシェル・フーコー（Michel Foucault, 1926-1984）の権力論やピエール・ブルデュー（Pierre Bourdieu, 1930-2002）の文化資本論，ユルゲン・ハーバーマス（Jürgen Habermas, 1929-）の公共圏論やウルリッヒ・ベック（Ulrich Beck, 1944-）のリスク社会論は，社会学の領域を超える注目すべき社会理論です．ご関心のある人はどうぞ．私が学生時代に感銘を受けた本として 1 をあげておきます．この後私はピーター・バーガーの著作を翻訳ですがすべて読み，宗教社会学への入門を果たしました．

もうひとつの勉強の仕方は，社会学の諸領域の動向を理論と調査研究から学んでいくもので，2 と 3 のテキストが網羅的であり，社会学の全体像を把握するのに適しています．最後に，現代社会学の理論研究では 4 がコンパクトですし，本格的に勉強したい人には 5 に取り組まれることをお勧めします．

なお，本章では紙幅の関係上，社会学の学説史解説として重要な，機能主義に対する批判として登場した批判理論や，分析的社会学の先端でもある合

理的選択理論については言及できなかったことをお断りしておきます。

【発展学習】考えてみよう！

1　社会とは人間の構想力や創造力の産物でもあるといわれますが，それはなぜでしょうか？
2　社会学では，誤解をどのように考えていますか。
3　現代社会にはどのような社会問題がありますか。

第2章　社会調査法

この章で学ぶこと
　社会調査法を学ぶ意義や調査プロセス，調査結果を読む際の留意点などについて，特に量的調査を中心に解説します。
キーワード：調査倫理，社会調査のプロセス，相関関係，因果関係

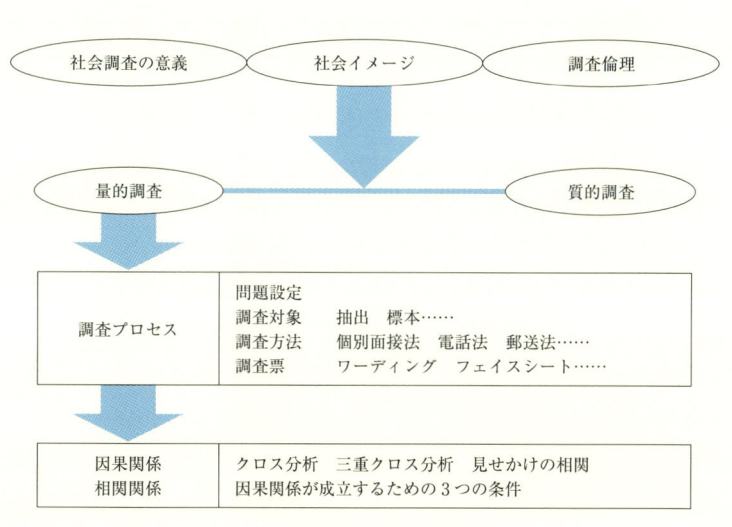

```
社会調査の意義    社会イメージ    調査倫理
                      ↓
      量的調査 ─────────── 質的調査
         ↓
  調査プロセス │ 問題設定
              │ 調査対象  抽出  標本……
              │ 調査方法  個別面接法  電話法  郵送法……
              │ 調査票    ワーディング  フェイスシート……
         ↓
  因果関係    │ クロス分析  三重クロス分析  見せかけの相関
  相関関係    │ 因果関係が成立するための3つの条件
```

社会調査法と本章の構成

1 社会調査とは何か？ なぜ学ぶのか？

> この節で学ぶこと：社会学で社会調査が必要なのはなぜでしょうか？ 社会の認識を間違うとどのようなデメリットが生じるのでしょうか？ そして社会調査を行う際に気をつけなければいけない倫理的問題とはどのようなものなのでしょうか？
> キーワード：社会調査を学ぶ意義，社会イメージ，調査倫理

　社会調査とは社会事象を実証的にとらえる方法のひとつです。具体的には，調査目的を明確にした仮説を設定し，それに基づいて調査を行い，データを収集して分析する一連の活動のことをいいます。第1章のコラムでは，社会学を学ぶには，社会学理論や社会学の学説を学ぶことが必要であり，社会学的構想力を身につけるには社会調査を行うことが不可欠であることが述べられました。そこで本章では，社会調査法のあらましを説明してみたいと思います。限られたスペースでまとめきるのはとても難しいのですが，今後みなさんが社会調査法を学んでいくための入門的知識としてぜひ頭に入れておいてほしい事柄について大まかにまとめてみたいと思います。

社会調査はなぜ大切なのか？
　そもそも社会をとらえる上でなぜ調査をする必要があるのでしょうか？ 考えてみれば，何もあえて社会調査の結果を頼りにせずとも，社会現象に対する自分なりの認識や意見を持つことは十分可能です。
　たとえば「日本人の価値観とは何か？」というテーマに関心を持ったとしましょう。日本人の価値観とされているものにはいろいろなものがありますが，よくいわれていることのひとつに「日本人同質論」というものがあります。「日本人同質論」とは，日本人は他の国の人に比べて，みんな同じような考え方をする，日本人は著しく価値観が似ている，というものです。そこから，「日本人は似た考え方をするのだから，言葉にしなくてもお互い日本人同士わかりあうことができる」「日本人の考えていることは外国人には理

解しづらい」といった主張もしばしばなされます。そこで「日本人は本当に同質的なのだろうか？」ということを知りたくなったとしましょう。社会調査を行わずに社会現象を知る簡単な手立てのひとつは本です。まずあなたは書店に行き日本人の価値観について論じた本を探してみました。書店の「日本人論」というコーナーに置いてある本を一冊手にとってみました。そこには，「『出る杭は打たれる』という格言が示すように日本人は人から抜きんでることを好まない」という記述や「『和を以て貴しとなす』（聖徳太子の十七条憲法）という言葉が古くからあるように，日本人は大昔から対立よりも協調を重視してきた」という記述がありました。

「日本人は似た考え方をするのだから，言葉にしなくてもお互い日本人同士わかりあうことができる」ということについても，テレビ番組や就活関係の指南書を眺めてみると確かにそうだと思えるような発言や光景を目にします。「技・芸・技術は教えてもらうのではなく，先輩や師匠を見て盗むものだ」「はっきり言わなくても何をしてほしいか考えて気持ちを察しろ」などといったメッセージはよく発せられるものです。

こうしてみると確かに日本人は同質的であるように感じられます。もちろん，メディアや著名な論客の著作を通じて情報を得ながら考えたりするのは確かに重要です。ですが，それが社会の実態を正確に言い当てているとは必ずしもいえません。そもそも日本人が同質的だというのは，どのような価値観をどのような国の人たちと比べてのことなのでしょうか。人々は格言やことわざ通りの考え方をするのでしょうか？ 一般の大多数の人々も歴史上の人物と同じような考え方をするのでしょうか？

社会学者の間淵領吾は，大規模な国際比較価値観調査を用いて日本人が本当に同質的なのかを研究しました。その結果，日本人は同質的であるという「一般常識」とは裏腹に，日本人の価値観は必ずしも他国民より特に同質的ではなく，家族，政治，職業などに関する価値観についてはむしろ同質性が低いことが明らかになりました（間淵領吾「二次分析による日本人同質論の検証」『理論と方法』17巻1号，2002年，3-22頁）。

エビデンスを求める

　直観や自分の経験に基づいて考えるというのは，私たちがごく日常的に行っている推論の仕方です。もちろん経験や直観は時に，真実を言い当てることもあります。しかし，日本社会全体や自分とはまったく異なる生活環境で育ってきた人たち，自分とは異なる社会集団に属する人たちのことを推測しようとなると，日常的な推論方法からはややもすれば間違った認識が導かれてしまう可能性が高くなるように思います。そしてそこからステレオタイプや偏見が生まれる可能性がないとはいえません。また，人々の社会イメージはしばしば世論を形成し，世論が政策に影響を与えることもあります（池田謙一『新版 社会のイメージの心理学』サイエンス社，2013年）。

　たとえば，仮に日本人＝同質的というイメージを多くの人が持っていたとしたら，自分と異なる価値観の人を，「普通の人はそう考えないだろう。一部の人たちがそう言っているだけだ」という思い込みによって排除してしまう場面が多くなるのかもしれません。「あるいは自分は浮いているのではないだろうか」と不安に感じてしまう人も多くなるのかもしれません。また諸外国の人に，日本は閉鎖的な社会であるというイメージを与えてしまうかもしれません。政策担当者が市民のニーズについて間違った認識を持ったまま政策を実行すれば，政策は失敗に終わるかもしれません。

　もちろん社会調査をやったからといって常識を覆すような結果がいつも出るとは限りません。常識的なことしかわからないのであれば，おもしろい結果が出ないのであれば，社会調査をしても意味はない，と考える人もいないわけではありません。しかし，調べてみて常識通りの結果だったというのはあくまで結果論の話です。常識通りの結果だったのであればそれは常識が当たっていたというだけのことで，そのことが社会調査の意義を損なうことにはなりません。みんなが知っている自明のことであっても，それが自明のことだといえるようなきちんとしたエビデンス（根拠）を求める姿勢が重要です。社会についてのイメージを形成するための基礎となる「実態」をできるだけ的確に把握する社会調査が必要であると私は思います。

調査リテラシーの大切さ

　社会調査法の知識が役立つ場面はいろいろあります。ひとつには実際に実施者／対象者として社会調査にかかわる場合です。自分で社会調査を行うとなれば，当然のことながら社会調査法に関する高度な知識と技能が不可欠です。また，現代でもさまざまな調査の回答者になることは少なくありません。世の中にどのような調査があってどのような目的で行われているのかを理解しておくことは，自分が回答する調査がどのようなものかを認識する上で大切です。

　社会調査の学習が意義を持つもうひとつの，そしておそらくみなさんにとって最も重要である場合とは，調査結果の読者としてかかわる場合です。もちろん社会調査の実施者になるときに社会調査法が最も重要なのではありますが，調査を行うためにはそれなりのコストと時間が必要であり，実際にはみなさんが調査を行う機会はあまりないのではないかと思います。それよりも，社会調査の結果は毎日報道されているのですから，社会調査を行うよりも，むしろそれを情報として活用したり，社会を認識するために利用したりすることのほうが圧倒的に多いでしょう。しかし，目にした情報は，適切なものなのでしょうか？　良き読み手になるためには「調査リテラシー」，すなわち調査の読み手としての素養を身につけておく必要があります。適切な調査法とは何か？　調査でわかることとわからないことは何か？　結果を読む上で気をつけなければならないことは何か？　仮に将来的に調査を行う機会がないとしても，社会調査法の基礎を身につけておくことで，調査リテラシーを身につけることができるでしょう。

　以下ではまず調査倫理に触れた上で，次節以降で具体的な社会調査法の説明に移ることにしましょう。

調 査 倫 理

　調査倫理が求められるようになった背景にはさまざまな事情がありますが，調査者側の調査公害と回答者側のプライバシー意識の高まりが大きな理由としてあげられます。現在，研究者／官公庁を問わず，あふれんばかりの調査が行われています。これは回答者にとっては大きな負担です。また調査結果

を公表する際には，回答者が特定されないようにするのが基本です。しかし，特に個人や地域を詳細に調べるような調査の場合，読む人が読むとなんとなく誰のことなのかがうすうすわかる可能性もないわけではありません。近年ではアンケート調査を騙ったセールスも行われています。たとえ純粋な学術目的の調査だとしても，回答者から信頼と協力を得ることは難しくなってきました。調査を行う際には調査の倫理とルールを十分に理解し，遵守する必要があります。

　調査倫理は多岐にわたりますが，大きくは次の3点に集約されます。①インフォームドコンセント：調査目的やデータの使用・保管方法を事前に説明をした上で，対象者の自発的な同意のもとで調査を行う。②ハラスメントの回避：個人や団体の人権・名誉を損ねてはいけない。③コンフィデンシャリティ：対象者・団体・地名などの匿名化により，個人情報の秘密を厳守する。

　近年ではさまざまな学術団体が調査倫理基準を示し，調査者への遵守を要請するようになりました。詳細は一般社団法人社会調査協会の倫理規程をご参照ください(jasr.or.jp/jasr/documents/rinrikitei.pdf)。

2　社会調査の種類とプロセス

> この節で学ぶこと：社会調査にはどのようなものがあるのか？ 量的調査はどのようなプロセスで行われるのか？ どのようにして対象者を選べばよいのか？ 調査票を作る上で気をつけなければならないことは何か？ この節では社会調査の種類と量的調査の作業手順について説明します。
> キーワード：さまざまな社会調査，抽出(サンプリング)，調査票，質問項目

社会調査の種類

　現在どのような調査が行われているのでしょうか？「〜調査」と名のつくものはたくさんありますが，大きくは①社会の認識それ自体が目的である調査，②経済的利益を目的とする調査，③公共的利益を目的とする調査の3つに分けることができます。①社会の認識それ自体が目的である調査としては，

研究用のデータの取得を目的とした学術調査が代表的です。社会学の調査では，戦後約50年近くにわたって行われている社会階層と社会移動全国調査(SSM調査)，2000年から実施されている日本版総合的社会調査(JGSS)が有名です。②経済的利益を目的とする調査の典型は市場調査(マーケティング調査)です。消費者のニーズを知るためにさまざまな調査が行われています。テレビの視聴率調査も市場調査のひとつでしょう。③公共的利益を目的とする調査としては，ひとつは新聞社やテレビ局などが行う各種の世論調査(内閣や政党支持に関するものなど)があげられます。もうひとつは行政機関が行う統計調査があります。統計調査の中で最も有名なのは，国勢調査(日本では1925年から，1945年を除く5年ごとに実施)です。

この他にも世帯調査／企業調査／地域調査といった対象主体に沿った分類，社会福祉調査／宗教調査といった調査テーマに沿った分類，量的調査／質的調査といった調査法に沿った分類もあります。

以下では，調査のプロセスを説明しますが，方法の内容が比較的明確な量的調査について大まかなポイントを説明します(質的調査については章末の【ブックガイド】を参照のこと)。

量的調査のプロセス

量的調査の大まかな流れは以下の通りです。①問題を設定する，②調査対象を決める，③調査方法を決める，④調査票を作成する，⑤調査を行う，⑥

量的調査と質的調査

量的調査のイメージは比較的明確です。無作為抽出(後述)で対象者が選ばれ，質問を順序よく並べた調査票を用いて数値化されたデータを収集し，コンピュータを用いた統計的分析を行います。分析結果は平均値，クロス表(後述)などの数値として表されます。これに対して質的調査は一言ではまとめづらいのですが，語り・文章などの言語データ，さまざまな社会現象が行われる現場が調査対象とされ，分析結果には言語データの引用や現場の描写などが提示されるという特徴があります。対象者との長時間にわたるインタビューや現場のフィールドワークが重視されます。ドキュメント分析やアーカイブ分析といった資料を対象とする方法もあります。

データの整理・分析・報告を行う。以下，この流れに沿いながら調査のやり方と注意点を説明してみたいと思います。

問題を設定する

調査の出発点は，調査する問題を明確化することにあります。過去の研究や資料をもとにして「何を明らかにするのか」という問題を設定し，調査票のデータをもとに「どのような分析を行うのか」を具体的にイメージすることが大切です。

調査対象を決める

次に設定された問題に応じて調査の対象が選ばれます。全数調査(悉皆調査)が可能な場合(一学級の生徒，小さな村落の住民など)は，対象者すべてに調査を行えばよいわけですので話は比較的簡単です。しかし調査対象が，北海道民全体(500万人以上)や日本国民全体(1億人以上)となると，全数調査を行うのは時間的にも財源的にもまず不可能です。そのためこのような大規模な調査を行う場合，調査対象者となる人々全体(母集団)を決めた上で，その中から調査可能な数の人々を選び(抽出，サンプリング)，その選ばれた人々(標本，サンプル)に調査を行い，得られた結果から，もとの調査対象者全体(母集団)のことを推測するという手順を踏むことになります。

抽出を行う際には妥当な方法を用いる必要があります。たとえば北海道民全体を母集団とした調査を実施するとします。この場合，札幌駅前を歩いている人数十人を任意に選んでインタビューし，その結果から「北海道民はこうだ」と推測するのは妥当とはいえません。札幌駅前を歩いている人には当然札幌市民が多いかもしれませんし，仕事中の男性が多いかもしれません。たまたま選んだ数十人のほとんどが札幌市内に住む男性有職者から構成され，そこには北海道の地方在住者や専業主婦などが含まれていない可能性は決して低くありません。札幌駅前を歩いている人が北海道民全体を代表しているとはいえないのです。

抽出を行う際には，標本がきちんと母集団の縮図になるような抽出法を用いる必要があります。その最も有力な方法が無作為抽出(ランダムサンプリング)です。無作為抽出法とは，母集団から統計学的な手法を用いて標本を

無作為抽出の方法

　無作為抽出としては①単純無作為抽出法，②系統抽出法，③多段抽出法，④層化抽出法があげられます。単純無作為抽出法は母集団すべてに番号を振り，それに基づいて1回1回標本を抽出する方法です。最も単純な方法ですが全国レベルの大規模調査の場合には不向きです（全国に散在する抽出台帳を探す労力や実際に調査を行う際の労力などが理由）。そこで実際には上記の系統抽出法以下の方法が用いられています。

　系統抽出法（等間隔抽出法）とは最初の一票を乱数表などで無作為に抽出し，その後は，たとえば50名ごとというように特定の間隔ごとに個人を抽出する方法です。

　多段抽出法では，まずは個人のかたまり（クラスター）を抽出します。たとえば役場や投票区といった地点を抽出し，次に選ばれた地点に出向いていって名簿を閲覧して個人を抽出します。地点を第1次抽出単位といい個人を第2次抽出単位と呼び，こうした2段階の調査法を二段抽出法と呼びます。第1次抽出単位が地域，第2次抽出単位がその中のさらに小さな単位，第3次抽出単位が個人といった三段抽出法もあります。これらをまとめて多段抽出法と呼びます。

　層化抽出法とは，あらかじめわかっている情報に基づいて母集団を類似な特徴を持ついくつかのグループにまとめ，それぞれのグループからそれぞれ個人を抽出する方法です。系統抽出法や多段抽出法には，誤差が大きくなるという欠点がありました。それに対して層化抽出法は，こうした誤差を減らす利点があります。なお，研究者，官庁，新聞社などが全国で実施する調査では，先ほどの多段抽出法と層化抽出法を組み合わせた層化多段無作為抽出法がよく使われています。

抽出する方法であり，推測統計学を用いて標本から母集団の特徴を推測する方法も確立されています。母集団となる抽出台帳を決める必要があります。実際の社会調査では選挙人名簿や住民基本台帳がよく用いられます。

　無作為抽出法は，標本から母集団の特徴を推測することが可能な客観性の高い抽出方法です。より精度の高いデータを得るのであれば，無作為抽出法を用いるのが理想的です。しかし，ホームレスの人たちのように対象者に関する抽出台帳そのものが存在しない場合や，宗教団体の信者のように仮に抽出台帳が存在したとしても閲覧がきわめて難しい場合もあります。こうした

場合は，無作為抽出をできないからという理由で調査を諦めるべきなのでしょうか？　必ずしもそうではありません。無作為抽出できない場合は，調査結果を極端に一般化するような議論展開を避ける，あるいは質的調査法に切り替えるなどの形で対処することで十分に意味のある調査は可能です。

調査方法を決める

調査方法は他記式調査と自記式調査に大別できます。他記式調査とは調査員が調査票に基づいて調査対象者に質問をし，調査員がその回答を調査票に記入していく方式です。

調査票を作成する

調査票とは，調査で用いられる質問と回答方法のセット，そしてそれに関する情報が記録されたものです。具体的には，一連の質問文と回答形式から

さまざまな調査方法とそのメリット・デメリット

他記式調査には，調査員が対象者に直接会ってその回答を調査員が調査票に記入する個別面接法，調査員が対象者に電話をかけてその回答を調査員が調査票に記入する電話法があります。他記式調査に対して，調査対象者自らが調査票に記入して回答する方法を自記式調査と呼びます。自記式調査には，調査票を対象者に郵送し回答を記入してもらった上で調査者に返送する郵送法，対象者が集まっている場所で調査票を配布し回答してもらう集合法があります。

このようにいろいろな調査法がありますが，実際にはどれも一長一短です。たとえば個別面接法は，調査員が直接調査対象者から聞き取るため，最も回収率が高く，ある程度細かい質問も可能ですが，調査員の人件費などが必要となるため相当な資金が必要です。逆に郵送法は回収率が低くなりがちで，あまり細かい質問はできませんが，その分，費用は比較的安くすみます。また，集合法は，特定の場所に集まる人々を調査する際に有用です。たとえばお祭りやイベントの参加者を調査したい場合，開催場所で調査票を配布して回答してもらうことが可能です。しかしながら，そうした不特定多数の参加者の台帳はまずありませんので，厳密な意味でのサンプリング調査とは異なる点に注意が必要です。このように，一概に最善の調査方法というのはありませんので，調査費用や対象者の特性などの現実的な面を勘案した上で，その中で最適と思われる方法を用いる必要があります。

なる質問本体に加えて，調査のタイトル，調査に関する情報，依頼文と謝辞，記入上の注意などが調査票に記載されています。ここでは質問本体について基本的な知識と作成上の注意点を説明します。

　質問の回答形式は大きく選択式回答と自由回答があります。選択式回答は質問に対する選択肢を設定してその中から回答を求める方法です。自由回答は選択肢を設定せずに自由な回答を求める方法です。たとえば「あなたは週に何回くらいお酒を飲みますか」という質問に対しては，選択式回答であれば「飲まない」「1〜2回」「3〜4回」「ほぼ毎日」という選択肢から選んでもらい，自由回答であれば「具体的にお書きください＿＿＿回」という形で対象者に具体的な回数を答えてもらいます。自由回答は回答者の自由な回答を調べることができるメリットがありますが，集計が難しくなったり（たとえば「週によって違う」と書かれた場合），回答者の負担が増すために無回答が多くなる傾向があります。

　次は，調査票を作成する際の注意点について重要なポイントをいくつか説明します。まず，回答者にとって回答しやすい質問かどうかを吟味する必要があります。たとえば，「iPS細胞」「事理弁識能力」などの専門用語の使用は控えるようにする必要があります。どうしても専門用語を使う必要がある場合は，それをわかりやすく補足しておいたほうがよいでしょう。

　あいまいな表現も要注意です。たとえば「環境問題に関心がありますか？」という質問をした場合，環境問題という言葉から地球温暖化をイメージする人もいれば，近所でカラスがゴミを食い散らかしていることをイメージする人もいます。「関心がある」という回答が得られたとしても，それが地球温暖化に関心があるということなのか，それともカラスの問題に関心があるということなのか，一義的には解釈できなくなってしまいます。

　質問の明確さや表現以外にも，質問文の構造にも注意が必要です。そのひとつがダブルバーレルです。ダブルバーレルとは，ひとつの質問文の中に2つ以上の質問が混在した状態のことです。たとえば，「あなたは歩きタバコやタバコのポイ捨ては良くないことだと思いますか」（選択肢は「思う」「思わない」の2つ）といった質問をすると，「歩きタバコは良いけれどもポイ捨

> **質問の順番**
>
> 　個々の質問はうまく作れたとしても，質問の順番にも注意が必要です。キャリーオーバー効果と呼ばれるものです。前に尋ねた質問が，後続する他の質問の回答結果に影響を及ぼすような誘導的な質問のことです。たとえば，原発の賛否に関する設問を設けたとしても，それを経済不況に関する質問の後に置いた場合と放射能問題に関する質問の後に置いた場合とでは，回答結果が異なってしまう可能性があります。特に社会問題への評価を問うような質問に生じやすいといわれていますので注意しましょう。
>
> 　調査の主たるテーマとなる質問文以外にも性別，年齢，職業，収入など回答者の基本的な属性を尋ねたフェイスシートも重要です。職業によって社会問題に対する意見がどう異なるのか，といったことが問題になりますので，フェイスシートで得られた情報は分析の際に非常に重要な役割を持ちます。その意味で非常に重要な設問ではありますが，一方，回答者のプライバシーに関する内容を含んでいる点で注意が必要です。
>
> 　調査者としては，できるだけ多くのことを詳細に知りたいわけですが，回答者にしてみれば量の多い調査票に回答するのは負担になります。その結果，いい加減な回答や無回答の増加，そもそも回答自体を拒まれる可能性も高まります。バランスの調整が必要です。長くても30分以内に回答し終えるぐらいの分量がよいでしょう。

てはダメ」という人は回答に迷ってしまいます。このような質問は回答に混乱を招くものですので，質問文作成上は十分に気をつける必要があります。

　調査票を作る際には，まず定評のある社会調査で使われた実際の調査票をよく読んで，手本にしてみるのがひとつの良い方法です。近年では社会調査のデータを保管・閲覧・提供するデータアーカイブスと呼ばれる機関で調査票を見ることもできますので，まずはこうした調査票をよく勉強してみることをお勧めします（日本のデータアーカイブスとしてSSJDA（Social Science Japan Data Archive）が有名です）。

> **インターネット調査**
>
> 　近年では，インターネット上のWebページやメールを使って調査依頼と実査を行うインターネット調査もしばしば行われています。インターネット調査には①不特定多数のネット利用者をバナー広告などで調査サイトに誘導

し調査協力を求める「オープン型」とインターネット調査会社による募集に応じた人々からなるモニター(アクセスパネル)を使って行われる「クローズド型」があります。インターネット調査の長所としては，サンプリングや郵送調査などの必要がないためコストが低いことや，Web画面上でクリックした回答や記入事項がそのままデータ化されるためデータ整理のための時間が大幅に短縮されることなどがあげられます。一方で，アクセスパネルにプールされている人がどのような人たちを代表したものかがわからないといった標本の偏りの問題も指摘されています(従来の他の調査法と比べてインターネット調査には高学歴，専門職，技術職の回答者が多いといわれています)。

3 相関関係と因果関係

> この節で学ぶこと：クロス分析を例としながら相関関係と因果関係の違いを説明します。見せかけの相関を見ぬくことの大切さについても説明します。
> キーワード：クロス分析，エラボレーション，因果関係，見せかけの相関

　得られたデータを集計して分析を行います。まず「回答者の性別は男性が◯％，女性が◯％」「回答者の平均労働時間は◯時間」というように，質問項目ごとに集計します。質問に対する結果はどうだったのか，回答者はどんな人たちなのか。結果そのものを知るためにまずは％や平均値を確認します。

　しかしそれだけでは少々物足りないものです。実際に私たちが知りたいのは「世代によって原発の是非をめぐる意見が違う」「都市在住者よりも地方在住者のほうがよく墓参りに行く」というような2つ以上の変数の関連の仕方です。

　計量分析では，因果関係を明らかにすることを目的とする場合が少なくありません。原因となる変数を独立変数(説明変数)，結果となる変数を従属変数(被説明変数)と呼びます。計量分析にはさまざまなものがありますが，ここでは最も基本的な分析であるクロス分析を説明しましょう。

クロス分析

クロス分析とは行（よこ）と列（たて）にそれぞれ変数を配置し，各セルの数値（%）の大小を比較することによって関連の仕方を確認する分析方法です。

表2-1をご覧ください。ネットゲームをするか否かと正規雇用か非正規雇用かの回答結果をクロス集計したものです（架空例）。行の「ネットゲーム」が独立変数，列の「就業形態」が従属変数です。これを見ると，ネットゲームをする人の中で「非正規」と答えた人が80%，「正規」と答えた人は20%と，非正規雇用のほうが60%多くなり，ネットゲームをする人に非正規雇用の人が多いという関係があることがわかります。

さて，この結果から「ネットゲームをしているから非正規雇用になった。ネットゲームをしていると安定した職に就けなくなるのだろう」と判断してもよいでしょうか？ クロス表ではネットゲームを独立変数（原因），雇用形態を従属変数（結果）とみなしました。しかし2つの変数のどちらが原因でどちらが結果なのかを判断するのは必ずしも容易ではありません。これがもし「男性より女性のほうが非正規雇用が多い」という話であれば，原因と結果の判断は容易です。「女性→非正規雇用」は成り立ちますが「非正規雇用→女性」という関係は成り立たないからです。非正規雇用で働いていた男性が女性になったというのは考えにくいからです。

それに比べて「ネットゲーム→非正規雇用」の例の場合，判断は一筋縄にはいきません。もちろん「ネットゲーム→非正規雇用」という関係もありえます。「ネットゲームをすることでコミュニケーション能力が磨かれず，その結果，正規雇用に就けずに非正規雇用で働くことになった」ということなのかもしれません。しかし「非正規雇用→ネットゲーム」という関係も十分ありえます。「非正規雇用の人のほうが正規雇用の人に比べて自由時間が多

表2-1 ネットゲームと就労形態のクロス分析（架空例）

ネットゲーム	就労形態		合計
	非正規雇用	正規雇用	
する	400 (80.0%)	100 (20.0%)	500 (100.0%)
しない	100 (20.0%)	400 (80.0%)	500 (100.0%)
合計	500 (50.0%)	500 (50.0%)	1000 (100.0%)

いので，その分ネットゲームをすることも多くなる」です。また両方向の関係もありえます。「ネットゲームをする人はコミュニケーションが苦手で非正規雇用になりがちで，非正規雇用になったためにより時間があってネットゲームをする」という場合です。

「女性→非正規雇用」に比べて「ネットゲーム→非正規雇用」の判断が難しいのは，前者では性別が時間的に先行していることが明らかであるのに対して，後者ではどちらが時間的に先行しているかが判断できないためです。

こうすると因果関係が成立するための条件として，①2つの変数の間に関連があること(相関関係)，②2つの変数の間に時間的順序があることが必要であるといえるでしょう。そもそも関連自体がないのであれば因果関係を疑うこともありませんし，時間的順序がわからないので原因と結果を確定できないわけです。相関関係があっても因果関係があるとは限らないのです(神林博史・三輪哲『社会調査のための統計学』技術評論社，2011年)。

では，仮に「ネットゲーム→非正規雇用」という時間的順序がわかったとした場合，先のクロス表の結果から「ネットゲームをしているから非正規雇用になった」と判断してもよいでしょうか？　残念ながらそうではありません。因果関係が成立するためにはもうひとつ，③第3の変数を統制した上でも2つの変数の間に関連がある，という条件が必要だからです。これはつまり，年齢や性別，学歴などの他の変数の影響を取り除いた上でも，「ネットゲーム→非正規雇用」という関係がみられるのかどうかということです。

具体例をあげて考えてみましょう。たとえば回答者の年齢です。ネットゲームをする人は中高年層に比べて若年層に多いかもしれません。また若年層のほうが中高年層よりも非正規雇用が多いかもしれません。そうすると実は，若年層にネットゲームをする人が多く，同時に若年層に非正規雇用が多いというだけのことで，先ほどのクロス表で確認されたようなネットゲームと雇用形態の関係は，若年層か中高年層かによる見せかけの関係だったのかもしれません。年齢の違いが「真犯人」なのではないかというわけです。年齢の効果を取り除くためには，年齢別に，ネットゲームと雇用形態のクロス表を作成する必要があります。

表 2-2 年齢・ネットゲーム・就労形態の三重クロス分析（架空例）

年齢		ネットゲーム	就労形態 非正規雇用	就労形態 正規雇用	合計
年齢	20代/30代	する	70%	30%	100%
		しない	70%	30%	100%
	合計		70%	30%	100%
年齢	40代以上	する	15%	85%	100%
		しない	15%	85%	100%
	合計		15%	85%	100%

　なお，クロス分析を含む計量分析では，分析結果について標本でみられた関連が母集団でもどの程度いえることなのかを判定するために統計的検定を行うことがほとんどです（クロス分析では χ^2（カイジジョウ）検定）。また変数間の関連の方向性や強弱を検証することもできます（クロス分析ではクラメールの連関係数などが用いられます）。これらの方法の詳細については社会統計学の入門書や実習用のテキストを参照してみてください（川端亮編『データアーカイブ SRDQ で学ぶ社会調査の計量分析』ミネルヴァ書房，2010年）。

　表 2-2 をご覧ください。40歳以上ではネットゲームをするしないにかかわらず「正規雇用」が 85%，「非正規雇用」が 15% であるのに対して，20代〜30代では「正規雇用」が 30%，「非正規雇用」が 70% です。表 2-1 でみられたネットゲームと就労形態の関係は，年齢が真の原因だった可能性があることがわかります。

　以上，やや駆け足ではありましたが，社会調査法，特に量的調査に焦点をあてながら，その概要を説明しました。実際に，社会調査法をよりよく理解し運用するには，もっといろいろな知識が必要です。発展的な内容については【ブックガイド】や本文中にあげた参考文献などをご覧ください。社会調査リテラシーを身につけることで，みなさんの社会の見方がより豊かなものになれば，と期待しています。

社会調査の流れ

　この章では主に質問紙を用いた量的な調査のプロセスを解説しましたが，実際の社会調査は次の図のように，質問紙調査（③④）と質的なヒアリング調

査(②⑤)を組み合わせて実施されます。量的調査と質的調査は組み合わせてこそ効果があり、調査法の優劣、調査員の向き不向き、研究者の好みといった議論は生産的ではありません。

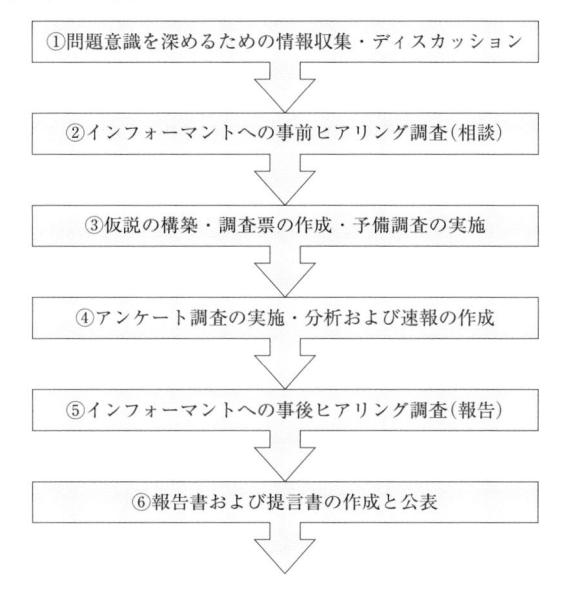

```
┌─────────────────────────────────────┐
│①問題意識を深めるための情報収集・ディスカッション│
└─────────────────────────────────────┘
                  ↓
┌─────────────────────────────────────┐
│②インフォーマントへの事前ヒアリング調査(相談)│
└─────────────────────────────────────┘
                  ↓
┌─────────────────────────────────────┐
│③仮説の構築・調査票の作成・予備調査の実施│
└─────────────────────────────────────┘
                  ↓
┌─────────────────────────────────────┐
│④アンケート調査の実施・分析および速報の作成│
└─────────────────────────────────────┘
                  ↓
┌─────────────────────────────────────┐
│⑤インフォーマントへの事後ヒアリング調査(報告)│
└─────────────────────────────────────┘
                  ↓
┌─────────────────────────────────────┐
│⑥報告書および提言書の作成と公表│
└─────────────────────────────────────┘
```

　たとえば「この町の住民はどんなボランティア活動を求めているか」を知りたいときに質問紙調査が役に立ちます。しかし質問を作るためには、町のことをよく知っているインフォーマント(情報提供者)に、「この町ではどのような問題があり、どのようなボランティア活動が行われているのか」を事前に伺う必要があります(②の段階)。また、「単身の高齢者は除雪の手助けを求めている」といった調査結果をより詳しく解釈し、具体的な改善策を企画するためには、事後のヒアリングが必要になります(⑤の段階)。

　事後のヒアリング調査をすると、インフォーマントから思いがけない解釈が聞けたり、調査票に盛り込むべきであった質問を指摘されることがあります。「そんなことは調べなくてもわかりますよ」といわれると、調査自体が無意味だったように思え、事前のヒアリング調査でもっと深い会話ができていればと後悔します。

　しかし、町の事情をよく知っていれば社会調査は必要ない、ということにはなりません。このインフォーマントは、アンケート調査の結果を知ったからこそ自信をもって自説を語り、調査票の問題点に気づいたとも考えられま

す。意外な新事実を発見することができなくても，インフォーマントが何となく気づいていた事実を客観的に示し，正しい解釈を導くことができれば調査はとりあえず成功だったといえます。

またお気づきのように，上の図は⑥の段階で終わっていません。インフォーマントの中には「単なる学術的調査は必要ない」という人がいます。「学問的な新事実が発見され，新しい解釈が発明されたとしても，それがこの町のためになるか」という疑問が残されているのです。分析結果に基づく新しい改善策を企画し，これがインフォーマントや調査対象者や関係機関に受け入れられたとき，この調査は必要とされた，大成功であったといえるのです。

（飯田俊郎）

【ブックガイド】

1　轟亮・杉野勇編『入門・社会調査法―2ステップで基礎から学ぶ　第2版』法律文化社，2013年。
2　谷岡一郎『データはウソをつく―科学的な社会調査の方法』筑摩書房，2007年。
3　高根正昭『創造の方法学』講談社，1979年。
4　与謝野有紀・栗田宣義・高田洋・間淵領吾・安田雪『社会の見方，測り方―計量社会学への招待』勁草書房，2006年。
5　谷富夫・芦田徹郎編『よくわかる質的社会調査―技法編』ミネルヴァ書房，2009年。

社会調査法全体をより詳しく学びたい場合は1がお勧めです。入門的な内容から最新の内容まで幅広く網羅した充実のテキストです（本章でも適宜参照しています）。社会調査に基づいた報道記事の読み方を身につけるには2がお勧めです。また2は因果関係を含めた科学的分析のロジックを理解するための本として，豊富な例に基づいて書かれています。因果関係や疑似相関については3をお勧めします。実験との対比を通じて社会調査における因果関係のとらえ方が詳しく述べられているのに加え，理論・仮説・モデルとは何かについてもわかりやすく説明されています。

社会調査法の活用方法を身につけるには，社会調査法一般の知識に加えて，個別の方法を実際の分析例に触れながら学んでいくのが大切です。そのためのテキストとして，ここでは4と5をあげておきます。どちらもテキストとしてのみならず，研究を行う際のハンドブックとしても便利です。4は量的調査法・分析法のテキストです。本章で取り上げたクロス分析をはじめとして，回帰分析や因子分析などのオーソドックスな分析，さらには近年注目されているマルチレベル分析，共分散構造分析，ネットワーク分析などのより高度な分析が，社会学的な分析例を用いながら紹介されています。

　本章で十分に取り上げることのできなかった質的調査法・分析法については5をあげておきます。インタビューやフィールドワークなどの調査技法，近年注目されているグラウンデッド・セオリー・アプローチ，さらには質的データの計量・数理的な分析法である内容分析，計量テキスト分析，デキゴトバナシ比較分析なども取り上げられています（4で紹介されているブール代数分析も質的データの計量・数理的分析法です）。質的調査の研究成果であるモノグラフ，エスノグラフィーも参考文献として多数あげられています。なお，このテキストには姉妹編である「プロセス編」もありますので，合わせて読むと質的調査の理解がいっそう深まるでしょう。

【発展学習】考えてみよう！

1　「自分のやりたいことが明確になっていないと，就職活動ではうまくいかない（就職は決まらない）」という命題は本当だろうか？　また，この命題の真偽を確かめるにはどのような調査を行えばよいだろうか？　考えてみよう。
2　自分のブログで，ある事件についての自分の意見を書いたとする。そしてその記事に対して10件のコメントがあり，そのうち8件が自分の意見に賛成，残り2件が自分の意見に反対する内容のコメントだった。ではこの結果から，「多くの人たちが賛成してくれているのだから，自分は多数派だ」と判断してもよいだろうか？　考えてみよう。
3　新聞・雑誌・パンフレットなどから調査結果が書かれたものを探し，その内容に問題がないかどうか，この章で学んだことを思い出しながら考えてみよう。

第 3 章　家　　族

> この章で学ぶこと
>   家族とは何でしょうか。個人の選好が優先される現在，少子化に歯止めがかかりません。本章では家族の定義に含まれる幸福(well-being)について再考し，社会学の視点から家族を考えていきます。
> キーワード：家族の個人化，少子化，家族の定義，幸福(well-being)

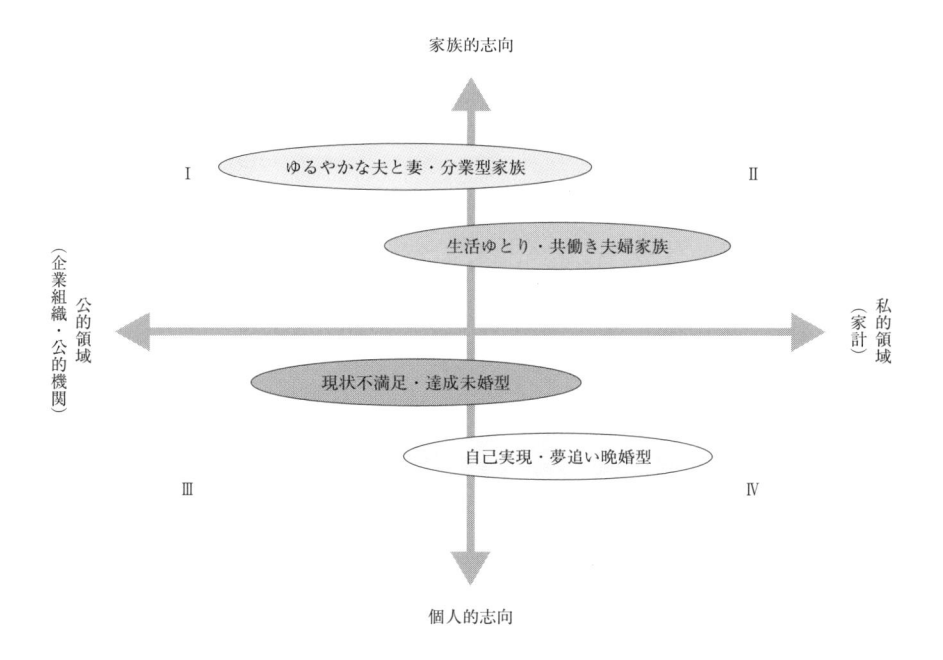

家族的志向

I　　　　ゆるやかな夫と妻・分業型家族　　　　II

　　　　　生活ゆとり・共働き夫婦家族

（企業組織・公的機関）公的領域 ←―――――――→ 私的領域（家計）

　　　　　現状不満足・達成未婚型

　　　　　自己実現・夢追い晩婚型

III　　　　　　　　　　　　　　　　　　　　IV

個人的志向

1　家族とは

> この節で学ぶこと：家族は社会の歴史的変遷とともに，制度・規模・形態を変えてきました。また機能と役割も変化しています。T・パーソンズの家族理論をもとにその変化をみていきます。
> キーワード：制度と形態，機能と役割，1990年以降の家族，現在の家族の問題

制度と形態，機能と役割

　家族は社会の基礎的単位といったのは，アメリカの社会学者T・パーソンズ（Talcott Parsons, 1902-1979）です。家族を形成するとは一見個人的な事柄のようにみえますが，実は社会と切り離されるのではなく，家族は社会の最も小さな集団であると考えられてきました。この小集団としての家族は結婚した夫婦とその子どもからなり，核家族，あるいは「孤立的核家族」とも呼ばれます。その社会学的イメージは，キリスト教という宗教にある程度，基礎を置いた，主に北ヨーロッパの諸地域から受け継がれた文化的伝統を反映していると考えられています。この家族は1人の男性と1人の女性が合法的な絆で結ばれた一夫一妻制をとります。

　しかしながら他の地域，たとえば中近東におけるパレスチナ人のようなイスラーム教の国では一夫多妻制，すなわち，1人の男性が2人以上の女性と結婚する家族の形態をとります。ムスリムの伝統に従うと，1人の男性は4人の妻と結婚できますが，実際に2つの家族を持てるのは，裕福な階層の男性に限られました。今ではこの一夫多妻制も農村地域やイスラエルのアラブ人共同体等に限られ，都市に住むパレスチナ人の多くは，イギリスやアメリカの国々やヨーロッパ諸国の人々と変わらない核家族の形態をとるようです。その逆は一妻多夫制です。これは，1人の女性が2人以上の男性と結婚する形態です。ネパール北西部チベット系の人が住む地域にみられますが，一夫多妻制に比べて稀にしかみられません。

このように「家族」といっても，世の中にはさまざまな家族・結婚の形態があることがわかります。それらの社会のすべては，1950年代以来，宗教的制度や宗教的信仰が影響力を持たなくなる世俗化の波を受け，家族の多様性の拡大という形で変化してきました。たとえば，スウェーデンやフィンランドなど北欧にみられる法律婚に縛られない同棲カップルのライフスタイルはそのひとつの例といえます。今では，イギリスやアメリカにおいて同性同士の結婚も少しずつですが，社会的承認を受けるようになっています。日本を含む東アジア圏（韓国，中国，台湾）においても，同棲や離婚に対する理解が若者や女性の間で広がっています。

　ところで，家族はどのようなことを行っているのでしょうか。1950年代〜60年代にかけて，T・パーソンズの主張した核家族のはたらきは，次の2つに集約されました。そのひとつは子どもの社会化，もうひとつは夫婦の精神的安定化です。これは，のちになって批判される「夫＝稼ぎ手／妻＝家事・育児」という性別役割分業が基底にあります。そこには近代化の進行に伴う公的領域（企業組織・公的機関）と私的領域（家計）の分離が前提にあります。公的領域は合理化・効率化が求められる機関なので，合理化や効率化がなじまない労働，つまり家事・育児やときには病者の看護・介護は家庭の妻の仕事にするほうが合理的であるとT・パーソンズは主張しました。日本の家族社会学者は，この2つの機能に老親の扶養・介護を加えました。そこには，歴史的背景として日本とアメリカの家族形態に違いがあるからです。

　アメリカでは夫婦家族制（＝核家族）をとっていたのに対し，日本では直系家族制をとり，後継ぎ子（長男）が結婚と同時に親と同居し，親の扶養・介護をしてきたというものです。T・パーソンズの家族理論はその後アメリカのウーマンリブ創始者B・フリーダン（1921-2006）によって批判されました。1980年代の欧米の結婚と家族は，離婚家族や母子家族，同棲や事実婚など多様な形態が増えているので，夫＝稼ぎ手，妻＝家事・育児といった性別分業で成り立つ家族は減少しているというのが批判の理由です。日本においてもフェミニストたちによって性別役割分業は夫の被扶養者として妻を家庭に追いやるものであり，妻の労働はシャドーワーク（公的領域から評価されな

い無償労働)であると批判されていきます。T・パーソンズの家族理論はこのように社会の動きと女性の意識変革の中で，機能の意味が問われていきました。

1990年以降の家族変動

　1990年になる1年前の1989年に日本社会にショックを与えるひとつのデータがありました。それは，合計特殊出生率が「1.57」になったというものです。合計特殊出生率とは女性(15～49歳)が一生を通じて産むと考えられている平均子ども数を指します。なぜ出生率の低下は問題なのでしょうか。またその背景には何が考えられるのでしょうか。布施晶子(1937-2011)は出生率の低下が社会問題視される背景について，平成元年版『厚生白書』がまとめたものを提示し，自分の意見を述べています。まず，白書の内容をみてみましょう。白書によると出生率の低下は，「ひとつは日本の人口の高齢化への影響がある。二つ目には，地域の遊び仲間の減少につながり，子どもの成長と発達にマイナスの影響を及ぼす。三つ目には社会に与える影響として，労働力不足と年金制度をはじめとする高齢者扶養の負担の増加が指摘される」というものです。そのうち政界・財界が最も危機感を抱いたのは，3つ目の労働力不足と年金制度をはじめとする高齢者扶養の負担増加の問題でした。

　しかし布施晶子は，「65～75歳までの前期高齢者を従属人口扱いにしない(働ける高齢者には働いてもらう)，生産財部門への投資の一部を生活財部門に切換える政策の遂行，そして若い男女が安心して新しい生命の誕生を心待ちにできる環境の整備，加えて事実婚や婚外子にむける差別をなくす社会づくり，広い意味での政策的配慮が必要である」と述べました。この指摘は20年以上たった今でも色あせていません。出生率がさらに低下し続ける背景には，「若い男女が安心して新しい生命の誕生を心待ちにできる環境の整備」が十分に整っていないことが考えられます。

　図3-1に示すように，フランスは多様な家族的形態にある男女を支援するさまざまな制度(法的婚姻か否かにかかわらず，子ども手当を支給する)によって出生率を上げ(2010年で出生率2.0人)，アメリカは自立を促す社会と

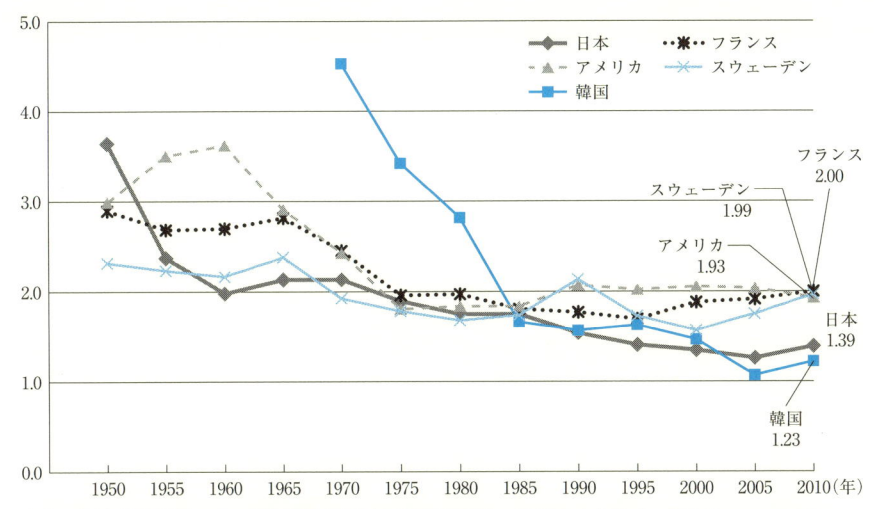

出典：国立社会保障・人口問題研究所「人口統計資料集　2013」から作成。UN, Demographic Yearbook による。5歳階級の年齢別出生率に基づくため年齢各歳で計算した値とは異なることがある。韓国は，wikipedia「Demographics of South Korea」より作成（http://en.wikipedia.org/wiki/Demographics of South Korea）

図 3-1　主要先進国　合計特殊出生率推移

いうこともあり，結婚か同棲をして生活を成り立たせ，結果として出生率を上げています（1.93人）。しかし，日本では2010年で1.39人と1989年の「1.57」ショックよりも低くなっています。2020年では，1.34人です。

ところで出生率が低下することを個人のサイドからみてみると，何が考えられるでしょうか。年齢と妊娠率は相関するといわれ，女性は35歳，男性は40歳を過ぎると徐々に妊娠する確率が低下するといわれています。1990年以降，男女ともに晩婚化傾向は進む一方です。一生を通じて結婚しない生涯未婚率（50歳までに結婚しない人の割合）も徐々にですが男性に早く現れて，2020年では男性が25.7％，女性が16.4％に達しています。出生率を低下させる要因については，さまざまな領域の専門家たちによって検討されている事柄ですが，社会学的には個人化（個人の選好が優先される）の影響が大きいといえるでしょう。しかし子どもがいないことは個人の選択であると同時に，「医療や生命倫理，家族制度，女性や夫婦を取り巻く環境などに深く

関連している。結婚や出産の規範が変化している今こそ，子どもがいないことについて，社会的視点から深く検討することが必要なのではないか」と考える研究者もいます。少子化が社会に与える影響について，もう少し社会学的な視点から考えてみましょう。

現在の家族の問題

　日本の家族は現在どのような問題を抱えているのでしょうか。社会学の書籍売り場に行くと，「格差社会」「生きづらさ」「貧困」などをテーマにした本が並んでいます。たとえば，若い女性は最近，「主婦になりたい」という人が多くなっています。家族社会学者の中には，「専業主婦は絶滅の危機に瀕している」という人もいるのですが，それは真実なのでしょうか。もしそうだとしたら，若い女性たちの主婦願望は「水を浴びせられる」ことになりますね。専門家の「絶滅の危機」言説はちょっとわきに置いて，若い女性がなぜ「主婦になりたい」のか，それは現実的に実現可能なのか，不可能だとしたらその理由はどこにあるのか考えてみましょう。

　主婦イメージを女子学生に話を聞くと，「夫稼ぎ手＝妻育児・家事ときどきパートタイム」「夫の年収は300万〜400万程度」とかなり現実的な答えが返ってきます。私が専業主婦で3人の子育て（双子と2歳下の男の子合わせて3人）をして，そのあと大学・大学院に行き専任教員になったというと，彼らは興味深く聞いてくれます。自慢したいわけではありません。なりたいものになれる個人の選好が尊重される時代になったと述べたかったのです。

　社会的にみれば，1960年から70年代にかけて多数を占めていた専業主婦の女性たちは，大学を出ていても，夫よりも年収が高くても，結婚という選択をする以上，家庭に入る道を最終的に選びました。大学教育では男女平等を学んだわけですから家庭に入ることはある意味，続けたいけど続けられない仕事「断念」の意味合いがあったと思います。その点，短大卒や高卒の女性は，専業主婦になることにそれほど抵抗がありませんでした。というのも，収入の面では男性よりも低く，仕事の内容の面では腰かけ程度のものしか与えられていなかったからです。公的領域である企業や官公庁も終身雇用制（60歳定年）は大多数の男性を対象に行っていました。女性が仕事を辞めな

いで28歳〜29歳になると，オールドミスと陰口をたたかれる時代でした。そうした環境で女性が職場に残るには勇気とか信念，働き続ける何らかの事情がありました。個人の選好が尊重されていたとは言い難いですね。今の時代はそうではありません。なりたいものになれるけれど，仕事の流動化と不安定な雇用形態が進んでいるために，「主婦になりたい」女性がいつまでも主婦でいられる保証がなくなっているのです。それは高学歴の夫を持った女性とて同じでしょう。そういう意味で，特に若い女性には「専業主婦の絶滅」はあてはまるかもしれません。でももし「主婦になりたい」のが一時的な願望（たとえば，子どもが小さいうちは子育てを楽しみたい）であれば，生活のやりくりをしながら十分可能だと思います。そのあとスキルをみがき，職場に入っていくことは仕事「断念」とはならず，むしろ子育て経験が生かされることになるのではないでしょうか。

　しかし出生率の低下が意味することは，子ども期にとってはきょうだいがいないか少ないこと，成人期の大人にとっては「骨を折る」機会が減るか失われること，老年期にとっては孫を介した世代交代の実感が少ないか薄れることになるでしょう。この事態は，私たちの将来に何をもたらすのでしょうか。時代遅れといわれるかもしれませんが，日本の伝統的家族の中で行われてきた高齢者扶養のあり方からみていきましょう。

　日本では直系制家族の形態をとってきたといいましたね。伝統的には既婚の息子（長男）との同居でしたが，ここで高齢者は子ども家族と家計をひとつにするので経済欲求が充足し，長期的な病気や介護が必要になると子ども（多くは嫁）の世話を受けられるので身体欲求が満たされ，子どもや孫とのかかわりの中で関係欲求も満足し，家族の補助的で周辺的な役割を担うことで価値欲求が満たされると考えられてきました。この伝統的な既婚男子との同居は減少（1980年41.0％，1995年32.15％，2005年19.8％）していますが，ここで注目したいのは，世代間扶養における祖父母と孫の関係が互酬性に基づく交換として引き継がれるという側面です。祖父母と孫の関係は親と子の関係よりはワンクッションある点で，感情的にならずにすみます。それは，日本における世代を超えた縦につらなるギブ・アンド・テイク，すなわち，

祖父母から孫，孫から祖父母への「お返し」「結(ユイ)」にあたる交換とはいえないでしょうか。

それに対し，夫婦制家族(核家族)は，社会的交換における<u>一般交換</u>の側面を持ち，横のギブ・アンド・テイクです。たとえば，夫＝稼ぎ手／妻＝専業主婦を例にとると，夫は妻に経済的保証を与え，妻はお返しに家事と夫の身の回りの世話をするというものです。お互いの合意が損なわれると関係が壊れることもあるでしょう。上にあげた高齢者の4つの欲求は今どのように満たされるようになったのでしょうか。高齢者世帯の6割近くは年金の他に収入はありません。2000年に施行された介護保険料は当初に比べ1.7倍になり平均月5000円弱になりました。国の社会保障支出は年1兆円ずつ増え，高齢者の保険料負担も限界に迫る状況です(2013年7月，朝日新聞)。戦後生まれの団塊世代(1947〜49年生まれ)が65歳になりはじめたこともあり，<u>高齢化率</u>は23.4％と過去最高となりました。それに対し，出生率は1.41人(2012年度)で人口を維持するのに必要といわれる2.07には遠く及びません。

高齢者が多く，子どもが少ないという世代間の人口に占めるアンバランスは明らかです。限りある資源を今いる世代で使いつくすのではなく，孫を含む若い世代が引き継げるよう互酬性に基づく交換に意識を広げる必要があるのではないでしょうか。そのひとつの例として，2011年3月11日に起きた東日本大震災は私たちに自然に対する恐れと感謝，人と人が助け合いつなぐ"絆"の大切さを教えてくれました。失われた地で行われた祭りは，世代を超えて引き継がれる日本の伝統文化が私たちの社会にあることを再認識させてくれたとはいえないでしょうか。

2　家族の定義——幸福(well-being)が意味するものは何か

> この節で学ぶこと：家族の定義に含まれる幸福(well-being)を再考し，現代家族が抱える問題は何か，個人の選好が優先される多様な家族について，概念図をもとに考察していきます。
> キーワード：幸福(well-being)，現代の核家族，家族のライフスタイル

家族の定義に含まれる幸福（well-being）と社会福祉の補完的役割

家族の定義は，「家族とは，夫婦，親子，きょうだいなど少数の近親者を主要な成員とし，成員相互の深い感情的かかわりあい（emotional involvement）で結ばれた，幸福（well-being）追求の集団である。」と考えられています。この幸福（well-being）は心身の要求が満たされて幸せを感じる状態をいいますが，人が何に幸せを感じるかは，その人の置かれた状態や状況によって異なるとされています。もし個々の家族に問題が生じ対処が難しくなったとき，憲法は私たち家族の幸福追求を保障する，と規定しています（日本国憲法第13条）。その文言には，「生命，自由及び幸福追求に対する国民の権利については，公共の福祉に反しない限り，立法その他の国政の上で，最大の尊重を必要とする」となっています。たとえば，近年メディアで取り上げられる親から受ける子どもへの虐待といった養育環境の問題，失業やリストラ等の低収入による貧困，心身の障害，病気や高齢など，その個人の幸福追求が妨げられるか，妨げられるおそれがある場合，国や地方公共団体は社会福祉の補完的役割として彼らを支援する義務があるのです。

現代の核家族――機能の拡大

ところが，個人の選好がより優先される現代社会にあって，女性だけでなく男性もまたその生き方を変えてきていると思われます。ひとつの職場で60歳定年まで働くことが当たり前とされた前の世代をみて，安定志向の男性はうらやましいと思う反面，少々荷が重すぎると感じるのではないでしょうか。今日，多くの男性たちが「コミットメントからの逃走」という状態にあると指摘する家族研究者がいます。男性は，「伝統的に法的婚姻や嫡出上の父性と結びついてきた長期にわたる義務を避けてきているので，コミットメントの本質や起源について新たな問題が沸き起こりつつある」というのです。この場合のコミットメントは，「人びとが他者から自分たちがどれほど頼られているかを学び，自分たちの貢献に付随している価値を学ぶにつれて，じょじょに時間をかけて発展することになる」ものです。結婚不向き，子ども嫌いな男性が，いざ結婚して子どもの父になると，頼りがいのある男性に変身していくのは，こうしたコミットメントの効果なのかもしれません。一

方で，守るべきもの，頼られることがなければ，結婚や子どもの父になることを避け，「コミットメントからの逃走」に向かうのではないでしょうか。

　家族の多様性が広がるにつれ，制度としての家族よりは，そこで家族はどのようなことを行っているのかという機能面に関心が持たれるようになってきたといわれています。しかしながら，どのように家族の多様化が拡大したとしても，私たちはその世界に生きてきた文化的伝統の影響を受けています。たとえば，現代の未婚化を考えてみましょう。日本とアメリカでは家族型と結合中心が異なります。アメリカでは，「核家族で，家庭は子が船出する港，開かれた家族で，夫婦中心」であり，一方日本では，「直系家族で，家庭は子の結婚で大きくなる，閉じられた家族で，親子中心」となっています。

　この観点からみると，アメリカにおける子の結婚は，独立して離れていくもの，家庭はそれまでの一時的停泊の地となります。ところが日本では，子どもが結婚すれば家族は大きくなり，子どもが結婚できない・しなければ家族は小さいままで閉じられ維持されていきます。東アジア圏（日本・韓国・中国・台湾）の比較では，20代の男女の結婚は親の影響が小さいようですが，30代になると，母親の娘への影響が日本と台湾で大きいといわれています。もうひとつ，他の3つの地域と異なるのは，娘に対する親の強い思いです。日本における親の扶養期待は息子から娘へと変化し，「自分の娘から老後の扶養を受けたいという意識が働いている」のかもしれません。そこには，日々の授受から会話に至るまで密度の濃い母娘関係が築かれているように思います。

　また家族の多様性の広がりは，家族をより複雑で流動性のあるものに変質させることになりました。それは，伝統的な核家族の機能であった「夫婦の精神的安定」と「子どもの社会化」のうち，「子どもの社会化」のみを残し，他に「集団成員の身体的維持や世話」，「生殖や養子縁組による新しい成員の追加」，「成員たちに対する社会的統制」，「品物やサービスの生産，分配，そして消費」，「愛情をとおしての動機づけや志気の維持」といった，より社会的な包摂性を含む内容になっています。たとえば，離婚家族の場合，「子どもとの面会の権利や，また家族に向けられた諸サービスを受ける権利は，特

定の個人が家族の〈ほんとうの〉メンバーであるかどうかに，大きく左右されうるからである」。つまり，両親が離婚してもかれらの子どもであることに変わりはないのですから，上にあげた機能に対していくつかの責任を負っているかぎり，「家族」だということです。

ライフスタイルからみた現代家族

集団としての家族は，家族周期(ライフサイクル life cycle)が優先され，家の継承・維持のために家族員が存在し，家族員の生き方を拘束するものでした。一方，個人の集合体としての家族は，個人の能力や可能性を生かすための協力集団として機能し，個人のライフコースが優先され，家族員の生き方の選択が尊重されます。たとえば，料理の上手な夫が家事を担当し，妻は仕事優先といった個人の能力や資質によって役割を変えるというように夫と妻の性別役割分業に基づく役割期待の変更もありうるでしょう。それは近代家族における固定的な性別役割分業とは違って，かなり柔軟な分業の形といえそうですね。ところが，このような個人の能力や資質，ライフコースが優先される現代家族にあっても結婚を選ぶよりは選ばない・選べない未婚化や晩婚化が多くみられるようになってきました。たとえば，落合恵美子(1958-)は，「跡取り娘の悲劇」について，きょうだい数の減少に伴って一人娘や女きょうだいばかりの長女に親の期待がかかり，結果として「結婚の縁が遠ざかる」，と述べています。東アジア圏(韓国・中国・台湾)との比較においても，日本の30代女性は，結婚に対して母親の影響が大きいことがわかってきました。

またフェミニストにとって家族をつくるという選択肢は逆機能的，すなわち，個人の潜在能力を生かすことにならないととらえられています。しかも女性が家庭に入ると社会的に承認されないシャドーワークを引き受けることになり，それはパートナーとの勢力関係において下位に置かれることになるという指摘もあります。しかしそうではなく，結婚よりも仕事を最優先に選んだ結果の未婚化かもしれません。現在では未婚化が「結婚を選択しない」層として生涯未婚である確率を上げ，晩婚化は「結婚や出産のタイミングを遅らせる」層として少産化になる可能性が指摘されています。いずれにして

も，人はその社会の中で自分の生き方を選択していきます。以下，冒頭の概念図をもとに家族的志向と個人的志向，その影響をみていきましょう。

家族的指向と個人的指向——概念図をもとに

概念図では，性別にかかわらず，仕事志向であれば横軸の中心よりも左側（公的領域）に位置し，逆に個人のライフスタイル志向であれば中心よりも右側（私的領域）に位置します。縦軸の中央より上が結婚し子どものいる家庭を，中央より下が独身をイメージしています。なお，少子化との関連で，これら4つの型に焦点をあてました。

第一象限：「ゆるやかな夫と妻・分業型家族」

結婚と家族が人生のサバイバル的選択肢となった女性たちは，自分の能力や資質を生かせるパートナーを選び，家事や子育てに専念する専業主婦を選びます。性別に基づく役割分業はよりゆるやかで，妻は子育て後にスキルアップして職業に就くことは可能です。現時点では夫は仕事優先なので，公的領域に長時間縛られ，家計中心の妻との「会話」に性別分業に伴う偏りがあり，内容的制約があります。

第二象限：「生活ゆとり・共働き夫婦家族」

仕事も家庭も両立している共働き夫婦家族は，生活にゆとりがあり，それぞれのライフスタイルを尊重し合える意味でめぐまれた家族といえるでしょう。しかしカップルのどちらもフルタイムで働いていたとしたら，その安定した収入と引き換えに，絶対的な自由時間が不足する可能性があります。妻の就労継続には夫の家庭における協力は欠かせないでしょう。子どもには手のかからない「いい子」を期待してしまうかもしれません。日米のしつけをみると，アメリカは「子どもはわからず屋である」とみなし，日本は「子は親の気持ちをくむものである」とみなしているからです。

第三象限：「現状不満足・達成未婚型」

未婚化の要因については，①景気悪化説，②いわゆるパラサイトシングル説，③女性の学歴・収入上昇に伴う男女のミスマッチ説，④都市化・消費社会化説等がいわれています。しかし本章では，個人の選好が優先される現代家族の影響と個人の能力における上昇志向の現状不満足に伴う未婚化ととら

えています。この層が晩婚化と異なる点は，未婚であることを主体的に選択していることです。仕事と家庭はトレード・オフの関係にあるととらえ，両立の困難よりは仕事を優先する道を選んだ結果とみることができるでしょう。知的にも「会話」の能力にも優れているので，彼・彼女らの遺伝子を残さないのは社会の損失です。同棲や事実婚，婚外子に向ける差別をなくす社会づくりが求められます。

第四象限：「自己実現・夢追い晩婚型」

　図3-2に示すように，結婚してない男女の比率は増える一方です。たとえば，30～34歳での男性の47.3％，女性の34.5％はまだ結婚していません。年齢が高くなる35～39歳でも男性の35.6％，女性の23.1％は未婚です。いずれ結婚するつもりの男女が，「結婚や出産のタイミングを遅らせる」晩婚化に向かうことは，あまり望ましいこととはいえないでしょう。少子化問題の解決を遅らせることにもなります。本章では，この層を自己実現の夢を追い続けた結果，男女の結婚マッチングに出遅れたととらえています。見合い結婚が主流であった1965年以前であれば，誰かの世話で結婚できた人々であることは間違いないでしょう。ある研究者は「個人主義イデオロギーの普及による共同体的結婚システムの弱体化」と指摘しています。

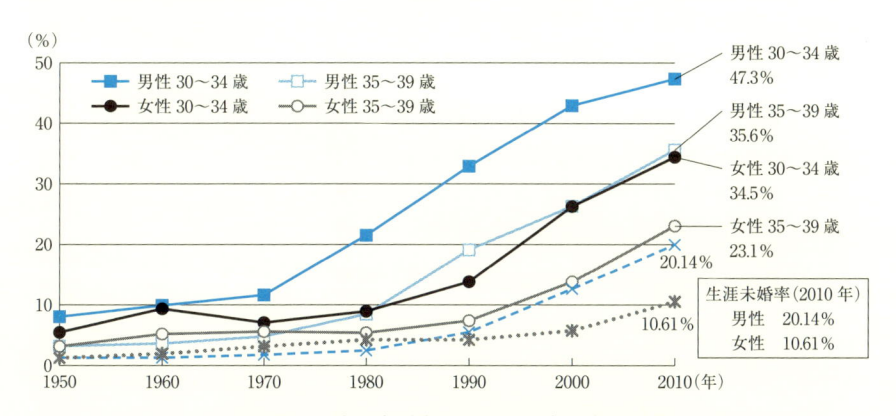

図3-2　30代の未婚率および生涯未婚率の推移

出典：国立社会保障・人口問題研究所「人口統計資料集2013年」総務省統計局『国勢調査報告』による。生涯未婚率は，45～49歳と50～54歳未婚率平均値（50歳時の未婚率）である。
http://www.ipss.go.jp/syoushika/tohkei/Popular/Popular2013.asp?chap=0

3　現代家族——課題と包摂の可能性

> この節で学ぶこと：格差社会といわれている今，人々は否応なく競争の渦に巻き込まれその影響を受けています。現代家族が直面する個々の課題と包摂の可能性を考えます。
> キーワード：青年期の well-being，子育て期の母の悩み，多様な家族と包摂の可能性

お金の価値と青年期の well-being

　家族の定義に含まれる well-being は幸福と訳されますが，この幸福追求は憲法 13 条によって保障されていることがわかりました。それとは別に，最近では「well-being」というテーマが学術論文に掲載され，著書にもなって人気を得ています。『幸せを科学する』を書いた著者は最初のページに「定職に就くまでの 30 年間，気長に待っていてくれた父と母に捧げる」と述べています。30 年間ってすごいですね。幸せをテーマに研究を続けた本人も，そして子どもを待ち続けた両親も。詳しい内容については，みなさんに本を読んでもらうとして，well-being について理解を深めましょう。well-being とは，「良い状態」と訳しますが，何をもって「良い状態」なのか，「良い存在」，ひいては「何が理想の人間なのか」，そして「良く生きるとはどういうことか」という哲学的な問題にまで遡って考えることでもある，とされています。

　ところで，お金は人を幸せにするのでしょうか。同書によると，お金がどれくらい幸福感をもたらすのかを調べたところ，年収 200 万円未満と 900 万円以上では「非常に幸せ」に差があり 900 万円以上のほうが幸せでした。ところが，年収 500 万～899 万円と 900 万円以上では，「非常に幸せ」には差がなかったのです。どうしてだと思いますか。この本の解釈では，人は食，住という基本的な欲求が満たされていれば，それ以上の年収は必ずしも幸せの向上にはつながらない，というものでした。それに収入が高くなると，仕

事の量やストレスが多くなるからという説もあります。もうひとつお金と幸せに関するもので，アメリカの大富豪と物質的には恵まれない東アフリカのマサイ族ではどちらが幸せかを調べたところ，両者の間にはほとんど差がありませんでした。ところが，マサイ族に比べて同じお金がないカリフォルニアのホームレスは幸せの数値が低いことがわかりました。その解釈としては，マサイ族の社会では，物質的な豊かさや利便性はないけれど家族と人間関係が安定しているのに対し，ホームレスは家族からも見放され精神病を患っている人も多いことから，物質的に恵まれないだけでなく，人間関係という面でも支援してくれる家族や友人がいないからだろう，というものです。このように，マズロー(A. H. Maslow, 1908-1970)が唱える基本的な欲求を満たすことが人間にとって優先されますが，幸せにはお金以外の要因が影響していることがわかります。

仕事と結婚——子育て期の母の悩み

結婚と幸福感は相関が高いことが示されています。つまり，結婚生活に満足している人は人生にも満足し，逆に結婚生活に満足していない人は，人生全般に不満を持っているというのです。そして興味深いことに，夫と妻の性格が似ていることよりもお互いに同じような価値観を共有し態度が似ていることが幸せにつながるようです。ところが，仕事のような達成分野と結婚のような対人関係分野では，最適な幸福度が異なることが示されました。これはどういうことなのでしょうか。達成分野では現状に完全に満足しないほうが，より高い達成につながりますが，対人関係では完全に満足することが幸せにつながる，というものです。たとえば，年収200万円で完全に満足すると，それ以上の高い年収を求めて職を変えたり資格をとろうとはしませんが，200万円の年収に満足しなければ改善に向けて意欲が高まります。ところが，対人関係では，パートナーに完全に満足することが結婚生活の安定に結びつき機能的だというのです。実際，スポーツやビジネスで成功した人々は，絶対に現状に満足しないという態度が常にあり，そういう姿勢があったので偉業をなしえたけれども，彼らの私生活をみてみると，みな幸せな結婚生活を送ってきたとはいえないようです。ここでも，現状に満足しない態度は，夫

婦生活のような対人関係の面では望ましくない態度となる，というものです。この2つの分野をどのように切り替えていくのか，難しい問題ですが大事なことですね。

　家族のライフサイクル上でみていくと，10代の子どもがいる時期は夫婦の満足度が低くなるといわれています。子育てのプレッシャーに悩む母親は，この時期こそ子どもの父親でもある夫と悩みを共有し似た態度で乗り越えることが望ましいのかもしれません。

排除される人々と包摂の可能性

　社会的排除とは何を意味し，どのような状況を指すのでしょうか。ある研究者らによれば，「社会的排除とは，急速なグローバル化が進む経済に伴って社会が大きく変容し，労働市場において非正規労働が増大するために十分な所得が得られず，教育・医療を受ける機会，政治参加への機会等が若者や下層の人達に閉ざされてしまうことをいい，1980年代後半に欧州委員会で問題にされた概念である」としています。たとえば，タイにおいて社会的排除を受ける人々とは，ストリート・チルドレン，ごみ収集人，ラオスやミャンマーからの出稼ぎ労働者，山地民や農村女性など平均的なタイ市民より条件的に不利な立場にある人々だといいます。

　では日本で社会的排除を受ける人々は誰なのでしょうか。家族に限定すると，個人の幸福(well-being)追求が妨げられるか，妨げられるおそれがある，たとえば，親から虐待を受ける子どもたち，低収入による貧困，心身障害，病気や高齢によって孤立する人々でしょうか。これらの人々は偶然にその状況に追いやられた人々であって，「個人の能力・志向・選択を超えた問題である」，だから国や地方公共団体による社会福祉の役割として支援を受けることができると考えるべきでしょう。しかし近年では日本経済の低迷とグローバル社会の影響によって，社会全体に閉塞感が漂い，「個人の責任」言説があちこちで聞かれるようになりました。

支援する人々と地域の文化・芸術

　社会的排除が「個人の能力・志向・選択を超えた問題である」とするなら，包摂の可能性はどこにあるのでしょうか。ひとつは，「社会的に有利な条件

に生み育てられ，社会参加に先んじて成功したものが，条件不利な境遇にある人々を支援するべきである」ととらえる考え方があります。この場合，支援の仕方は税金や寄付などによって彼・彼女ら排除された人々の目に直接触れないことが肝心ではないでしょうか。というのも，人はプライドを持っているからです。ロシアの作家ドストエフスキーは著書『カラマーゾフの兄弟』で「どんなに貧しくても人の情けを受けるぐらいなら死んだ方がまし」と考える人間のプライドについて描写しています。社会福祉の補完的役割として生活支援を受けることは，スティグマ（個人に非常な不名誉や屈辱を引き起こすもの）を伴うにせよ，憲法で保障される権利として理にかなう方法だと思います。また親族や友人，ボランティアなどさまざまな互助集団は彼・彼女らの情緒的支援，プライドを損ねない程度の生活支援にとどめるべきではないでしょうか。地域の文化や芸術は，人々の絆を深め，人と人をつなぐ包摂の可能性があるのではないかと思います。

【ブックガイド】

1　森岡清美・望月崇著『新しい家族社会学［四訂版］』培風館，1997年。
2　落合恵美子『21世紀家族へ［第3版］』有斐閣選書，2008年。
3　神原文子編『よくわかる現代家族』ミネルヴァ書房，2009年。
4　大石繁宏『幸せを科学する』新曜社，2010年。
5　櫻井義秀・道信良子編著『現代タイの社会的排除』梓出版社，2010年。

　家族の学習においても理論・学説を幅広く学ぶよりも1人の著者を決めて，その著作を網羅的に読むことを勧めます。本章では教科書として長年使用されている1をベースに，家族の何がどのように変化したのか，課題があるとすればそれは何かという視点からみていきました。デイヴィド・チール著，野々山久也監訳の『家族ライフスタイルの社会学』（ミネルヴァ書房，2006年）は，家族の多様性を理解する上で優れたテキストです。また私が最も影響を受けた布施晶子の『結婚と家族』（岩波書店，1993年）は，ジェンダー（社会文化的な

性差)的視点の重要性を認めつつも，家族を発達共同体として希求し，底辺にいる人々の生活実態を記述しました。未婚化は加藤彰彦「未婚化を推し進めてきた2つの力」(『人口問題研究』67巻2号，2011年6月)を参照しました。

【発展学習】考えてみよう！

1　子どもの社会化，自立(自律)を阻むものは何だと思いますか？
2　青年期の異性交際を国際比較でみてみると何がいえるでしょう？自分でデータを探して比べてみましょう。
3　家族の多様性について社会問題となるテーマは何ですか？

第4章　教　　育

> この章で学ぶこと
> 　家庭や地域，企業などあらゆる場面で行われる「教育」という営みのうち，私たちにとって身近な存在である「学校」が社会でどのような役割を果たしているのかを，特に教育の平等や階層との問題に注目して検討します。
> キーワード：社会化機能，社会配分機能，再生産論，機会の平等／結果の平等

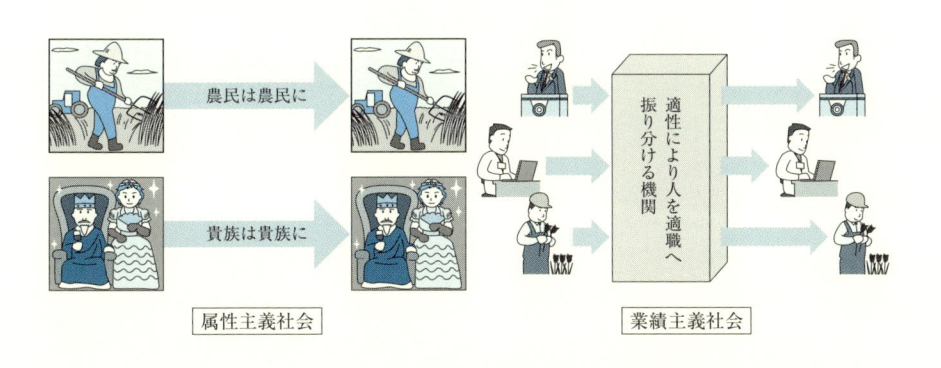

1　なぜ学校はあるのだろうか

> この節で学ぶこと：なぜ学校はあるのでしょうか。自分を高めるため？ いい学校へ行くため？ 夢を叶えるため？ ここでは少し視点を変えて，社会にとっての学校の必要性を考えてみます。
> キーワード：属性主義，業績主義，機能主義，近代化理論

「なぜ学校なんてあるんだろう」

　昔を懐かしむパパの発言を聞いていたのび太くんがドラえもんにつぶやきます。「そのまた昔は学校なんてなかったんだからね。昔はよかった……」（藤子・F・不二雄『ドラえもん』30 巻，小学館，1984 年）。

　現在の日本では，ほとんどの人が小学校，中学校に通います。義務教育ではない高等学校でさえ，98.8％（2020 年）が進学しています。学校へ通うことは多くの人にとっての共通体験となっています。ただ，多くの人がまた，一度は考えたことがあるのではないでしょうか。「なぜ学校なんてあるんだろう」「なぜ学校へ行かなければいけないのだろう」，あるいは冒頭ののび太くんのように，「学校なんてなければいいのに」と。

　これらは，答えることがとても簡単そうで，実は難しい問題です。ある人は，「教育は人が人として生きていくのに必要な能力を身につけるものだ」と答えるでしょう。また別の人は，「教育を受けることは最低限保障されるべき権利であり，学校はそのためにある」と答えるでしょう。「なぜ学校で勉強しなければならないのか。その答えを探すために学校へ行くのだ」なんていう人もいるかもしれません。

学校教育の 2 つの機能

　多くの教育学者は，教育や学校の意義を個人の発達に注目して説明しようとしました。それに対し，社会学者は教育や学校の意義について，教育が社会にどのような影響を与えるのか，あるいは，社会が教育にどのような役割を期待しているのかを考えました。その結果，社会との関係から考えて，学

第4章 教育　63

> **教育社会学の射程**
>
> 　社会学が非常に広い範囲を対象としているように，教育社会学の射程も多岐にわたります。日本教育社会学会の大会では，「若者論」「文化論」「多文化」「高等教育」「高校教育」「教師」「マイノリティ」「学校病理」「教育費」「就職」「政策」「海外比較」「歴史研究」などなど毎回40〜50種類の部会・テーマが並び立ちます。その中で，たとえば「ジェンダーと教育」は身近な問題といえるのではないでしょうか。ジェンダーとは生物的なオス，メスという性別ではなく，社会的に作られた男らしさ，女らしさといった性別のことです。授業を男女別で行う，「〜君」「〜さん」など男女で呼び方を変える，男女別で行動する際に男子を先に呼ぶ，などといった形で学校がいかにして性別役割の固定化に影響を与えたかなどを検討しています。
>
> 　私自身は，もともと「なぜみんな学習塾へ行くのか」という関心から教育社会学の門戸を叩きました。そこで文化的再生産論や学歴社会論などと出会い，のめりこんでいきました。
>
> 　教育はほとんどの人にとって身近で，いっけん理不尽な点もたくさんあるシステムです。本章では紙幅の都合で特定の分野に絞って話を展開しますが，教育社会学には多くの優れた入門書があります。その中にはみなさんがずっと気になっていた「あの問題」へのヒントもきっとあると思います。ぜひ入門書を手にとり，自身の関心にあったテーマを見つけてほしいと願います。

校には2つの機能(社会における役割)があることを見出しました。

　ひとつは，社会に出て必要とされる職業能力を身につけさせることです。たとえば，医者になりたいと考えた人が大学の医学部で医者になるための勉強をするようなことです。これを「教育の社会化機能」と呼びます。社会化というのは，人を社会に適応させていくことです。勉強することで知らなかった知識を身につけていくことも，広い意味での社会化機能といえるでしょう。この機能については，多くの人が納得できるのではないでしょうか。

　しかし，学校の機能はこれだけではありません。学校にはもうひとつ，卒業生を，彼／彼女が身につけた知識，技能にふさわしい職業へと導いていくという重要な役割があります。これを「教育の社会配分機能」と呼びます。たとえば私は中学生のとき，医者になりたいと思ったことがありました。しかし，人体の構造などに関する理科の試験で，自分史上最低の得点を叩き出

し，これは向いていないのではないかと思うようになりました。このように，学校教育はその過程の中で数多くの選抜を行っているのです。私たちはそれに気づくこともありますし，気づかないこともあります。気づかされた場合には，自分の将来が他者によって決められていると不快に思うかもしれません。ただ，多くの場合，この選抜は巧妙に行われます。そのため，かつての私が誰に言われるでもなく医者への道を諦めたように，ほとんどの人は選抜が行われたことに気づくことなく進路を「自ら」決めていくことになります。こうして，スムーズな職業配分が実行されるのです。

属性主義と業績主義

では，なぜ学校にはこれらのような機能が期待されるようになったのでしょうか。それは，社会の仕組みの変化に関係があります。

かつての社会は，生まれた身分によって人生が決まってしまう身分制社会でした。貴族の子どもはどんな者であっても貴族になります。庶民の子どもは，どんな才能を秘めていても貴族にはなれませんでした。このような社会の仕組みを「属性主義」といいます。属性とは，本人の意思とは無関係に生まれたときから決まっており，生涯変更ができない性質のことです。親の身分・職業や出身地，人種，民族，性別などがこれにあたります。そして属性主義とは，本人の人生が「何者であるか」という属性によって決まってしまう仕組みです。属性主義の社会では，今日のような国民全員が通うような学校は必要ありません。生まれた瞬間に将来が決まってしまうのですから，受けなければいけない教育も身分によって生まれた瞬間に決まっているからです。

その後，徐々に社会が変化していきます。ヨーロッパ各国やアメリカ大陸では市民革命が起き，市民の権利が広まっていきます。それに伴い，人の一生は身分などの属性ではなく，個人の自由意思によって決められるべきだとする考え方も広まりました。

しかし，自分の人生を自分自身で決められる社会には，ひとつ大きな問題があります。職業の中には，多くの人がなりたがる職業とそうでない職業とがあります。自由に将来を決められると，一部の人気職業に多くの人が殺到

してしまいます。そこで，専門性の高い職業や適性の必要な職業については，ふさわしい能力を身につけた人しかなれないようにしたのです。

このような，将来がその人の能力によって決まる社会の仕組みを「業績主義」あるいは「メリトクラシー」(164ページ参照)といいます。業績主義社会においては，人々の能力を客観的に測定し，能力にふさわしい職業へと人を誘導する仕組みが必要になります。この仕組みこそが「学校」なのです。

教育の近代化理論

学校教育は，社会からひとつの大きな期待を受けています。学校教育が拡大することで能力のある者が適正に評価されるようになっていくことです。そうすれば，身分の低い家や貧しい家に生まれた人でも，能力に見合った評価を受け出世していけます。また，身分が高い人であっても，能力がなければ評価をされず，特権を維持できなくなるでしょう。結果として，属性とはまったく無関係に，能力だけで自分の社会的地位が決まる能力主義的で平等な社会が生み出されていくはずです。このような，教育が拡大することで社会が平等になるという考え方を「教育の近代化理論」と呼びます。

このことは，日本においてもみなさんがよく知る人物によって早くから指摘されていました。長く紙幣の肖像でもあった福沢諭吉です。『学問のすゝめ』の冒頭で福沢は，「天は人の上に人を造らず，人の下に人を造らず」といいました。でも考えてみてください。なぜ，「人は平等だ」から始まる本のタイトルが『学問のすゝめ』なのでしょうか。

実は福沢は，「人は生まれながらに平等である」とはいいましたが，「社会は平等である」とはいっていません。むしろ「社会には格差がある」ことを認めています。ではその格差は何によって生まれるのか。これまでは身分が格差の根元でした。しかしこれからの時代は違います。今後はただ一点，学問を修めたかどうかだけが格差を正当化します。つまり，人が生まれながらに平等であるということが認められるようになったからこそ，きちんと学問をして「勝ち組」になろうと，福沢は「学問」を「すゝめ」たのです。

そして，この予言はある程度実現しました。日本は近代以降，明治維新，そして第2次世界大戦後の高度経済成長と，2度にわたって世界を驚かせる

成長を成し遂げました。その結果，1960年代頃には一億総中流といわれるまでに平等な社会を生み出しました(少なくとも多くの人がそう信じていました)。その原動力には，すみずみまで行き渡った水準の高い教育があったといわれています。本章冒頭の疑問「なぜ学校はあるのだろうか」に対するひとつの答えは，「それにより平等な社会が実現するから」ともいえるのです。

ところが，あるときからこの「教育の近代化理論」に疑問の目が向けられるようになります。学校教育が拡大しても社会は平等にならないのではないかと考える人が現れ始めるのです。なかには，むしろ学校教育が社会の不平等を拡大しているとまで考える人も出てきます。これはどういうことでしょうか。

2　文化的再生産

> この節で学ぶこと：教育は本当に社会を平等にできるのでしょうか。できないとしたら，それはなぜでしょうか。
> キーワード：文化的再生産，ハビトゥス，インセンティブ・ディバイド

コールマン報告

1960年代前半までのアメリカは，黒人差別が非常に激しい社会でした。1964年になると公民権法が制定され，人種差別を含むあらゆる差別が禁止されます。

すでにアメリカでは，白人と比較して黒人の教育達成(学校の成績や高校，大学への進学率)が低いことが知られていました。差別をなくし，白人と黒人が本当に平等な関係になるためには，この教育格差を是正しなければいけません。ではなぜ黒人の教育達成は白人よりも低いのでしょうか。きっと，黒人の子どもたちが多く通う学校は白人中心の学校よりも，設備や教師の質，やる気といった教育環境が悪いからだ。このように考えたアメリカ政府は，

全米の学校を調査し，白人と黒人の教育環境がどれだけ違うのかを明らかにしようとしました。

1966年，この調査の結果が公表されました。調査の責任者である社会学者の名前をとってコールマン報告と呼ばれたこの報告書は，多くの人に衝撃を与えます。報告書によると，白人と黒人の子どもたちの間には，確かに教育達成差が存在しました。しかし，その原因と考えられていた教育環境の格差については，確認できなかったというのです。つまり，同じ環境で同じ教師が同じように勉強を教えたとしても，白人と黒人の間には教育達成の差が生じる可能性が高いというのです。

これは大問題です。教育環境の差をなくせば教育達成差も是正されるはずというもくろみの前提が崩れてしまいました。そして，この結論は学校教育を拡大すれば社会は平等になるという教育の近代化理論そのものを否定したのです。学校教育を拡大しても，黒人は白人ほどの教育達成が得られないわけですから。

コールマン報告の後，世界中で教育調査が行われると，衝撃的な事例が次々と報告されることになります。人種の違いに限らず，親の職業や学歴の違いによっても，同じ教育環境ではっきりとした教育達成差が現れることがわかってきたのです。では，なぜこのような差が生じるのでしょうか。

文化的再生産論

教育社会学者もこの問題について説明を試みました。その中で現れたのが文化的再生産論と呼ばれる考え方です。これは白人と黒人の教育達成差で悩んでいたアメリカではなく，イギリスやフランスで発展しました。

人種問題の代わりに英仏などで問題になっていたのは階級，階層による格差の問題です（階級と階層の違いはここでは問題にしません。同じものと考えてください）。階層とは，さまざまな定義の仕方がありますが，ここでは単純に父親の職業のことだと思ってください。先にみたように，世の中には社会からの尊敬を集めやすく，また収入も高い職業があります。また逆に，その重要性とは無関係に収入の低い職業があります。父親が前者の職業に就いている場合は「（職業）階層が高い」（本章では，「高階層」という言葉を使

うことにします）といい，後者の場合は「（職業）階層が低い」（同様に「低階層」と呼ぶことにします）。これはあくまでも階層上の区分であり，低階層の職業や人々を蔑むものではありません）といいます。「（職業）」がつくのは，階層には職業の他に学歴階層や文化階層などさまざまなものがあるからです。

　コールマン報告以降のさまざまな教育調査によって，階級，階層によっても教育達成の差が存在することが明らかになっていました。高い教育達成を実現した人は，その学歴を生かして収入の高い職業に就くことができます。一方で教育達成の低い人は資格などが必要な職業には就けず，収入の低い単純労働などに就かざるを得なくなります。その結果，高階層出身者においては「高い階層出身」→「高い学歴の獲得」→「本人も高い階層」という，低階層出身者においては「低い階層出身」→「低い学歴」→「本人も低い階層」という，まるで身分制社会のときのような階層の固定化が発生することになります。このように，子どもが父親と同じような職業階層におちついていくことを「階層の再生産」といいます。

　では，なぜ階層の再生産は起こるのでしょうか。ひとつには，高い階層の出身者は授業料の高い私学などに進学できるし，また報酬の高い優秀な家庭教師（日本の場合はむしろ評判のいい学習塾でしょうか）などをつけることもできるので，子どもが高い教育達成を得やすいからだという考え方があります。これを経済的再生産論と呼びます。これに対してもうひとつ，教育にお金を使えるかどうかよりも，家庭の文化が再生産に大きな影響をもたらしているのだと考える立場があります。これが文化的再生産論です。

　文化的再生産を引き起こす「文化」がどのようなものであるかについては，論者によって違います。たとえばイギリスのバジル・バーンスティン（Basil Bernstein, 1924-2000）は，家庭で使われる言語に注目しました。バーンスティンによると，言語には限定された関係性や情況でしか通用しない「限定コード」と，その場を共有していない人にも情況を正しく伝えられる「精密コード」という2種類があります。このうち，低階層の子どもは限定コードしか使えませんが，高階層の子どもはどちらも使うことができます。なぜなら，低階層の家庭においては父親から子どもたちへと反論を許さない命令形

でしつけが行われるのに対し，高階層の家庭では子どもが何か問題を起こしたとしてもそれを頭ごなしに叱りつけるのではなく，理由や情況を説明させ，自ら反省を促し，理解させるというしつけの仕方がとられるからです。一方，学校はといえば，子どもたちに精密コードを使うことを要求します。結果として，もともと精密コードが使える高階層の子どもは学校に適応できるのに対し，低階層の子どもは精密コードが使えないので学校に適応できず，結果として授業についていけなくなり教育達成が低くなるのだと考えたのです。

ブルデューの再生産論

多くの文化的再生産論者の中でも，最も大きな影響力を持ったのはフランスのピエール・ブルデュー（Pierre Bourdieu, 1930-2002）でしょう。ブルデューは，そもそも学校は社会を平等にするものではなく，むしろ社会階層を固定化するための装置であると考えました。

たとえば，「学校では何が教えられているのか」を考えてみましょう。多くの人は，学校では，読み書き算盤に象徴されるような社会で必要となる知識が教えられていると考えるでしょう。しかし，本当にそうでしょうか。学校の授業に対し，こんなことをやって何の意味があるんだろうと疑問に思ったことがある人も多いのではないでしょうか。ブルデューは，学校で教えられていることに大した意味はないと考えます。学校で教えられていることは社会で必要なことではなく，支配階級が持つ文化の中から「恣意的に」（必然性なく適当に）選ばれているというのです。これはどういうことでしょうか。

ブルデューは，個人の趣味，嗜好と階級には強い関連性があると考えました。どんなスポーツが好きか，どんな本を読むのか，どんな音楽を聞くのか，どんな食べ物を好むのか。どれもきわめて個人的な嗜好の問題にみえますが，実は階級の影響を受けています。ブルデューの調査によれば，高階層の人はゴルフやテニスが好きで古典などを読み，バッハを聞きます。それに対し低階層の人はラグビーやサッカーを好み週刊誌を読み，クラシックは聞きません。このような階級と強い関連性のある個人の趣味，嗜好のことを，ブルデューは身体化された文化資本，あるいはハビトゥスと呼びました。

学校で教えられることは，このうちの高階層のハビトゥスに近いものです。

学校ではクラシックを聞き，大衆音楽は好まれません。また，古典的な文学作品が教科書に載っている一方でミステリーやケータイ小説などは掲載されません。高階層出身者は，家庭でクラシックや古典的文学作品に親しんでいるので，学校で教えられる内容にもついていけますが，低階層出身者にとってはまったく意味のわからないものになってしまいます。重要なのは，大事だからクラシックを聞き，大事だから古典文学を読んでいるわけではないということです。これが，教育内容が高階層の文化から恣意的に選ばれるということです。

　ブルデューの文化的再生産論は，このハビトゥスとかかわります。ハビトゥスは家庭で作られます。高階層のハビトゥスを身につけた者は学校に適応し，高い教育達成を実現します。そもそも，学校で成功するということ自体が高階層のハビトゥスであるともいえます。社会に出てからも，「正式な場での作法を自然と知っている」「どこか話し方に品がある」「有力者と話が合う」などといった形でハビトゥスは地位形成に影響を与え続けます。こうして，高階層出身者はハビトゥスを介して自身も高い階層へ入り込んでいきます。それに対し低階層の出身者は学校が要求する文化に親しんでいませんので，学校へ適応できません。また，たまにがんばって学校へ適応する者が現れても，さまざまな場面で無意識の話し方や身のこなしといった低階層としてのハビトゥスが自らの出世の障壁となってしまいます。結果として，文化的再生産の構造が完成するのです。

日本における階層と教育

　人種問題が深刻だったアメリカ，階級問題が身近にあったヨーロッパと異なり，日本社会は人種，民族の問題が見出されにくく，また，「一億総中流」と呼ばれるほどに階級も問題とされにくい社会でした。しかし，そんな日本においても階層による再生産構造が存在することが，多くの調査によってわかっています。

　表4-1は2005年に行われた調査をもとに，出身階級別にどのくらいの割合が高等教育（大学，短大など）へ進学したのか，マニュアル職に就いたのかをまとめたものです。マニュアル職というのは，肉体労働，単純労働などと

表 4-1 出身階級別高等教育進学者比率，マニュアル職比率

		高等教育進学者比率（男性）	マニュアル職比率（男性）	マニュアル職比率（女性）
出身階級	農民層	4.8%	79.5%	49.5%
	労働者階級	8.7%	79.0%	36.0%
	新中間階級	35.0%	52.5%	27.5%

注1 2005年に35～54歳だった者が対象。
注2 2005年SSM調査による。表は橋本健二「労働者階級はどこから来てどこへ行くのか」（石田浩・近藤博文・中尾啓子編『現代の階層社会2 階層と移動の構造』東京大学出版会，2011年）58頁，表1をもとに野崎が作成。

呼ばれる職業のことです。高等教育へ進学する者は，農民層では4.8％，労働者階級では8.7％にすぎません。しかし，新中間階級（専門職，管理職など）では35.0％に達します。一方，マニュアル職に就く者は，新中間階級出身者は52.5％ですが，農民層出身者は79.5％，労働者階級出身者も79.0％になります。つまり，親の職業が労働者階級である者は高等教育へ進学できる者が少なく，そのためか，学歴をあまり必要としないマニュアル職に就く者が多くなっているのに対し，親が新中間階級である場合は，高等教育へ進学できる者も多く，結果としてマニュアル職に就く者も少なくなります。つまり，再生産が起こっているということです。

さらに，日本においては教育と階層について新しい着眼点が生まれています。苅谷剛彦は「ゆとり教育によって子どもの学力が低下している」という言説に関連し，学力低下は階層問題でもあること，そして，ゆとり教育によって階層は再生産どころか，拡大していく可能性があることを示しました。苅谷が行った調査では，高階層の子どもたちは学力が高いかわりに自己肯定感が低いこと，一方で低階層の子どもたちは自己肯定感が高いかわりに学力が低く，さらには学力を上げるための努力すらしなくなっているという傾向が見出されました。インセンティブ・ディバイド（意欲格差）と名付けられたこの努力の格差は，学力と階層の関係に新たな衝撃を与えました。現代日本は，努力によって格差を覆すきっかけすら失いつつあるのです。

3 「平等」と教育

> この節で学ぶこと：「平等」とは何でしょうか。また，平等な社会を作るために，学校は無力なのでしょうか。
> キーワード：機会の平等／結果の平等，自己責任，効果のある学校

　前節では，ある特定の階層出身者が教育上有利であることを説明してきました。ただ，インターネットの掲示板などをみていると，このような階層と教育達成の関係を裏付けるデータが示されたときには必ずといっていいほど，次のような反論をしてくる人が現れます。「受験は全員に対してオープンであり，結局は努力の問題にすぎない。高い階層の人はそれだけ努力をしているのだ」というものです。これに，「自分の知り合いはとても貧しかったけどがんばって勉強して独学で有名大学へ入学し，今は高い社会的地位についている」といった経験談がつく場合も多くあります。では，この反論はどの程度の説得力を持つのでしょうか。本当に努力の問題なのでしょうか。

機会の平等／結果の平等

　「平等」には2通りあります。
　ひとつは，参加する権利が等しく保障されているというものです。これを機会の平等といいます。公民権法以前のアメリカでは，黒人は黒人であることを理由に多くの社会参加を制限されていました。また，戦前の日本は，中等教育（現在の中学校，高等学校段階）以上は男女別学が原則で，女性は高等教育を受ける機会が限られていました。これらは，機会の平等が保障されていない状態です。現在の日本の学校教育は，万人に対し門戸を開いています。一部の男子校，女子校を除き，何らかの属性によって入学の機会を与えられないということはありません。したがって，日本では基本的に，教育機会の平等は保障されているといえます。
　では，機会の平等が保障されていればそれでよいのでしょうか。それでよ

第4章 教 育 73

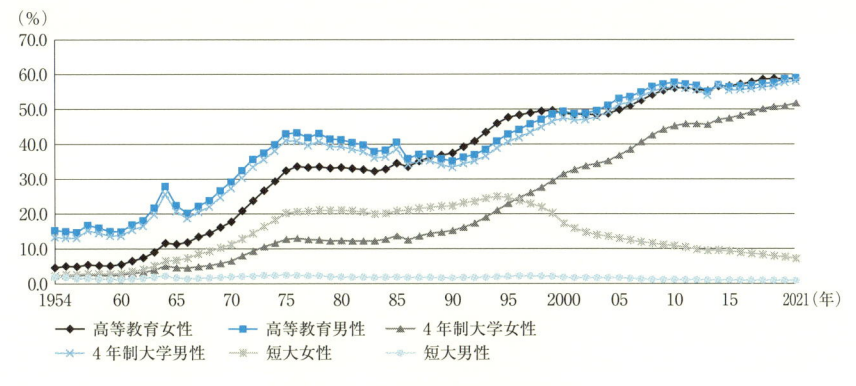

図4-1 男女別高等教育進学率

い，という人もいます。しかし，本当でしょうか。

　たとえば，戦後の日本でも女性の高校進学率や大学進学率が男性よりも低い時代が長く続いていました。男子校，女子校を除けば，高校も大学も機会は平等に与えられています。しかし，「女性に教育は必要ない」という古くからの意識や，あるいは家庭が貧しくきょうだい全員を進学させられない場合に男子の進学を優先するといった風潮から，女性の進学率は抑えられてきたのです。はたしてこれが平等な状態といえるでしょうか。

　こうして考えていくと，機会の平等だけでは足りないことがわかります。機会の平等だけではなく，「結果の平等」も重要になってくるのです。

　ところが，日本においては「結果の平等」という言葉は少し誤解して使われているように感じます。徒競走で全員が手をつないで一緒にゴールする，あるいは全員が100点をとれるテストを作るといったように，「全員が同じ結果になる」ことを「結果の平等」と呼んでしまっていることが多いようです。このような「結果の平等」は，悪平等などと批判の的になりがちです。

　しかし，本来の意味における結果の平等は，このようなことではありません。先の例にみたような女性の進学を妨げる要素を排除し，高校進学率や大学進学率における男女格差をなくすこと。これが結果の平等です。結果の平等とは，ある特定の人たちに有利な，あるいは不利な要素をなくして結果の

偏りをなくすことなのです。

努力の問題か

ただ，教育における結果の平等を保障しようとする際には，大きな問題が生じます。それが努力の問題であり，自己責任論の問題なのです。

これは非常に難しい問題で，ひとつの答えが出せるものではありません。ただ，先にみたいくつかの理論は，「努力論争」にひとつのヒントを与えてくれます。

例として次のような100メートル走を考えてみましょう。その100メートル走には誰でもエントリーできます。人種や出身階層，性別などによって参加できないということはありません。しかし，人種や出身階層によって条件に差があります。黒人選手の走るコースは砂利道でところどころ水たまりや穴もありますが，白人選手が走るコースはきちんと整備されています。また，高階層の出身者は最新の運動靴を履けますが，低階層の出身者は下駄を履いて走らなければいけません。これで競走をして，黒人や低階層出身者が負けてしまいました。これは努力が足りなかったからでしょうか。なかには，この圧倒的不利をものともせずに上位入賞する黒人選手が現れるかもしれません。圧倒的有利な条件なのに準備不足がたたって怪我をし，負けてしまう高階層出身者もいるでしょう。彼らの存在は努力の有無で片付けられるのでしょうか。個人の努力によって多少の順位変動は実現するでしょう。しかし，そもそもルールがフェアではないという事実を無視してよいのでしょうか。

少々極端な例でしたが，現在の教育もこれと同じ状況といえるかもしれません。バーンスティンやブルデューによれば，高階層の出身者は，学歴獲得競争においてはじめから有利な条件を与えられています。バーンスティンにいわせれば学校で要求される精密コードを自然と使いこなせること。ブルデューにいわせれば，学校での成功に必要なハビトゥスを家庭で身につけていることです。

もちろん努力の存在を否定するわけではありません。高い教育達成を実現する人々は，たとえ高階層の出身者であっても，あるいはアメリカ社会における白人であっても，それ相応の努力をしていることでしょう。そのため，

結果の平等を保障するための施策は，逆差別との批判を受けやすいのが現状です。たとえばアメリカでは，公民権法以降アファーマティブ・アクション（積極的差別）と呼ばれる施策がとられました。人種間の教育達成差を縮小するために，大学で「黒人枠」を作ったり，入試得点に黒人加点をしたりしたのです。これにより，確かに黒人学生は増えます。しかし，まじめに勉強をしてきて入試である程度の点数をとったにもかかわらず，アファーマティブ・アクションのために自分より点数の低い黒人が合格し，自身が不合格になった白人学生は納得できるでしょうか。実際，いくつかの州では裁判の結果，アファーマティブ・アクションの一部が違憲であるとの判決が出ています。

結果の平等と公平な競争。どちらを重視するかは，非常に難しい問題であるといえます。それだけに，教育と平等の問題は根が深いのです。

教育は無力なのか

ここまで，学校教育の持つ限界にクローズアップして話を進めてきました。教育の近代化理論の理念とは異なり，学校教育は決して社会を平等にできませんし，むしろ格差を固定化させ，新しい身分制度を作っているだけかもしれない。教育社会学はそのような可能性を発見してきました。しかし，本当に教育は無力，有害なのでしょうか。

教育社会学は学校教育の限界を明らかにしてきた一方で，新たな可能性も見出しました。それは，「効果のある学校」と呼ばれる一連の研究です。

コールマン報告は，学校教育は社会を平等にできないという悲観的な見解を示しました。ただ，そのような結論に対し，学校の持つ可能性をあくまでも追い求めようとする者も現れます。ロナルド・エドモンズ（Ronald Edmonds, 1935-1983）はコールマンが行った調査の再分析を行い，低所得者層の学力が高所得者層よりも高い学校（効果のある学校）が存在することを突き止めました。効果のある学校には，いくつかの共通点があります。校長のリーダーシップ，教員集団の意思一致，清潔で秩序のある学習環境，児童・生徒に対する教員の平等な姿勢，学力テストの結果の指導への還元などです。これらを満たす学校を作ることは簡単なことではありません。しかし，そう

して作られた学校は，確かに出身階層による教育達成の格差を克服できるのです。

　日本においても効果的な学校を探す試みが行われています。そして，実際に教育達成の格差を克服しうる学校が見つかっています。

　ブルデューらが示したように，確かに学校教育は階層の再生産をより強固なものにする性質を持っているかもしれません。しかし教育は同時に，その再生産構造を打破する可能性をも秘めているのです。

【ブックガイド】

> 1　苅谷剛彦『階層化日本と教育危機』有信堂高文社，2001年。
> 2　小内透『再生産論を読む』東信堂，1995年。
> 3　宮寺晃夫編『再検討　教育機会の平等』岩波書店，2011年。
> 4　ピエール・ブルデュー＆ジャン・クロード・パスロン，宮島喬訳『再生産』藤原書店，1991年（原著1970年）。
> 5　志水宏吉『学力を育てる』岩波新書，2005年。

　1は本文中でも触れたインセンティブ・ディバイドを世に知らしめた著書で，教育社会学における現代の古典のひとつともいえます。学力と階層の問題などを考える際の必読文献といえます。

　2は2節で紹介した文化的再生産論について解説したもの。文化的再生産論の入門書に最適です。また，ブルデューの著作も4にあげました。ただ，ブルデューの著作は難解であることで知られています。入門書や解説書である程度勉強をしてからチャレンジしたほうがいいかもしれません。

　3は教育機会の平等について複数の論者がさまざまな角度から検討したもの。論点を整理するのによいでしょう。

　5は日本における「効果のある学校」研究の代表作といえる著作です。新書なので初学者にも読みやすいと思います。

【発展学習】考えてみよう！

1 なぜ学校はあるのでしょうか。なぜ学校に行かなければいけないのでしょうか。社会学的見地から考えてみましょう。
2 「貧乏な生まれだけど必死で努力をしていい大学に入る人もいるから，結局は努力の問題だ」という意見についてあなたはどう考えますか？
3 「社会的マイノリティに対して，入学枠確保などの優遇措置をとることは逆差別にあたる」という議論があります。あなたはどう考えますか？ 結果の平等はどのようにすれば保障されるでしょうか。

第5章　政治・社会運動
社会運動とはどのようなものか？

> この章で学ぶこと
> 　既存の社会の仕組みに対して，どのような人々が異議を申し立て，なぜそれらの仕組みを変更しようと運動してきたのでしょうか？　社会の中で，当然認められるべき何らかの権利が阻まれているときに，「何かおかしい……」と気づいた一群の人たちによって社会運動は引き起こされます。ところが多くの人は，自分と同じような境遇の人たちとともに生活を送っているために，ある意味では，人はみな閉ざされた世界に生きています。自分の属している世界から外に出て，そこには別の世界が広がっている事実を知ることがなければ，社会に対して不満を感じたり，その原因を創り出した誰かを恨むこともありません。ここでみなさんは「情報が運動を引き起こす」ということに気がつくことでしょう。この章では，誰が，なぜ，そしてどのように社会を変えていこうとするのかを考えます。
> キーワード：不満の共有，情報，労働運動，住民運動，公害，新しい社会運動，市民社会，ボランティア，NPO，自助組織

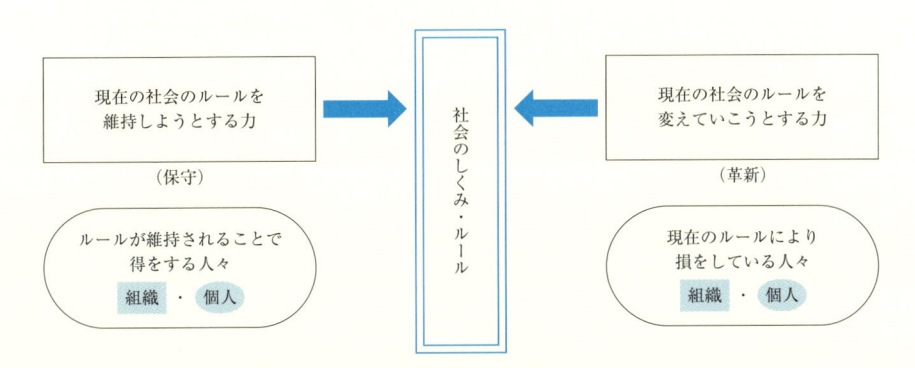

```
[現在の社会のルールを        [社会の      [現在の社会のルールを
 維持しようとする力]  →    しくみ・  ←   変えていこうとする力]
     (保守)                 ルール]          (革新)

[ルールが維持されることで              [現在のルールにより
  得をする人々]                          損をしている人々]
   組織・個人                             組織・個人
```

組織：政党・行政組織・業界(圧力)団体・企業・宗教団体
個人：市民・労働者・消費者・個人経営者

1 誰が，なぜ運動を起こすのか？

> この節で学ぶこと：誰が，どのように社会運動を引き起こすようになるのか，なぜ運動が社会の中で生じるのかを考えます。
> キーワード：政治プロセス，意思決定過程，不満，情報の共有，権力，支配

政治プロセス

　たとえどのような社会であっても，仮に一人ひとりの個人の理想や願いが現実の社会のあり方に反映される仕組みがきちんと存在していたならば，社会運動は現れることがないでしょう。その一方，各個人の利害は立場によって異なっています。理想とされる社会の仕組みも，立場によって異なります。たとえば日本国において，原子力発電を導入するべきか否かという意思決定過程を例に考えてみましょう。これまで原発は，エネルギーを安価に，かつ安定的に供給することが可能な仕組みだと考える人たちと，核エネルギーを利用するリスクは，日本の国民全体にとってはあまりにも大きいと考える人たちがいました。核エネルギーをコントロールする技術の開発はまだ道半ばで未完成であることから，その危険性を指摘する研究者もたくさんいました。また一般国民の中にも，その安全性には疑問を持ち，安易に開発や運用をするべきではないと考え，これまでずっとやめるように主張してきた人たちがいました。しかし現実には，この半世紀の間に54基もの原発が日本全国に作られて運用されてきました。福島の事故後，現在は点検のためにその多くが停止しています。朝日新聞社が2013年6月8日から9日に行った世論調査では，停止中の原発の再稼動に賛成する人は28％にすぎず，反対は58％であったそうです（朝日新聞デジタル版2013年6月11日記事より）。しかし将来原発を廃止するという意思決定は，現在日本の政治の中では，なかなかされないようです。

　政治とは「誰が得をする仕組みをその社会の政権が選び取っていくの

か?」という，対立し複雑に入り組んだ大きな問題そのものです。数度にわたって日本が経験した戦争も，軍部を中心とした特定のいくつかの集団や組織が企画し，天皇というシンボルを巧みに利用しながら実行しました。それに反対する人々が存在していなかったわけではないのに，そうした人々の意思は政治の中に反映されることはありませんでした。なぜだったのでしょうか?

それは「政治プロセス(政治過程)」(Political Process)という概念を知ることで，理解できます。狭義の「政治プロセス」とは，政府とその周辺で行われる「政策決定過程」のことを指します。では日本国の場合，誰が政府とその周辺にいるのでしょうか? 中心から順にあげていくと，内閣と官僚組織，与党，野党，財界，特定の業界団体や他政府(たとえば，地方政府や他国政府)などが「主体」として存在しています(片桐新自「政治過程における組織と運動」間場寿一編『講座社会学9 政治』東京大学出版会，2000年)。これに対して，広義の「政治プロセス」とは，間接的に政策決定に影響を及ぼす主体の活動や意識のことで，利益集団や運動組織，世論やマス・メディアなどを指します。

片桐新自は村松岐夫(『戦後日本の官僚制』東洋経済新報社，1981年)やチャールズ・ティリー(Charles Till，原著1978年，堀江湛監訳『政治変動論』芦書房，1984年)が示したモデルを使って，こうした「政治プロセス」には二重の構造があることを説明しています(片桐2000)。これを，より単純化して図に示すとするなら，図5-1のようになります。

図5-1 政治プロセスの見えない壁

村松は円の内側に保守党，官僚，農業団体，経済団体を置き，円の外側には当時の野党や労働組合を置いて説明しました。ティリーは円の内側に政治体を，外側に住民集団を置いて説明しました。

　円の外側に位置する人々の中で，どのような人がより多くの不満を持つようになるのでしょうか？　不満を感じやすいのは，今住む社会の中で自分に当然認められるはずの権利が認められていないと考える人だとか，自分の能力が社会の中で適正に評価されていないと感じている人たちが思いつきます。ここで注目すべきは，「当然認められるはずの権利」であるとか，「適正に評価されていない能力」というのは，円の内側の世界を知ることなしには生まれてこない考え方だということです。円の外側に置かれた多くの人々は，日々の労働や日常をほとんど疑うことなく生活を送っています。

　一方，どの国においても権力に近い立場にいる人々は，既存の社会の仕組みや意思決定過程が正当なものであるという印象を国民に与える努力を惜しみません。国家による情報の管理は，その政権を維持していくための生命線でもあります。たとえば原発を推進する政策を国がとり続けるために，その技術が安全であり，経済効率の点からもエネルギー政策の上でも合理的に推進されるべきと判断できるような情報だけが選別され，広められてきた可能性があります。

　より具体的な事例では，3.11後の放射能汚染拡散の情報ですら，避難すべき原発近接住民にも，政府により適切に開示されることはありませんでした。たとえば2011年3月15日に2号機から大量の放射性物質が放出された際，福島県飯舘村への放射能拡散の予測はSPEEDIと呼ばれる国が作り上げた大がかりな緊急時迅速放射能予測ネットワークシステム（System for Prediction of Environmental Emergency Dose Information）によって事前にわかっていたのにもかかわらず，公表されることはありませんでした。その結果，住民は適切な方向に避難することができずに，結果的に被曝してしまいました。こうした人たちの被曝は，SPEEDIの情報が適切に開示されていたならば，最小限に抑えられていたはずだということを，2012年7月23日に公表された政府の事故調査・検証委員会の最終報告書は認めています。イ

ンターネット上では，3月15日の事故後すぐに，海外のさまざまな情報機関からSPEEDIの予測情報が公表されていました。このことからわかるのは，原発関連の膨大な情報は，国家政策上の意思決定をする人たちのために使われることはあっても，一般の国民や原発地区周辺の住民は知ることができないという現実です。たとえ地域住民にとって真に差し迫ってその情報が必要な場合であっても，彼らには手の届かない場所にそれらの情報は鍵をかけられ保管されているのです。

　ここで，もう一度図5-1「政治プロセスの見えない壁」の円をみてみましょう。もしたまたま円の外側に位置する人が，こうした円の内側だけに情報が集積されていることや，円の内側の人たちにとって都合のよい情報のみが取捨選択され物事が決められていく政治プロセスに気がついたとします。その人はどうするでしょうか？　その人一人だけでは，円の内側の組織に入って異議申し立てをすることができません。円の外側で，仮に一人で異議を唱えたとしても，よくても無視されるだけでしょうし，悪ければ非難や弾圧を受けるかもしれません。そこで，一人では成し遂げられないことを，同じように問題を共有した仲間たちと協同して，円の内側の人々に対抗していこうと思いつきます。

　原子力発電の推進は，国家プロジェクトとしてこれまで一貫して推進されてきました。原子力を電力源とすることの政策決定過程は，決してすべての国民に対して透明でオープンなものではありませんでした。これまで反対運動をしてきた人々は，原子力発電にかかわる情報が国家的に完全にコントロールされている事実をたいへん問題視していました。政策決定過程は図5-2に示す円の内側で閉じられているために，人々は原発を受け入れるべきか否かという日常生活に直結する重大な意思決定に必要な情報を，適正に与えられることもなければ，その政治プロセスに関与することすらできない構造の中に半世紀もの間，置かれ続けていたのです。

　原子力発電が本当に安全性の確立された技術であるのか，現在の福島における放射能汚染の拡大はコントロールされているのか，これまで誰も本当のことは知ることのできない状況に置かれていました。そしてこれからも，お

政治プロセスの内側にいる人々

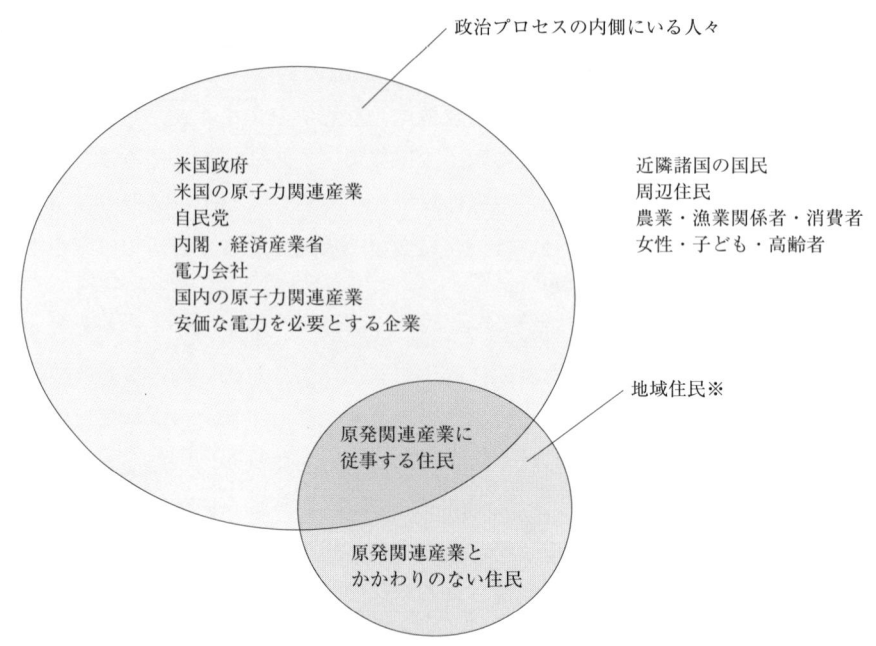

米国政府
米国の原子力関連産業
自民党
内閣・経済産業省
電力会社
国内の原子力関連産業
安価な電力を必要とする企業

近隣諸国の国民
周辺住民
農業・漁業関係者・消費者
女性・子ども・高齢者

地域住民※

原発関連産業に
従事する住民

原発関連産業と
かかわりのない住民

※国からの補助金をもらう原子力村は，立場の違いにより人々の利害は複雑に絡み合っていて円の境界に位置しています

図5-2　政治プロセスの見えない壁：原発推進の政治プロセス

そらく円の外側にいる国民には，誰も知ることのできない情報なのでしょう。現在，少なからぬ人々がこうした状況に気がつき始め，何とか変えなければいけないと考えています。しかし政治プロセスには，日本のみならず，原発を推進するアメリカやフランス，それらの国の経済界と日本国内の原発関連の企業，少しでも安価な電力を必要とする国内の企業の思惑が密接に絡み合っています。そのため，原発を維持推進していこうとする現在の政治プロセスは，そう簡単には変更されることがありません。

　政治プロセスの外側に置かれた人々が，既存の意思決定集団や意思決定プロセスに抗議しようとする試みを社会運動といいます。原発反対運動とは，今も昔も，そうした問題意識を共有する人々による，現存する社会の仕組みを変えていこうとする試みの一例だといえます。

2　社会運動研究の歴史

> この節で学ぶこと：規範とはどのようなものかを知り，規範が変更されていくことの意味を考えます。そしてこれまでにヨーロッパやアメリカで展開されてきたいろいろな社会運動の大きな流れについて学びます。
> キーワード：新しい社会運動，資源動員論，相対的剥奪論，政治的機会構造，集合的アイデンティティ，フレーム

　私たちは，各社会や集団ごとのさまざまなルールの中で生きています。今あるそのルールが正しいかどうかは，時代とともに変わります。「完全なルール」という確固とした「何か」がモノのように存在しているわけではなく，人々の意識や考え方によって，そのときどきで，あるルールが支持されたり変更が提案されたりし，時代とともに改変されていきます。社会運動は，こうした規範に人々が変更を加えていこうとする試みです。これまでの歴史を振り返り，ふたつの運動をみていきます。

　ひとつは，19世紀以降の近代化・産業化の進行に伴って生じた労使の対立とその解消のための運動です。労働運動と呼ばれます。カール・マルクス（Karl Marx, 1818-1883）は，土地や工場などの生産手段を持つ資本家（ブルジョアジー）と自分の体しか持っていない労働者（プロレタリアート）との力関係に注目しました。その2つの立場の断絶を，彼は「階級」という言葉で表しました。資本家は労働者を直接支配することはありませんが，資本家は資本を独占することによって労働への金銭的対価を，労働者がなんとか生きていくことが可能なギリギリの水準まで不当に低く抑え，労働を通じて生み出される新たな価値（剰余価値）を収奪します。労働者は，こうした弱い立場からなんとか脱する工夫をする必要があります。資本家により雇用される弱い身の上にある労働者は，誰もひとりでは資本家に立ち向かうことができません。そこで労働者たちは自分たちの正当な権利を主張するための労働組合を作って，集団で経営者側と交渉を持ちます。話し合いで話が進まないとき

には，ストライキを計画するかもしれません。または，政府に労働にかかわる法律を整備するよう働きかけるために，デモをします。こうした働きかけにより，長い時間をかけて少しずつ近代国家の労働者の諸権利は，まだまだ道半ばではありますが多少なりとも改善されてきました。

　もうひとつは，1960年代末以降の高度経済成長とともに生じたさまざまな社会問題に対する告発と問題解決に向けた人々の動きです。公害などの環境問題や女性運動，学生運動や地域運動，身体や精神に障がいを持った人や差別を受けている人，マイノリティの人々の人権を回復するための，多様な運動がいっせいに沸き上がりました。これらの運動の特徴として，これまでの労働運動に典型的であったような「資本家」や「国家」という特定の宿敵に挑むというタイプの運動(リアクティブ・ムーブメント)とは異なることがあげられます。想定された特定の敵を攻撃するという種類の運動ではなく，近代化によって生じてきたさまざまな矛盾や不合理な仕組みを改善していこうとする，新たな社会の仕組みを模索するための運動(プロアクティブ・ムーブメント)でした。こうした社会運動の多くは，ヨーロッパで発展した理論を受け継いでいます。それは「公共性」の概念であったり，「人権」や「市民社会」といった考え方につながっています。

　たとえば，「公共性」をどのように現実の社会の中で規定していくかは，難しい問題です。ある場所に飛行場を作ることには「公共性」があるといえるのでしょうか？　飛行機に乗る人々(受益圏)にとっては「ある」といえるでしょうし，生涯ほとんど飛行機に乗らない生活を送っている飛行場建設予定地周辺の農民(受苦圏)にとっては，騒音と大気汚染の害しかもたらされないので，そうした人々にとっての公共性は「ない」ともいえます。一国の経済活動全体からは有益な飛行場の建設も，飛行機を利用しない人にとっては関心の外にあり，周辺住民にとっては有害でしかないのです。

　このように，どのような状況を公共性が高いといえるのかは，とても難しい問題なのです。突き詰めると，「誰にとって都合のよい仕組み」で「誰にとっては都合の悪い仕組み」なのかを判断し調停していくことこそが，政治の本来の理想のプロセスといえます。しかし，利害関係はとても複雑に入り

組んでいるために，ルールを作ったり意思決定を行う側も，常に難しい判断を迫られています。その一方，既存のルールや意思決定過程に不満を持つ人はたくさん存在しているのにもかかわらず，その利害関係の多様さは不満を持つ者同士が結びつくことをも，難しくしている状況があります。

構造的ストレーン

社会の仕組み（構造）にもし矛盾があったならば，その矛盾に対して不満を持つ人々同士がつながって，社会の仕組み（構造）を変えていくであろうという考えがあります。ニール・J・スメルサー（N. J. Smelser，原著1962年，会田彰・木原孝訳『集合行動の理論』誠信書房，1973年）は，集合行動が出現するプロセスを研究しました。社会構造のひずみが人々の心に必然的に与えていくと思われる緊張関係（ストレーン）が存在していると考えたのです。ストレーンとは，社会の構造が個人に引き起こす不安や不満，剥奪，葛藤などを意味します。たとえば，女性に参政権や教育の機会が与えられていない社会では，政治に関心を持つ女性や学校で勉強をしたいと考える女性の不満を引き起こします。

塩原勉（『組織と運動の理論──矛盾媒介過程の社会学』新曜社，1976年）によれば，「『ストレーン下にある人びとは1つの一般化された信念（a generalized belief）によって社会秩序を再構成するために動員を行う』。これがスメルサーの主命題であった」といいます。「これが解決されたなら社会はもっと良くなるはずだ」という，あるひとつの信念が多くの人たちに共有され一般化されたときその運動に数多くの人たちが参加するようになり，その運動体は運動のための動員に成功するという予想です。

相対的剥奪論と準拠集団論

それでは，さまざまな社会的矛盾に対して人々はどのように運動に参加していくようになるのでしょうか？　アメリカでは，運動を「理解する」ための理論と同時に，どうすればある運動を「維持し」，もっと「活性化できる」のかという，よりプラクティカルな研究も進展していきます。たとえば，人はどのようなときに不満や欠乏感を感じ取るのかということを論じた相対的剥奪論です。どのような人々が，どのようなときにより運動に積極的に参加

するようになるのかという研究は，現実に運動を推進していこうとする人々にとっては，メンバーを動員していくためにとても重要でした。相対的剥奪論は，サムエル・ストゥファーら(Samuel A. Stouffer et al., *The American Soldier: Combat and Its Aftermath*, Princeton University Press, 1949)が定式化し，ロバート・K・マートン(Robert K. Merton, 原著1957年，森東吾・森好夫・金沢実訳『社会理論と社会構造』みすず書房，1961年)が発展させた概念です。ストゥファーらは，アメリカ軍兵士について調べ，昇進可能性の低い部隊に所属する兵士よりも昇進可能性の高い部隊に所属する兵士のほうが，昇進に対する不満が大きいことを発見しました。それは，自分が所属する集団のメンバーが誰も昇進しない状況では，そもそも昇進プロセスについての不満は抱きようがないということです。その一方で，昇進可能性がある集団に属しているときには，自分が属する集団の誰かが昇進し，誰かが昇進できないという切羽詰まった状況に置かれているわけで，自分が昇進できるかできないかという点で，その仕組みに対して不満を抱く可能性が高まるのです。このことからわかるのは，人は自分が属している集団のメンバーと自分とを比較して，あるときは満足したり，あるときには不満や妬みを感じたりするのだということです。属している集団のみんなが，当然想定されるべきある権利(この場合は「昇進する権利」)が奪われている(＝剥奪されている)ときには人は不満を感じることがないのです。反対に，ある権利が認められ，制度的にその獲得がある条件下で保障されている場合に，自分の属する集団の誰かがそれを獲得し，誰かが獲得できないという相対的な欠乏状況に人は反応して不満を抱くのです。後にマートンがこの議論を引き継ぎ，人が実際に所属している集団を「所属集団」と呼び，実際に所属しているかいないかはともかくとして，自分がそこに所属したいと考え，その集団の規範や価値を内面化している集団を「準拠集団」と呼びました。彼は，人の行為がこうした準拠集団に基づいて引き出されていることを示しました(準拠集団論)。

資源動員論

しかしその後，アメリカではそうした心理的な要因は運動の説明要因としては不十分であり，それだけでは確定できないという考えに変わっていきま

す。1970年代後半から80年代にかけて，社会運動研究は「構造」をモチーフとするようになりました（野宮大志郎『社会運動と文化』ミネルヴァ書房，2002年）。その中心にあったのが「どのようにすれば，運動が維持・拡大し成功するのか？」という運動の実践につながるような議論群で，資源動員論と呼ばれます。

運動が成功するかどうかは，運動を担う組織体の持つ資源が豊かか乏しいかが大きく影響しています。資源とは，お金だけではなくそこで活動する人材や彼らが持つネットワークの有無も含みます。おとなしい人よりは，たくさんの人を束ねて外部に情報を積極的に発信していける人が組織の中にいたほうが，活動は有利に展開するでしょう。知識のない人よりは，外部のNPOの代表であるとか弁護士などといった運動を展開していく上で活用できる専門的知識やネットワークを有した人がいることによって，運動は成功する可能性が高まります。国家や地方の行政や政治家とのパイプを持った人がいるかいないかも，運動を展開し，国や自治体などと交渉を進めていく上では重要です。このように，運動組織体が有するお金や人，情報，ネットワークなどの資源をどのように運動につぎ込んでいくのかを考えていく資源動員論が1980年代以降アメリカにおいて集中的に論じられました。

資源動員論においては，それまで集合行動を説明するのに用いてきた「怒り」「不平」「不満」「情動」などの動員を説明するための概念を説明力のないものとして切り捨て，かわりに「構造」概念を取り出しました。それは，「政治過程」「機会構造」「組織」「ネットワーク」といった概念でした。人々は，運動を引き起こすために必要なある社会的状況が整ったときに，人々の持つ合理的な判断のもとに必然的に運動を引き起こすという「政治的機会構造」といった議論がなされていきました。政治的機会構造とは，政治プロセスがオープンなものかどうか，権力者との結びつきの可能性，運動そのものが許されるかどうかなどが運動の盛衰を決定づけるという議論です。原発の例に戻るなら，そもそも意思決定過程がどれだけきちんと国民に提示され，原発に関連する情報が開示されていたかということこそが，反対運動の大きさに影響を与えていたと考えられます。また原発村における権力者は，それ

を推進しようとする国や企業と密接にかかわりを持っている一方で，研究者を含め反対運動にかかわる人の中にそうした権力に近づける人，または原子力規制委員会とかかわりを持てる立場にいる人がどれだけ存在していたのかは，運動の推進に大きくかかわっていたと想像できます。また，ある地域の原子力発電に反対していた運動家は，その原発を所有する発電会社から常にマークされ監視され続けていたために，運動そのものが展開しにくかったといいます。こうしたさまざまな要因と運動の盛衰を関連づけて，ある運動が展開可能な諸要因が整ったとき，その運動は展開していくととらえる考え方です。

　一方，資源動員論は運動体組織に注目したもので，社会構造の変更に運動がどのようにかかわるかということまでは論じません。ただひたすらに運動組織体が維持・拡大する要因を分析するものです。運動が持つ社会的な意味やその価値からも，良い意味では「中立的」な，そして悪くいえば「無関心」な研究群でした（野宮 2002）。

構造論から文化へ

　しかし 1990 年代に入ると，社会運動の文化的側面にもう一度目を向けるようになっていきます。再び目が向けられるようになった理由は，同じように政治的機会構造が整っているときにも，ある場合には運動が爆発的に盛り上がりをみせ，ある場合には運動が起きないのはなぜなのかという問いに答えるためでした。それが 80 年代後半から議論され始めた「集合的アイデンティティ（collective identity）」や「フレーム（frame）」という概念でした。集合的アイデンティティとは，ある地域に住む人々や民族が相互行為を通じてお互いが共有して持つようになる価値観や考え方のようなものを指します。たとえば水源となる井戸には，カミサマが祀られていることがよくあります。それは，そこにカミサマが住んでいると人々が考え，井戸を汚したり独占したりしないでみんなで大切に分け合いながら共有しようとしていることを意味します。公共性の価値をシンボル化した何か，ここでは「水のカミサマ」を，みんなでともに大切にしながら共同生活を送っている場合がそれにあたります。山や川，井戸，草原など，限られた資源をめぐっての部族ごとの紛

争は日常茶飯事です。そこでそうした紛争を避けるためにも，その集団に属するメンバー同士は少なくとも，「みんなが仲良く公共財を分かち合おう」とする工夫があります。何らかの情報や象徴的資源を，メンバーは共有していると考えられます。フレームとは，そうした人々が共有して認識していくようになる，その「認知の枠組み」を意味します。「井戸はみんなのものです」「だから誰かがひとりで独占するのは，やめようね」「汚さず涸らさず，みんなで大事に使っていきましょう」というような，その集団に属するメンバーのみなが共有している考え方，公共性に関する象徴的シンボルを介した認識の枠組みをフレームと呼びました。

　こうした議論は，どのようなときに運動推進者と運動参加者の認識の枠組みが一致したり共鳴したりするのかということを考えたり，集合性のもととなる「われわれ意識＝集合的アイデンティティ」がどのように形成されるのかという考えへと発展していきました。そしてそれらは，アルベルト・メルッチ（Alberto Melucci，原著1989年，山之内靖訳『現在に生きる遊牧民』岩波書店，1997年）やアラン・トゥレーヌ（Alain Touraine，原著1976年，梶田孝道訳『声とまなざし—社会運動の社会学』新泉社，1983年）などといった多くの人びとによる「新しい社会運動」論という一連の研究群に成長していきます。

　このような新しい社会運動が示した「集合的アイデンティティ」や「フレーム」の概念は，運動の成功という概念を大きく変化させました。それまでは，現実の制度変更にかかわるような運動のみが，成果を上げ，成功した社会運動として評価され，それが出現・維持・拡大していく諸条件を研究し分析の対象としてきました。それが新しい社会運動論においては，集合体に属するメンバーの多くが心に抱いている認識の枠組みに何らかの亀裂が生じたり，変化の兆しがみえたときには，それも社会運動の重要な一要素としてとらえ，研究の対象としていこうとするようになったのです（野宮2002）。

　さらに，ある一連の運動がある特定の時期に集積する理由を考える「運動サイクル」の議論があります。「運動サイクル」とは，1960年代の住民運動や，70年代の学生運動や公害運動のように，ある特定の時期に多様な一群の運動が集中して起きるそのメカニズムを明らかにしようとするものでした。

また、いくつか同時に存在している異なった複数のフレーム（認識枠組み）の中で、なぜ特定のフレームだけがより大きなシンボリックな意味を持っていくのかという「マスターフレーム（master frame）」概念などの議論が展開していきます。もともと「フレーム分析」(frame analysis)は、E・ゴッフマンが1974年に提示した考え方でした。ゴッフマンによると、個人の経験は、その人が所属している社会の特定の意味付与プロセスを介して認識されます。ある出来事が、より意味のある出来事として認識され、別の出来事は特に意味を持つことなく忘れ去られます。それを選択するのは、その人が属する生活世界の「多元的な意味の層」＝「フレーム」によるのだとゴッフマンは考えたのです。ではどのようなフレームが、より多くの人々に共感をもって共有されていくようになるのか、そのプロセスを明らかにしようとしたのが「マスターフレーム論」です。地球温暖化の兆候を示すさまざまな科学的データの解析結果や研究を紹介するよりも、あるいは北極の氷が溶けるほど海水温が上昇している事実やそれにより動植物の生態系のバランスにも変化が生じているという解説をするよりも、ただ一言、「白熊を救え！」という短いメッセージを繰り返し流したほうが、子どもから大人に至るまで、自然科学の知識にあまりなじみのない高齢者にとっても、それはかわいそうだ、なんとかしなきゃ、と心に響く認識枠組みを提示できるのです。

3　社会運動のいろいろ

> この節で学ぶこと：社会運動にはどのようなものがあるのかを知り、その歴史的変遷について学びます。
> キーワード：住民運動、反原発運動、市民、ボランティア、NPO、自助グループ（セルフ・ヘルプ・グループ）、マイノリティ・グループ

公害（環境）問題と反原発運動

戦後の経済成長に伴って、大規模な環境問題が生じるようになりました。四大公害と呼ばれるのは、熊本県水俣湾と新潟県で起きた水俣病、三重県四

日市市の四日市ぜんそく，富山県のイタイイタイ病です。この時代の公害問題の特徴は，被害者およびその家族による必死の告発や状況改善の要求にもかかわらず，国は企業に原因を明らかにして，責任を明確にして対策をとらせることが困難であったことです（宮本憲一「環境被害と責任論──水俣病からアスベスト災害へ」『環境と公害』vol. 36 no. 3，2007 年）。政府は環境政策よりも経済成長政策を優先し，企業を擁護しました。

1960 年代の前半には，静岡県の石油化学コンビナートの進出を阻止するある住民運動が成功し，その後の住民運動に力を与えました。

1970 年代の学生運動や高度経済成長とともに噴出したさまざまな公害に対して，当事者および市民による企業や国に向けられた批判は，社会を変えていく大きな力となりました。当時は成田空港や新幹線の建設に対する住民による反対運動や，公害問題を告発する運動などが多数ありました。

1980 年代に入ってからも，こうした国と企業，市民の関係性は，アスベスト被害者への救済やＢ型肝炎ウイルス感染者の問題，薬害エイズ問題に始まって，福島の原子力発電所の放射能汚染事故に至るまで，すべて同一の問題が表出していたといえます。それは国家が市民の健康や命よりも，企業の経済行為を優先してきたという事実です。これまで，チッソやミドリ十字社，東京電力という企業の生産活動は，地域住民の健康や日本国民の命よりもずっと大切なものであるという判断が政治プロセスとして国家により下され続けました。より安価に血液や電力を供給するためには，一部の人々の健康や生活上の支障，国民の命へのリスクはやむを得ないとする，冷酷で非合理的な間違った判断でした。

近年のごみ処理施設建設反対運動や反原発運動などの運動は，その運動そのものが主張する価値や選択肢への賛否はともかくとして，意義深いものといえます。なぜならば，そうした運動の多くは，国民の生活を無視して企業の経済行為のみを重視し推進しようとする国家の政策に対して，地域住民・消費者・市民・国民という私たち一人ひとりの立場からの真の意見を集約し社会全体に訴えていくという側面を持っているからです。

環境保護運動とグローバリズム

　1980年代後半から90年代以降には，環境問題がグローバル化していきました。それに伴って，国境を越えた環境運動がこの頃よりみられるようになります。私たち日本人にとってより身近な問題としては，クジラの調査捕鯨やマグロの漁獲量割り当ての問題があります。生態系の維持などの観点から，諸外国の環境保護団体より，これらの問題が追及されるようになりました。シーシェパードという団体によるたび重なる日本の調査捕鯨船への抗議の意を込めた武力行使は，社会問題となりました。またグリーンピースという環境保護団体からはマグロの便宜置籍船(実際に使っているのとは異なった国に船の国籍(船籍)を置いている船)の存在を指摘され，その結果日本の大手商社は便宜置籍船との取引を停止することになりました。アジア太平洋資料センター(PARC)水産資源研究会の2007年度調査報告書によると，1990年代に入って資源管理の必要性が認識され，各国に漁獲割り当てが課せられるようになったとき，漁獲割り当てを課せられていない台湾船籍の船が太平洋で乱獲を行うことに日本の漁業団体と水産庁は強く抗議しました。そして1999年にICCAT(大西洋マグロ類保存委員会)年次会議がブラジルのリオデジャネイロで行われ便宜置籍漁船の廃絶対策が決議されました。ところがICCATに報告された資料の中で，便宜置籍漁船300隻が運んだ約4万5千トンのほぼ全量が日本に搬入されていた事実が明らかになったのです。グリーンピースは，こうした取引に日本の大手水産商社が関与していることを明らかにしました。このように，動植物の生態系を含めた自然環境の保護は，一国の問題ではなく地球規模の問題としてとらえられるようになってきました。そしてその国の政府が適切に解決の方向へと動かないときには，他国の環境保護団体が情報を適切に公開するという戦術により，周辺諸国や問題となった国の世論に訴えかけながら改善を促す運動がみられるようになったのです。

社会運動の歴史的変遷と社会運動理論の盛衰

　ここでは，社会運動の歴史と社会運動の理論研究の対応関係を表でみていきます(次頁)。

第5章 政治・社会運動

1950年代後半 ———— 高度成長期 ———— 1973 第1次オイル・ショック		
1960　　　　　　　　　　　　　　　　　1975		
ベトナム戦争		
1948　1959　1960　1968　1970		
全学連　三井三池　日米安保　大学紛争激化　70年安保闘争		
結成　争議　安保闘争　チェコスロヴァキア		
「プラハの春」		2010-12 アラブの春
1966		
日本発の商用原発(東海原発)竣工		
1967		
公害対策基本法		
四日市公害等の四大公害の裁判開始		
1956　　　1968		
水俣病発生の　水俣病政府正式見解発表(公害認定)	1996	
公式確認	新潟県巻町の原発建設是非の住民投票	
	1997	
	京都会議	
	二風谷ダム裁判	
	北海道旧土人保護法廃止	
50年代後半 ———— 70年代初め　70年代後半 ———— 80年代	90年代	
学生運動・公民権運動・平和運動　資源動員論	市民社会論・NPO/ボランティア論	
60年代後半 ———— 80年代	政治的機会構造論	
新しい社会運動・女性運動	90年代半ば—	
環境運動	フレーム分析	
	集合的アイデンティティ	

マルクス、エンゲルス『共産党宣言』(1848=1951)
B・フリーダン『新しい女性の創造』(1965=1970)　A・トゥレーヌ『声とまなざし―社会運動の社会学』(1976=1983)
E・ゴッフマン "Frame Analysis" (1974)　A・メルッチ『現代に生きる遊牧民』(1989=1997)

ボランティアと NPO

　私たちの身の回りには，社会運動と同じような意味や意義を持っている活動がたくさんあります。ボランティア組織や NPO の活動がそれにあたります。ボランティア行為には，国家・行政や企業とは異なった，市民の立場から権利や生活の必要を満たしていく可能性があります。こうしたパワーは，「第三の力」と呼ばれます。第三の力とは，国家・行政による政策の立案や実行が「第一の力」，企業による民間の経済行為が「第二の力」だとするならば，市民やボランティア組織，NPO 組織などによる新たな活力に対して，期待を込めて呼ばれるようになった言葉です。

　さらに断酒会のような特定の病気や障がいを持った人々が自分たちのために作った組織である自助グループ（セルフ・ヘルプ・グループ）やさまざまなマイノリティ・グループもまた，同じように社会に向けて自らの存在をアピールし，失われた人権を回復していこうと訴えていく「運動」としての社会的意義を持っています。こうした「運動」としての意義を内包している，ある事例を次頁のコラムに示しました。

　花観さんの生き方は，社会運動とつながっています。花観さんのジェンダー・フリーの社会を実現したいと願う気持ちは，とても強固なものです。かの女自身のアイデンティティと深く結びついた，生涯にわたる活動だからです。ジェンダーとは，社会がつくりあげた性別のことをいいます。「男性」も「女性」も，同じ人間であるのですから，男なら（女なら）〇〇でなければならないというような決まりごとは，しばしば人を苦しめます。「男性」とも「女性」ともぴったりあてはまらない人々も，無視できない一定の割合で全世界に存在していることを忘れてはいけません。社会が勝手につくりあげる「男らしさ」や「女らしさ」が人々を不幸にしているならば，ときにはそうした価値観から自由（フリー）になる権利を人々に認めてもらおうとする活動なのです。

　かつて大学院時代に花観さんはピア・サポートにかかわったそうですが，こうした活動は活動そのものが社会に向けたアピールになっています。性同一性障がいの人々をサポートするのと同時に，社会全体に向けて，セクシュ

トランス・コミュニティとピア・サポートにかかわってきた私

　渡部花観(さくら)さん(34歳)は，これまでの人生において，ずっと自らの性と向き合わざるを得ませんでした。男性として生まれた花観さんは，性同一性障がいを抱えています。体は男性として生まれたものの，心は女性そのものなのです。花観さんはこれまで，周囲の心無い言葉にいつも傷つけられてきました。大学院で学んでいるときには，指導教員からの差別的な扱いを受けたこともありました。ゼミの仲間の中にも，人によっては冷たい視線を投げかけてきたり，ときには心無い言葉をかけられて花観さんは深く傷つくこともありました。そして花観さんは，結局大学に通い続けることができなくなりました。うつ病も同時に患い，家族や友人，バイト先の人とも顔を合わせることが困難になりました。そんなときに，自分の悩みにじっと耳を傾けてくれ，気持ちに寄り添って自分の困難な状況を理解してくれたのは，たまたま入ったニューハーフ・パブのママさんたちでした。当時，自ら死ぬことまで考えていた花観さんは，かの女たちによって，「本当に救われました」と当時を振り返ります。その後，花観さんは性同一性障がいの人々の生きづらさを支援するピア・サポートの活動にボランティア・スタッフとしてかかわるようになります。この活動に参加するようになる前は，当初は自らがサポートを「受ける立場」でした。最初花観さんはその組織の支援を受ける一相談者でしたが，その組織とかかわりを深めるうち次第に相談に乗る役割，つまり「サポートする側」に役割が移っていったといいます。現在花観さんは，戸籍を女性名に変更し，高等学校で理科の教員として女性名で働いています。かの女は教育委員会の性同一性障がいを抱えた教員への差別的扱いを変えていこうと，がんばっています。また，一教員として，自分と同じ問題を抱えた生徒が，自分と同じような苦しみを経験しなくてもすむような，ジェンダー・バイアスを是正していく教育をしていくことを自分の生涯をかけた仕事だと考えています。

アル・マイノリティ(少数派の性的指向性)への偏見や差別の是正，彼らかの女らの感じている社会の中での生き辛さを多くの人に知ってもらうことにつながっています。このような当事者による当事者のためのグループには，さまざまな種類があります。たとえばアルコール依存症の人々による回復のための集まりである断酒会やAA(Alcholics Anonymous)だとか，薬物依存からの回復をともに歩むNA(Narcotics Anonymous)，難病の家族の会など，

共通の悩みを抱えた人々が，自分たちは「どのように生きていくのか」をお互いに話し，そして聞いてもらう集まりです。こうした組織は，自助グループ（セルフ・ヘルプ・グループ）といいます。グレゴリー・ベイトソン（Gregory Bateson，原著1972年，佐藤良明他訳『精神の生態学』思索社，1986年）は，このような共通の生きづらさを抱えた人々同士がお互いにコミュニケーションを持つことにより，そこで語り継がれる物語の中から，同じ問題を共有する人々の間で何らかの共同性が芽生えていくことを発見しました。

花観さんは，ピア・サポートの活動と同じものを，トランス・コミュニティの中にも見出していました。トランス・コミュニティとは，性転換手術を受けた人や将来受けたいと考えている人々を中心とした集まりのことです。こうした共同体は，必ずしも相互に援助し合うことを目的に組織されたものばかりではなく，パブやバーのような同質的な人々が集まる小さなコミュニティでも，同じような機能があることがわかります。このように，新しい社会運動と呼ばれるものの中には，一見運動とはみなされないような，さまざまなタイプの個性的な活動があるのです。

国境を越える運動──インターネットを介したネットワーキング

総務省による平成24年度版『情報通信白書』では，「『アラブの春』とソーシャルメディア」というトピックが掲載されています。アラブの春 Arab Spring とは，2010年から11年にかけてアラブ世界において発生した民主化運動の総称です。2010年12月のチュニジアでの「ジャスミン革命」からアラブ世界に波及し，現在も続いています。こうしたアラブの春の動きに，FacebookやTwitterなどのソーシャルメディアはどのような役割を果たしたのか，ドバイ政府系シンクタンクであるドバイ政府校による市民運動への影響の分析結果を紹介しています。そこでは，チュニジアで発生した「ジャスミン革命」以降のデモ活動について，ソーシャルメディアにおいて参加の呼びかけが行われていたといいます。アラブ地域では，抗議の呼びかけの多くは，主としてFacebookによってなされていました。また両国の調査では，政府機関によるインターネット遮断の効果についても，逆に両国の人々の抗議活動を活発化させるなど社会運動側に肯定的な影響があったと分析しています。

ナショナリズムと社会運動

　インターネットによるソーシャルメディアの力は，現実の社会運動のネットワーキングのあり方そのものを飛躍的に向上させています。Twitterが普及していなかったならば，アメリカに黒人の大統領は選出されていなかったかもしれません。民主化を求める力は，こうしたソーシャルメディアの端末の普及によっても，ときには国境を越えた運動の広がりを可能にしていることがわかります。

【ブック＆ムービーガイド】

1　櫻井義秀・稲場圭信編『社会貢献する宗教』世界思想社，2009年。
2　野宮大志郎編『社会運動と文化』ミネルヴァ書房，2002年。
3　大畑裕嗣・成元哲・道場親信・樋口直人編『社会運動の社会学』有斐閣，2004年。
4　竹中健『ボランティアへのまなざし―病院ボランティア組織の展開可能性』晃洋書房，2013年。
5　長谷川公一『脱原子力社会へ』岩波新書，2011年。
6　映画『100歳の少年と12通の手紙』製作年2008年，製作国フランス（配給　クロックワークス，アルバトロス・フィルム）。
7　映画『ヴィレッジ』製作年2004年，M・ナイト・シャマラン監督，製作国アメリカ。

　『社会貢献する宗教』では，宗教組織体を媒介としたボランティア行為や社会運動について書かれています。『社会運動と文化』では，さまざまな新しい社会運動の背景にある文化的な要因が分析されています。運動理論の紹介は『社会運動の社会学』に詳しく書かれています。ボランティア行為に内在する国家や行政との矛盾した関係や，運動体としての可能性を実証的に分析した本は，『ボランティアへのまなざし―病院ボランティア組織の展開可能性』です。同じく病院ボランティアの行為者を描いたフランスの映画に『100歳の少年と12通の手紙』があります。原子力発電の国家的戦略とその

矛盾を社会運動の視点から究明した新書が『脱原子力社会へ』です。映画『ヴィレッジ』は，1897年ペンシルヴェニア州のある森の中の小さな村を舞台に，宗教的な束縛によりその森に住む住人が外部の世界と接触を持たないように仕組まれている状況がミステリータッチで描かれています。

【発展学習】考えてみよう！

1　どのような人が社会運動にかかわるようになるのでしょうか？
2　身の回りに展開する新しい社会運動の事例をあげ，それらの運動が継続する条件を考えてみよう。
3　これまであなたはどんなボランティアに参加したことがありますか？　またどのようなきっかけにより，あなたはその活動に参加するようになったのですか？

第6章　メディアの現在
現代社会を生き抜くための思考法

> この章で学ぶこと
> 　みなさんは，毎日さまざまなメディアに囲まれて生活を送っています。それらは，上手に使いこなしさえすれば，とても便利な道具でしょう。しかしながら，ときにこうした道具に，「振り回されて」しまったり，「逆に使われて」しまうような場面も多いのではないでしょうか。私たちは，ケータイやスマートフォンであれ，あるいはテレビであれ，こうしたメディアとどのようにつきあっていけばよいのでしょうか。本章では複眼的思考をキーワードに，メディアの発展とともに変容する社会状況を理解しながら，この点について考えていきます。
> キーワード：メディア，コミュニケーション，複眼的思考，機能分析

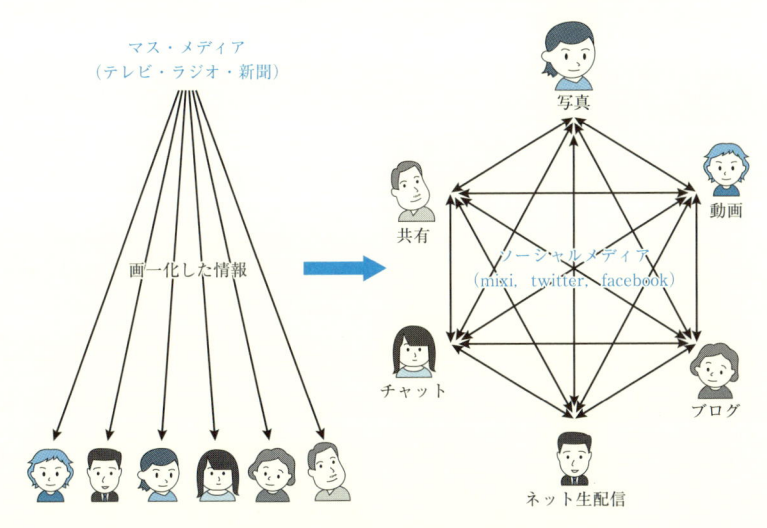

マスコミ論からメディア論へ

出所：『激変するソーシャルメディアとマスメディアの今後を探る』 http://enspire.cocolog-nifty.com/blog/2011/06/post-2b7b.html より「総視聴者から総ジャーナリストの時代へ」の図を参照して作図

1 メディアとは何か

> この節で学ぶこと：メディアとはいったい何でしょうか。普段何気なく使う言葉ですが，その概念をよく理解しないままでいる人も多いのではないでしょうか。ここではメディアという概念の意味を理解した上で，それが今日の社会において，いかに重要な存在となっているのかを確認していきます。
> キーワード：パーソナル・メディア，マス・メディア，マルチ・メディア

　ケータイやスマートフォン(以下，これらをケータイと総称)，インターネット(あるいは，それに接続されたパソコンやタブレットなどの各種機器)やテレビ，そして新聞に雑誌，これらはすべてメディアです。いったい私たちは，なぜこれほどに多くのメディアを日々使っているのでしょうか。

　ただちに考えられる答えは，便利だからというものでしょう。ケータイを持ち歩けば，いつでもどこでも連絡ができ，インターネットを介せば世界中に情報発信ができます。テレビや新聞は，行ったこともない場所のニュースを伝えています。

　しかしながら，こうしたメディアは同時にいくつもの問題点を持ち合わせています。

　メディアは，便利な道具である一方，気をつけていないと，それに振り回されてしまったり，逆に使われてしまうような事態に陥りかねません。メディアとの上手なつきあい方を考えていくためにも，まずはメディアという言葉の意味を深く理解するところから始めましょう。

コミュニケーションとは何か？

　メディアとは何か，このことを理解するためには，まずコミュニケーションという言葉から理解しなくてはなりません。というのも，メディアとはコミュニケーションのための道具だからです。

　コミュニケーションとは，さしあたり「意思の伝達」と定義できるでしょう。つまり，自分の考えを伝えようとすることです。若い人たちにとっては，

いわゆる「告白」，好きだという気持ちを伝えるふるまいがわかりやすいでしょう。

ではここで，上手に「告白」するために何が必要か，考えてみてください。どんなに好きだという気持ちが強くても，ずっと思っているだけでは伝わりません，片思いのままです。

片思いがコミュニケーションかといわれれば微妙なところで，「意思の伝達」が過去から未来の自分へとなされているとすればコミュニケーションといえなくもありませんが，意中の相手に気持ちが伝わっていないことに変わりはありません。そこで，上手に気持ちを伝えるためには，道具が必要になるのです。

メディアとは何か？

この道具こそがメディアです。メディアとはいわば「意思の伝達」をしてくれる道具，すなわち「コミュニケーションの媒体」と定義できます。

先に取り上げた「告白」というコミュニケーションであっても，用いるメディアによって，伝わり方はずいぶんと違ってきます。電話という声のメディアを用いれば，自分の考えを直接に伝えることができますし，相手の反応も即座に知ることができるでしょう。それでは緊張してしまうので，じっくりと伝えたいのであれば，手紙のような文字のメディアを用いることもできますし，字が汚くては印象が悪くなるかもしれませんので，メールを使うほうが無難かもしれません。

このように，同じ内容のコミュニケーションであっても伝わり方はさまざまです。そこで，その伝わり方としてのメディアそのものを対象とする学問，メディア論が登場してくることになるのです。

先駆的な学者としては，こうした要点を「メディアはメッセージである」と言い表したマーシャル・マクルーハンや，声と文字の違いに着目したウォルター・オングといった人々が知られています。代表的な著作としては，前者は『メディア論』(原著1964年，栗原裕・河本仲聖訳，みすず書房，1987年)，後者は『声の文化　文字の文化』(原著1982年，桜井直文・林正寛・糟谷啓介訳，藤原書店，1991年)などが知られています。

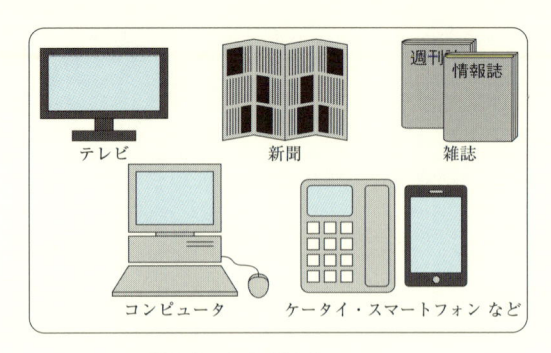

図6-1　さまざまなメディア

さまざまなメディア

　さて，メディアもさまざまですが，それはコミュニケーションにもさまざまなパターンがあるからといえます。大きく分類すると，先の「告白」のように1対1でする場合(1×1)と，いわゆる「ニュース」のように不特定多数に向けて幅広く伝えようとする場合(1×n)とがあり，前者をパーソナル・コミュニケーション，後者をマス・コミュニケーションと呼びます。そして，前者に用いるのがパーソナル・メディアであり(手紙やメールなどが該当)，後者に用いるのがマス・メディアです(新聞や雑誌，テレビなどが該当)。

　一方，インターネット上のコミュニケーションでは，これにあてはまりにくい事例もみられます。いわゆるネット掲示板やソーシャルネットワーキングサイト(以下，SNS)などは，誰ともなく書き込んで誰ともなく広まっていきます。これを完全に表した呼称は定まっていませんが，さしあたりは不特定多数同士でなされるものとして，n×nのコミュニケーションであり，メディアであるということができるでしょう。

20世紀の社会とメディア

　さて，こうしたメディアはいつ登場し，どのように変化してきたのでしょうか。古くは，紀元前の古代文明において発明された文字であったり，無文字の原始社会における狼煙(けむり)などもメディアの始まりとして遡ることができます。ただ，さしあたりここで重要なのは，20世紀以降の社会とメディアの変化です。

端的にいって，20世紀はマス・メディアの時代であり，それは戦争の時代でもありました。日本でいえば，20世紀初頭に新聞の部数が飛躍的に伸び，そのことで本格的なマス・メディアが成立したといわれています。その背景には，1904年の日露戦争から1914年の第1次世界大戦にかけて，戦勝報道を欲した国民感情と，そこに部数の拡大を当て込んだ新聞の思惑の一致があったといわれています。その後，第2次世界大戦へと進むなかで，マス・メディアは戦意拡大のためにますますトップダウンに統制されていくこととなり，ラジオもまたそうした発展を遂げていきました。

　テレビが普及したのは戦後ですが，それもまた巨大な新聞社ごとに系列化されており，東京にある民放の「キー局」と呼ばれる放送局は，どれも新聞社の系列となっています。このように，現在の日本社会におけるマス・メディアの基本的構図は，良くも悪くも第2次世界大戦中に形作られたものといえ，それはやはりこの時代が，戦争の時代だったからであり，20世紀はマス・メディアが中心的かつ飛躍的に発展した時代だったといえるでしょう（こうした一連の経緯をめぐってはさまざまなテキストに書かれていますが，さしあたりブックガイドでも取り上げた，竹内郁郎・橋元良明・児島和人編『新版　メディア・コミュニケーション論Ⅰ』（北樹出版，2005年）のまとめがわかりやすいと思います）。

21世紀の社会とメディア

　これと対比させるならば，21世紀は，マルチ・メディアの時代，そしてグローバル経済の時代といえます。

　マルチ・メディアとはさまざまなことができるメディアであり，スマートフォンがその典型でしょう。それはもはや単なる電話ではなく，メールの送受信やインターネットへのアクセス，テレビなど各種コンテンツの視聴もできます。いわば，パーソナル・メディアでありながらマス・メディアでもあり，それ以外にも，さまざまなことができるメディアなのです。

　代表的なスマートフォンとしてiPhoneやandroid（端末）があげられます。そうしたデバイスを販売したり，あるいはそれらにインストールするためのアプリケーションソフト，さらにはSNSなどを提供・運営しているのは，主として多国籍企業です。20世紀のマス・メディアが，国家間の戦争とそ

の遂行のために，トップダウンに統制されながら発達したのとは違い，今日のマルチ・メディアをめぐっては，多国籍企業がしのぎを削りつつ，グローバルに発展を遂げながら日々新たなサービスを提供しているのです。

こうしたマルチ・メディアはとても便利であり，もはや手放せない存在でしょう。日々ものすごい速さで，新しい商品やサービスが提供され続けています。しかしながら，それはいったい誰が何の目的で発展させているメディアなのか，あるいはこうしたメディアはどうなっていくのか，そしてこの社会はどうなっていくのか，そうした先々の見通しが，非常に複雑で不透明な時代になりつつあるのも事実です。

ブラックボックス化と自己責任化という問題点

そこで，こうした21世紀のマルチ・メディアをめぐっては，ブラックボックス化と自己責任化という問題点を忘れてはなりません。

たとえば，スマートフォンについて，その仕組みを熟知している人，あるいはすべての機能を完全に理解して使っている人は少ないでしょう。それが自分自身に，あるいは社会にどのような影響を及ぼすのかなど，思いもしないままに，使い続けている人が圧倒的なのではないでしょうか。よくわからないけれども便利で手放せないものになっているということ，それこそがブラックボックス化です。

自己責任化も，これと関連します。テレビだったら，その内容に問題があればテレビ局にクレームを申し立てたり，あるいは背後に存在する権力に対して明確な批判をすることができました。

しかしながら，たとえばSNSを利用していて恋人や友人とトラブルが起こった場合などは，いったいどうすればよいでしょうか。

ジグムント・バウマンは『個人化社会』(原著2001年, 澤井敦・菅野博史・鈴木智之訳, 青弓社, 2008年)の中で，今日が，他人の助けを借りずにすむ「個人化」の進んだ便利な社会であるとともに，その分だけ自分自身で責任も負わざるを得なくなるという問題点を指摘しました。

スマートフォンは，「個人化」の進んだ社会の典型のような存在ですが，21世紀のマルチ・メディアをめぐるさまざまなトラブルは，ブラックボッ

クス化が進んでいるがゆえに，誰にクレームを申し立ててよいかわからず，結局のところ自分の責任として背負い込んでしまいやすいといえるでしょう。

　だとするならば，21世紀は，よりいっそうメディアについて考えなければならない時代だといえます。メディアの便利さが増していく一方で，ブラックボックス化も進んでいくそのなかを，生き抜いていくためには，自分自身の手で，メディアを深く理解し，使いこなしていくしかありません。

2　これからメディアとどう向き合うべきか

> この節で学ぶこと：21世紀のマルチ・メディアとは，どのように向き合っていくべきなのでしょうか。そのためのキーワードは，複眼的思考です。社会学にはそうした思考法がいくつも存在していますが，なかでも代表的なものとして，機能分析という考え方を取り上げます。
> キーワード：複眼的思考，機能分析，『マトリックス』，『サマーウォーズ』

考えることから始めよう

　21世紀のメディアは，ブラックボックス化と自己責任化が進行しているがゆえに，なんとなく使い続けていると，その問題点を見失ってしまいかねず，むしろ常に自覚的でいなくてはなりません。考え続けることが求められているのです。

　そのためのキーワードこそ，複眼的思考です。複眼的思考とは，物事を複数の視点からとらえていくことです。往々にして，新しいメディアの普及時によくなされてきたように，目新しさだけを一方的に称賛するのでもなく，あるいはマス・メディア研究でよくなされてきたように，権力性を一方的に批判するのでもなく，常に両論併記的に，複数の可能性を検討していくような考え方が必要です。

　そこで参考になるのは，こうした問題点を主題にしたコンテンツです。ここでは，1999年以降3部作として公開されたアメリカの映画『マトリックス』と，2009年に公開された日本の映画『サマーウォーズ』の名前をあげ

ておきましょう．内容的におもしろいだけでなく，ここでの議論にも参考になるところが多いので，ぜひ自分で見ることを薦めておきますが，そのポイントはまさに複眼的思考にあります．

両作品に共通するのは，メディア（コンピュータのネットワーク）による人類の支配とそれへの戦いが描かれているということです．そこで重要なのは，「マス・メディア vs 民衆」といったわかりやすい「敵 vs 味方」図式ではなく，むしろメディアは一面において「敵」でありながら，それと同時に，戦う際には欠かせない道具として，「味方」としても描かれているということです．まさに，両論併記的な複眼的思考をしつつ，自己責任でサバイバルしていくしかない，21世紀のメディア状況を的確に表現した良作といえるでしょう．

機能分析を学ぼう

さらに社会学においては，こうした複眼的思考をより洗練させた分析手法が存在します．その代表として，ロバート・キング・マートンの機能分析を取り上げましょう．マートンについては，『社会理論と社会構造』(原著1946年，森東吾ほか訳，みすず書房，1961年)が主著として知られていますが，同書は他にも参考になる点が多いのでぜひ読んでほしい一冊です．

さて，マートンのいう機能分析の「機能」とは，ケータイのカメラ機能やメール機能といったような，機械としての性能のことではありません．むしろ，あるものごとが他に及ぼしうる社会的な影響やはたらきのことをいいます．

マートン流の機能分析のポイントは，「2つの次元」の両論併記を掛け合わせ，合計で4つの視点から複眼的思考を整理したことにあります．わかりやすくいえば，ものごとには，表と裏という側面と，プラスとマイナスという側面があり，これをマートンは「顕在的機能と潜在的機能」，「正機能と逆機能」と呼び表して整理しました．では，若者の友人関係に関するケータイの機能分析の結果を図示してみましょう．

ケータイの機能分析

この図では，「表（顕在的機能）⇔裏（潜在的機能）」と「プラス（正機能）⇔

図 6-2 ケータイの機能分析

```
                    「表(顕在的)」："通信手段"
                              ↑
      いつでもどこでも    │    いつでもどこでも
        つながる        │      つかまる
      (常時接続性)      │    (常時拘束性)
「プラス(正機能)」←─────────┼─────────→「マイナス(逆機能)」
      いつでもどこでも    │    いつでもどこでも
      誰とでもともだち    │    誰とでもさよなら
      (接続の簡便化)     │    (切断の簡便化)
           ↓           │         ↓
       友人人数増加？    │     友人種類減少？
                              ↓
                   「裏(潜在的)」："アドレス帳"など
```

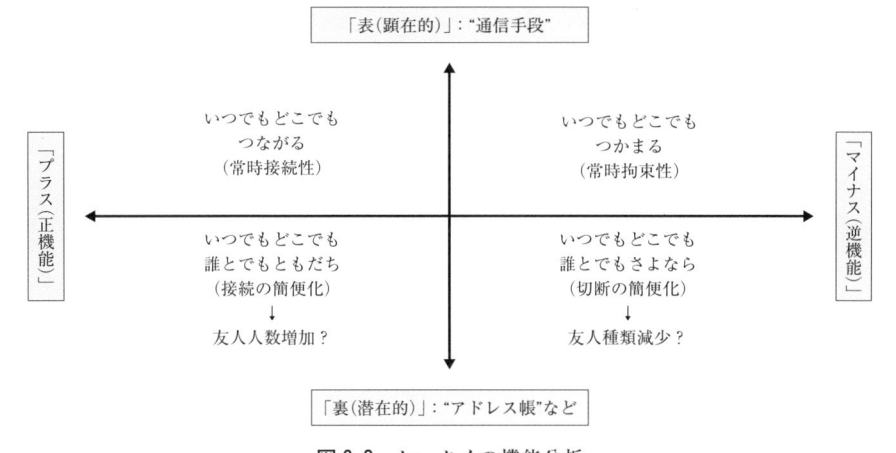

図 6-2　ケータイの機能分析

出所：辻泉「ケータイの現在」富田英典ほか編『デジタルメディア・トレーニング―情報化時代の社会学的思考法』有斐閣，2007 年

マイナス（逆機能）」という 2 つの両論併記を掛け合わせ，4 つの象限からケータイの社会的機能をとらえています。

　左上の象限からみていくと，いつでもどこでもつながることができる「常時接続性」は，よく知られたプラスの面（顕在的正機能）だということができるでしょう。一方で右上の象限をみると，それは同時に，いつでもどこでもつかまってしまう「常時拘束性」となることもまた，よく知られたマイナス面（顕在的逆機能）といえます。

　さらにケータイには，あまり知られていない面も存在しています。たとえば左下の象限をみましょう。ケータイのアドレス帳や SNS の友達リストには，実に多くの友人を登録することができますが，そこに先の「常時接続性」があいまって，若者の友人数は増加し続けているといわれています。これはあまり知られていないプラスの面ということができるでしょう（潜在的正機能）。しかしながら，右下の象限にあるように，友人数はただ増えるだけではなく，むしろボタンひとつでデータを消せる簡便さから，気の合う相手ばかりを残し，その結果多様性が失われて同質性が高まる危険性も指摘されています。

初対面で気軽に連絡先を交換し，その結果，膨大に増えた中から今度は消し去っていくような友人関係のあり方，私はこれを「引き算の関係」と呼び，人数の増加と裏腹に多様性の失われていく状況を，実証的な調査に基づいて検討したことがあります。詳細は，辻泉「ケータイは友人関係を広げたか」（土橋臣吾ほか編『デジタルメディアの社会学』北樹出版，2011年）を参照してください。

こうした「引き算の関係」は，当の若者たちにしてみれば「意図せざる結果」ともいえますし，あるいはあまり知られていないマイナスの面（潜在的な逆機能）ともいえるでしょう。

もちろん友人関係とはもともと同質的なものであって，だからこそ気が許せる間柄となる側面もあるのですが，その一方で，多様な相手とゆるやかに取り結ぶ関係からこそ得られる，情報の幅広さや有益さという点も見過ごせません。特に，職探しのタイミングなどでは，いつものごく親しい友人よりも，少し距離の離れた，タイプの異なる友人のほうが，有益な情報をもたらしてくれたりするものです。

機能分析のポイント

このように機能分析のポイントは，第一に潜在的な機能，それも潜在的な逆機能を明るみに出すところにあります。つまり知られていないような問題点を明らかにするということです。

しかし，そこだけを強調した極論では意味がありません。ケータイには問題点があるから使うのをやめるべきだ，ということをいいたいのではありません。第二のポイントは，潜在的な逆機能を明るみに出しつつ，その他の機能もバランスよく整理するところにあるのです。

まさしくこれこそが複眼的思考です。表と裏，プラスとマイナスの面を十分に理解した上で，メディアと適切な距離をとって，上手につきあい続けていけばよいというだけの話なのです。

そのためには，これまでのように一方的に（マス）メディアを批判するだけでは不十分であり，そうした善悪二元論では片づかないような，複雑な社会を生き抜いていかなくてはならないのです。

機能分析は，応用可能性の高い分析方法です。他のメディアや社会現象にもどんどんあてはめていくとよいでしょう。あるいは，それほどキレイに整理がつかなくても，常に両論併記的な考え方，複眼的思考を続けることが重要です。

もうひとつ，こうした考え方のコツを記しておくならば，それは距離をとって引いた眼から眺めてみるということでしょう。身近すぎるものであったり，好きになりすぎているものほど，実はよく見えていなかったりするものです。

近年では，「ケータイデトックス」といって，あえてケータイを手放す機会を作ってみる工夫も知られています。SNSを通したコミュニケーションも楽しいかもしれませんが，知らぬ間に増えすぎた友人とのコミュニケーションに時間をとられすぎていることもあるかもしれません。そんなときには，どのような種類の友人が増えたのかなど，リストを眺めて，見つめ直してみることも必要でしょう。

このように，距離をとって眺めつつ，いい面も悪い面も見極めて，上手につきあいを続けていくというポイントは，実は身の回りの多くのもの，たとえば人間関係にもあてはまるかもしれません。

3 メディアで読み解く現代社会

> この節で学ぶこと：前節では，友人関係というパーソナル・コミュニケーションを取り上げ，その中でケータイというメディアについて複眼的思考をすることを学びました。
>
> しかしながら21世紀はマルチ・メディアの時代です。旧来のマス・メディアも存在していますし，さまざまなメディアが林立する複合的な状況はこれからも続いていくでしょう。
>
> では，こうした複雑な社会的現象はどのように理解したらよいのでしょうか。近年の現象からいくつか特徴的なものを取り上げて，それらを読み解きつつ，より具体的なメディアとのつきあい方を考えて本章を締めくくりたいと思います。

> キーワード：効果研究史，コミュニケーション2段階の流れ仮説，ステルスマーケティング

「古典」に学べ

　21世紀の複合的なメディア状況を理解する上で，実は「古典」と呼ばれる研究が示唆に富みます。古いから役に立たないとか，マス・メディアしか扱っていないから役に立たないということではないのです。そうした決め付けた考え方は，すでに複眼的思考ではありません。

　メディアを考える上で，みなさんにぜひ知っておいてほしいのは，20世紀におけるマス・メディア効果研究の歴史です。なかでも児島和人・田崎篤郎編著『マス・コミュニケーション効果研究の展開［改訂新版］』（北樹出版，2003年）がテキストとして優れています。

　要点を述べるならば，第2次世界大戦中のドイツのプロパガンダ戦略の巧妙さなどをふまえ，それ以降，アメリカを中心にして，マス・メディアの社会的な影響に関する研究がさかんになされました。日本におけるメディア研究も，長らくはその強い影響下にあったといってよいでしょう。詳細は上記テキストなどを参照してほしいのですが，その内容は3つの時期に大きく分かれています。

効果研究の歴史

　第1期は「強力効果説」の時代です。戦時中のラジオを用いたプロパガンダなどを考えるとわかりやすいのですが，当初，人々の考え方はマス・メディアによって大きく変えることができるといわれていました。こうした議論は，マス・メディアの影響力をかなり大きくとらえているという点で，「魔法の弾丸理論」とも呼ばれます。

　第2期は「限定効果説」の時代です。たとえば先に紹介したマートンの同僚にあたる，ポール・ラザースフェルドらによる「コミュニケーション2段階の流れ仮説」（以下，2段階の流れ仮説）などが有名です。

　実は，「マスコミ」よりも「口コミ」のほうが強力ではないかというこの

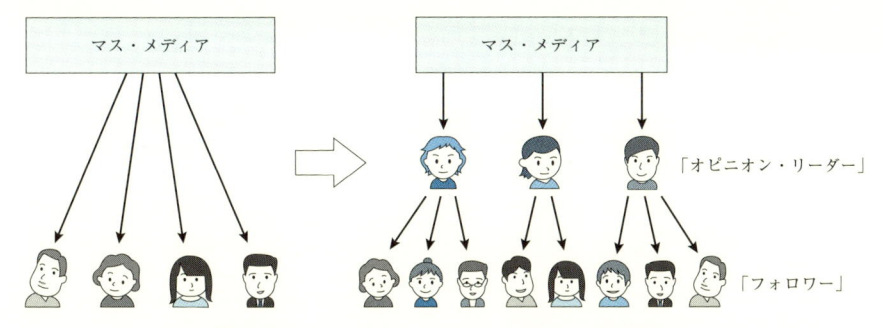

図6-3 「コミュニケーション2段階の流れ仮説」

仮説は，正確にいえば，マス・メディアの影響は人々に直接的に伝わるというよりも，いったん情報収集力のある人や敏感な人などを介して，間接的に伝わっていくのではないか，という内容でした。その際に介在する人々を「オピニオン・リーダー」，そこから情報を受け取る人を「フォロワー」と呼びますが，上の2つの図を対比させるとわかりやすいでしょう。

彼らは，当初「強力効果説」を実証しようとして，アメリカ大統領選の際に調査を実施しました。ところが，そこで明らかになったのは，むしろ人々はマス・メディアの影響より，周りの人々からの影響を強く受けているということだったのです。

こうした経緯を学ぶには，ポール・F・ラザースフェルドほか『ピープルズ・チョイス―アメリカ人と大統領選挙』(原著1968年，時野谷浩ほか訳，芦書房，1987年)，E・カッツ＆ポール・F・ラザースフェルド『パーソナル・インフルエンス―オピニオン・リーダーと人びとの意思決定』(原著1955年，竹内郁郎訳，培風館，1965年)といった原典をじっくりと読んでみるのもいいでしょう。書店で売られていなくても，大学の図書館には収蔵されている可能性が高いです。

こうして，第1期の「強力効果説」は相対化されていきます。つまりマス・メディアの影響とは，人の考え方を何もかも変えてしまうほどに強力なものではなく，むしろ周りの人との「口コミ」の中で相対化されていくということ，そしてせいぜいもとからの傾向を補強する限定的なものにすぎない

ということが明らかになっていきます。こうした議論を,「限定効果説」と呼びます。

　その後, 1960年代以降にテレビが登場すると, その普及当初の衝撃の大きさを反映して, また新たな「強力効果説」が出てきます。人々の考え方までは改変できずとも, 何が争点かを決定してしまうのではないかという「議題設定機能仮説」などが代表例です。テレビ登場以降, 選挙報道で注目されるのが, 政策の内容よりも候補者のルックスになってしまっているという例などがわかりやすいでしょう。この仮説を唱えたのはマコームズとショーですが, 読みやすい文献としては, 竹下俊郎『メディアの議題設定機能——マスコミ効果研究における理論と実証　増補版』(学文社, 2008年)などをお勧めしておきます。

　これらを第3期の「新強力効果説」と呼びますが, しかし今日ではテレビの普及からも数十年が経ち, インターネットも登場してきたことで, テレビの影響を, それだけで強力なものと考えるのはやや的外れになりつつあります。

　この点で, テレビの影響力を相対化し, インターネットも加わった複合的なメディアの状況を理解するには, 古典の中でも第2期の限定効果説が示唆に富みます。おおむね, 1940年代後半〜1950年代と, 今から半世紀以上も前に提出された議論であっても, 学ぶべきところがあるのです。

震災と原発報道に学ぶ

　さて, 2011年3月11日の東日本大震災およびその後の福島第一原発事故は, こうした複合的なメディアの状況についても大きく考えさせられる出来事でした。

　たとえば原発事故以降, 政府はマス・メディアを使って,「ただちに健康に影響はない」というメッセージを繰り返し, 事態の沈静化を図ろうとしていました。しかしながらあの当時, このメッセージだけを真正直に受け取って, 心の底から安心した人は少ないのではないでしょうか。

　私や周りの人間の個人的体験を記しましょう。震災から数日は, 片やテレビをつけて速報性のあるニュースを聞きつつ, もう片方ではパソコンを立ち

上げて，インターネットで twitter の情報に見入っていました。とりわけニュースで報じられた内容を，さらに噛み砕いたり，それをいかに解釈すべきかを示した各種の専門家のツイートを食い入るように見ていました。

この点で，当時の私はまさしく文字通りの「フォロワー」であり，「オピニオン・リーダー」としての専門家の見解を通して，事態を理解していました。これは，まさに先の「2段階の流れ仮説」の構図の通りであったといえるでしょう。またその際に，自分の考え方に沿うような人だけでなく，それと対立しているような専門家を合わせてフォローすることで，バランスを保とうとしたことも記憶しています。

その後も，とかく情報が統制されがちな原発事故をめぐるニュースについては，同じような構図で理解することが続いていきましたが，実はあのとき，同じようなふるまいをしていた人は多かったのではないでしょうか。そして，こうした事態を通して，マス・メディアの情報を全面的に信頼するというよりも，まさしく「限定効果説」的に，それを他のメディアの情報などを通して相対化しながら受容するというふるまいが，広まっていったのではないでしょうか。

「コミュニケーション2段階の流れ仮説」の2面性

このように，ニュースを鵜呑みせず相対化して受容する，あるいは「口コミ」に取り上げられなければ「マスコミ」の影響も及ばない，という側面だけをみれば，「コミュニケーション2段階の流れ仮説」や「限定効果説」は好ましい内容のものに思えます。

しかしながら，時と場合によってはそうとも限らないのです。むしろ速報性のあるマス・メディアのニュースが，ただちに大きく影響したほうが好ましい事態もあります。今回の震災でいえば，大津波警報がそれにあたるでしょう。

日本の津波警報システムは世界最高レベルといわれており，津波が到達する前に，すでにテレビ各局のニュースでは，大津波警報を伝えていました。しかしながら，海沿いに住む人々がすべて避難できたわけではなく，大きな犠牲が出てしまったことは知られる通りです。

この点については，いくつもの背景が指摘されていますが，なかでも，大津波警報が発せられていても，なかなかリアリティを持てず，本格的な避難行動へと結びつけられなかった人が決して少なくなかったという問題点もあるようです。いうなれば，マス・メディアの影響が，強力ではなく限定的であったがゆえに，生じた問題ともいえるでしょう。
　ではこの問題はどのように乗り越えられるのでしょうか。実は，この点でもやはり「2段階の流れ仮説」が示唆に富むのです。
　津波防災の第一人者である片田敏孝は，津波からの避難にあたって，第一に「とにかく迷わず，ただちに逃げ出すこと」を強調しています。しかしながら，巨大津波が来るといわれても，なかなかリアリティが持てなくても仕方ありません。そこで第二に「周りを巻き込むこと」が重要だといいます。テレビのニュースを聞いただけでは，なかなか行動できずにいる人たちも，さらに顔見知りの人を介して伝えられると，ただちに納得して避難を開始できるようになるのだそうです。実際に，片田の指導を通して，こうした津波からの避難対策をしていた釜石市では，小中学生の生存率が99.8％に達したといいます。これもまた，「2段階の流れ仮説」の構図が見事にあてはまる事例だといえるでしょう（この点については，以下の記事などを参照してください。「小中学生の生存率99.8％は奇跡じゃない――「想定外」を生き抜く力　片田敏孝（群馬大学大学院教授）」2011年04月22日：http://wedge.ismedia.jp/articles/-/1312?page=1)。
　震災や原発事故の事例を離れても，やはり複合的なメディア状況を考える上で，「2段階の流れ仮説」が示唆に富む現象は多くみられます。たとえば，いわゆる「ステマ（ステルスマーケティング）」がそうだといえるでしょう。「ステルスマーケティング」とは，芸能人などが個人的なブログで，読者には知られないように裏では販売側からの依頼を受けつつ，特定の商品やサービスなどを好意的に取り上げた記事を書いてアピールする手法をいいます。
　ブログの読者からすれば，ブログを書いた芸能人を「オピニオン・リーダー」に見立てて情報を相対化して受容していたつもりが，実はそのブログの情報までもが，広告の一環だったというわけです。今では問題のある手法として批判が強くなされ影を潜めつつあるようですが，社会的な好ましさは

第6章　メディアの現在　117

別として，これもまた先の津波警報の伝達と同様に，「2段階の流れ仮説」の現代への応用版といえるでしょう。

再び機能分析へ

このように，今日の複合的なメディア状況においても，いやむしろそのような状況だからこそ，「2段階の流れ仮説」の図式が見事にあてはまる現象に対して，どのように向き合うべきでしょうか。

しつこいようですが，ここでこそやはり複眼的思考が求められていると思います。メディアに対して，その情報が「正しい／正しくない」「信頼すべき／そうではない」といった善悪二元論的な「敵vs味方」図式で考えるのではなく，むしろ振り返るべきは，前節で検討したケータイの機能分析です。

いうなれば，気づかぬうちに「引き算の関係」になってしまい，情報が偏って相対化の視点が弱まってしまわないように，多様な情報を得るための，多様な関係性形成のためにこそ，メディアを活用すればよいのではないでしょうか。

取り上げた具体例に沿うならば，警報発生時に知らせてくれるような，できるだけさまざまな相手との関係性，ステルスマーケティングを警告してくれるような相手との関係性の形成にこそ役立てていくこと，すなわち自らの力でメディアを使いこなしていくことが，今求められているのだといえるでしょう。

これからのメディアを考える

以上，本章の内容を通して，一貫して強調してきたのは，複眼的思考というキーワードでした。いくつかの事例を本文中でも示しましたが，マス・メディアは，その一方的な影響のありようによって，プロパガンダの道具として発達を遂げてきましたが，場合によっては，災害時の緊急情報の伝達手段として役に立つものでもあります。あるいはインターネットのような新しいメディアも，マス・メディアの一方的な情報を相対化したり対抗したりする道具にもなる一方で，実はその片棒を担ぐ可能性，先に示した「ステルスマーケティング」の道具になる可能性もありえるのです。

それでもメディアを手放すことができないのならば，適切な距離をとって，

両論併記的にとらえつつ，上手につきあい続けていくしかありません。

本章では，第1節でメディアとコミュニケーションに関する基礎概念を学び，さらに，ブラックボックス化と自己責任化という今日の問題点を指摘しました。そしてそれゆえに，自らの手で複眼的思考をしながら，メディアを使いこなしていくことが重要だと述べました。第2節では，若者の友人関係に関して，ケータイというメディアの機能分析を行い，身近な事例から複眼的思考の方法を示しました。そして第3節では，より複雑な社会現象を理解する上で，古典といわれる過去の議論が役に立つことを示し，なかでも，震災や原発事故報道とそれにまつわる現象を中心に，「コミュニケーション2段階の流れ仮説」が今でも有効であることを示しました。

ここで示したのは，わずかな事例にすぎませんが，みなさんがこれから送る日常生活の中でも，ここで学んだ思考法を実践しつつ，上手にメディアを使いこなしていってくれることを強く望んで，本章を締めくくりたいと思います。

【ブックガイド】

> 1　竹内郁郎・橋元良明・児島和人編『新版　メディア・コミュニケーション論Ⅰ』『新版　メディア・コミュニケーション論Ⅱ』北樹出版，2005年。
> 2　吉見俊哉『メディア文化論』有斐閣，2004年。
> 3　難波功士『メディア論（ブックガイドシリーズ　基本の30冊）』人文書院，2011年。
> 4　マーシャル・マクルーハン，栗原裕・河本仲聖訳『メディア論』みすず書房，1987年（原著1964年）。
> 5　マニュエル・カステル，矢澤修二郎ほか訳『インターネットの銀河系』東信堂，2009年（原著2001年）。

本文中でも述べましたが，さまざまなメディアが複合する今日の状況からも明らかなように，メディア論に関する文献を数点に絞って紹介するのは至難の業です。そこで「裏技」として，総論的に手広くカバーしたテキストや，

有名な著作を集めたブックガイド本も含めて紹介させてください（これもまた，メディアの上手な利用法だと思ってください）。

1 は，本章で触れてきたメディアそのものの歴史や効果研究史，さらには批判的な研究の系譜に幅広く目くばせしながら，それと同時に，ジェンダー，社会的危機，若者といったメディアにかかわりの深い個別のトピックも取り上げられていて，非常にバランスのよいテキストとなっています。

2 も定評のあるバランスのよいテキストですが，特に「ソシオメディア論」と呼ばれる，一方的な技術決定論ではない，社会学的な視点からの重厚な歴史の記述に特徴があります。

3 は，さらに分厚い読みごたえのある本へと進む前に読んでおくとよいブックガイドです。4 や 5 に進む前に，メディア論の必読文献 30 冊をカバーした本書に目を通しておくと，より理解が深まることでしょう。

4 は，本章でも取り上げた古典中の古典です。独特の文体ゆえの読みづらさが難点ですが，メディアそのものに着目するという発想のおもしろさを味わってほしいと思います。

5 は，インターネットについて，その歴史を踏まえつつ，これからのありようを，社会運動論やネットワーク論の観点から，建設的に記したものです。訳も読みやすく，インターネット社会を理解する上では必読の文献といえるでしょう。

【発展学習】考えてみよう！

1　自分の日常生活とメディアがいかに深くかかわっているか，「メディア日記」をつけてみましょう。少し面倒ですが，メディアに接したタイミングごとに時刻を記録し，何をどのように使ったのかを 1 日分記録します。一方で，わざとメディアにまったく接触しない日を 1 日設定して，その日の行動も記録に残し，両日の生活パターンを比べてみましょう。可能ならば，友人や家族などにも協力してもらって，複数人の記録を比較してみましょう。

2　ケータイや SNS によって，あなたはどのような友人関係を築いているのか，分析しましょう。これもやや面倒ですが，対象となるリストをすべて

書き出し（またはデータを抜き出し），全体の人数や属性ごとの内訳（性別や年齢など），親しさの度合いなどをカウントし，できれば表にまとめてみましょう。1と同様に，何人かに協力を得て，比較をしてみるのもよいでしょう。
3 特定のメディアを取り上げて，機能分析をしてみましょう。本章では，若者の友人関係という視点から行いましたが，高齢者の趣味活動について，主婦層の情報収集についてなど，視点を変えて行ってみるとよいでしょう。

第7章　地域社会とコミュニティ

> この章で学ぶこと
> 　少子高齢化が進行する地域社会において，必要とされるコミュニティのあり方をさまざまな角度から検討します。この検討を通して，コミュニティを地域社会の側からみる視点と，そこで暮らす個人の側からみる視点を獲得しましょう。胡散臭い絵空事や，手間ばかりかかる理想に思われかねないコミュニティに，必要性と可能性が感じられるよう説明を試みます。
> キーワード：中間集団，地域コミュニティ，サービスシステム，住民自治，ライフスタイル

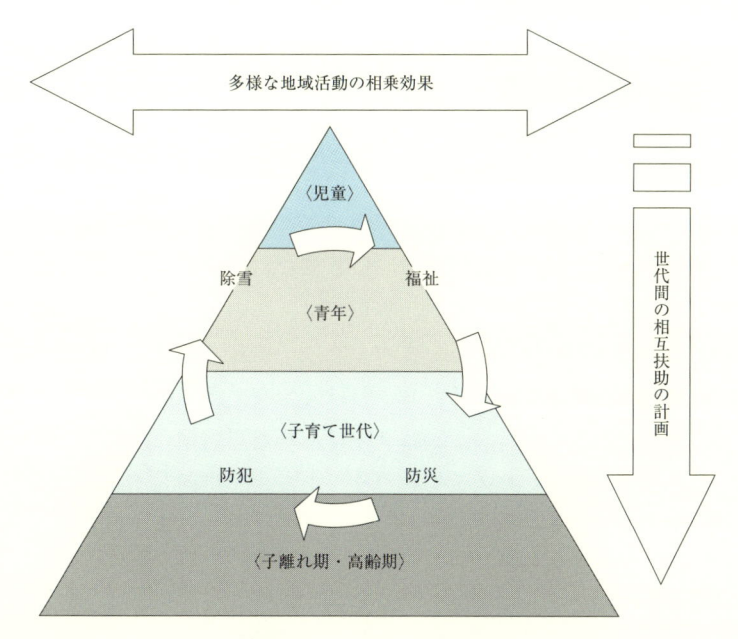

循環型コミュニティの設計図

（多様な地域活動の相乗効果／世代間の相互扶助の計画）

〈児童〉／除雪・福祉／〈青年〉／防犯・防災／〈子育て世代〉／〈子離れ期・高齢期〉

1　地域コミュニティの必要性と可能性

> この節で学ぶこと：漠然とした意味で用いられている「コミュニティ」という言葉を磨き直すことで，それが目の前の危機を克服するための武器となりうることを理解しましょう。
> キーワード：コミュニティ解放論，自律性・自主性，地縁型・テーマ型コミュニティ

個人と社会の中間

　社会学では，家族，親族，町内会，学校，趣味や学習のサークル，宗教団体，労働組合，政党など，個人と社会の媒介機能を果たす団体や組織を「中間集団」と呼び，その機能の存在と変容を研究対象としています。

　日本の社会学者は，伝統的な村落社会と個人の間にはいくつかの中間集団が同心円状（入れ子型）に存在していると仮定し，家族を最も個人に近い基礎的な中間集団とみなしました。性・経済・教育・生殖といった基本的な機能が社会から家族に付与されていることがその根拠でしたが，近代化と都市化の過程で家族は多くの機能を失いました。しかし，現代社会では家族に代わって専門機関があらゆる機能を担っているかといえば，そうともいえません。個人と社会の間にあって，時代や地域ごとにさまざまな機能を与えられたり奪われたりしてきた「便利な器」が家族なのです。

　家族の説明が長くなりましたが，本章では，このような中間集団論の観点から地域コミュニティのお話をします。家族の機能と同様に，地域社会の中でコミュニティの機能は広がったり，しぼんだり，創り出されたり，破壊されたりしています。また，コミュニティはあなたを自由にしたり，ルールで縛ったり，出会いのチャンスをくれたり，あなたを排除して孤独にしたりします。前半は地域社会を中心とした見方をとっており，後半は個人を中心とした見方をとっています。

　ここで地域社会の地理的範囲を，単位町内会のエリアとするか，学校区と

するか，はたまた市区町村とするかで，ストーリーは異なってきます。都道府県，国家，世界へと舞台設定を広げることも可能ですが，この章では中学校区や連合町内会といった徒歩圏の区域におけるコミュニティの存在に注目します。それは，徒歩圏の地域社会の住民自治が今こそ必要で，また可能であると考えるからです。

コミュニティの喪失・存続・解放

　日本の高校生でも知っているフェルディナンド・テンニースの古典『ゲマインシャフトとゲゼルシャフト』(1987年発行)の英訳書名は"Community and Society"です(日本語では「共同社会から利益社会へ」と訳されます)。地縁・血縁に基づくコミュニティの喪失は，100年以上も前から問題視されていたのです。ところが，今なおこのテキストで必要性と可能性が語られているのですから，何らかの形で地域コミュニティは存在していると考えるのが自然でしょう(家族と同様に)。

　国境を越える移民やギャング集団など，相互扶助を基調とするマイノリティの生活実態を記述した研究者は，都市社会に存続するコミュニティを発見してきました。しかし，ほとんどの作品がコミュニティの栄枯盛衰を語り，さまざまな機能の喪失を論じていたといっても過言ではありません。

　そのようななかで，1979年に発表されたバリー・ウェルマンのコミュニティ解放論は画期的なものでした。交通・通信手段の発達によってコミュニティは地域性の制約から解放され，広域分散的なネットワークに形を変えて存在しているとウェルマンは論じました。現代人が同居家族や近隣住民に勝るとも劣らず，遠くの親族や友人・同僚を身近に感じていることは確かです。しかし，ウェルマンが現代人のネットワークを「パーソナル・コミュニティ」と呼んで高く評価するとき，大きな疑問が頭をもたげます。豊かな生活水準と頼りになる個人的ネットワークがあれば，もはや地域コミュニティは必要ないのでしょうか？

　自称ローカルタレントの大泉洋さんはかつて，活躍の場が全国に広がってもなお北海道を離れない理由として，実家の除雪を高齢の両親には任せられないことをあげ，庶民性をアピールしていました。そんな大泉さんも最近は

東京での仕事と子育てがますます忙しくなり、「遠くの親戚より近くの他人」の現実に直面しているご様子です。雪国では除雪の例がわかりやすいのですが、読者のみなさんの地域では、どのような生活問題がこの諺にあてはまるでしょう。それこそが地域コミュニティの基本的な機能と呼べるのではないでしょうか。

コミュニティの理想・再生

ウェルマンがコミュニティの解放を論じた頃、日本では経済企画庁がコミュニティを「生活の場において、市民としての自主性と責任を自覚した個人および家庭を構成主体として、地域性と各種の共通目標をもった開放的でしかも構成員相互に信頼感のある集団」と規定しました(『昭和51年度 国民生活白書』)。また、「コミュニティは、個人や家庭のみでは達成しえない地域住民のさまざまな要求を展開する場として、取り残された階層を含めて人間性の回復と真の自己実現をもたらすもの」とも記しています(経済企画庁編『国民の生活と意識の動向』1979年)。

この頃、日本に導入されたカタカナ言葉の「コミュニティ」とは、喪失されたものでも、存続しているものでもなく、あえて現実離れした目標として設定された「理想の中間集団」であったのです。当時のコミュニティ論は、地方から都市に流入して家庭を築いた団塊の世代をターゲットとしていました。しかし、彼らのコミュニティ行政への評価は決して高いものではありませんでした。むしろ、設置目的や活用方法を十分検討しないまま施設を次々と建設し、町内会を中心とする伝統的な地縁組織に運営を丸投げする「箱もの行政」の典型として揶揄されてきたのです。

行政は土着の旧中間層が担う町内会の活動を支援するばかりで、「コミュニティの解放」を志向する新中間層の流入者を取り込めずにいました。退職後の団塊の世代の関心は趣味・旅行などによる自己実現や再就職に向かっており、地域デビューは後回しの感があります。住み慣れた地域社会への参加を、「理想のコミュニティ」の存在を喧伝するお試し移住先が阻んでいる状況があります。

新進気鋭のコミュニティデザイナー・山崎亮はコミュニティを、町内会に

代表される地縁型と，共通の興味関心でつながるテーマ型に分類し，地縁型コミュニティの再生は，テーマ型コミュニティに自発的に参加する人々の活力を取り込むことで可能になると論じます。そして，地域住民の意思を大いに尊重しつつ，「過疎地なのに元気が良い人口減少先進地」を見習って，そこで何かをしたがっている地域外のボランティアに活躍の場を提供することを促しています(山崎 2012)。

地域コミュニティの再評価

住民自治の 2 要素である自律性(地域内の意思決定)と自主性(自発的な活動)の相克を部外者の活力で乗り越えようとする山崎の視点は，1970 年代から「定住者と漂泊者とが，相互作用することによって，新しい共通の紐帯を創り出す可能性をもった地域」に着目して内発的発展論を展開した鶴見和子と近いものです(鶴見・川田 1989)。今このような議論が再び盛り上がる背景には，団塊の世代の高齢化ともうひとつ，阪神・淡路大震災・東日本大震災の被災地における部外者の活躍があるでしょう。

漫画『神戸在住』の第 1 巻(1999 年)で作者・木村紺は，「それは震災の前か？　後か？」という問いが神戸では頻繁に交わされると記しています。震災後に神戸に転居した主人公は，部外者である自分が震災について何を語っても，当事者の方々を傷つけるような気がしています。しかし，そのような部外者をも巻き込みながらボランティア人口が急増し，「新しい公共」の概念を具現するコミュニティ FM 局の運営などによりテーマの刷新が実現したため，阪神・淡路大震災が起きた 1995 年はボランティア元年と呼ばれました。

石原慎太郎は東日本大震災と福島第一原発事故を「天罰」と表現し謝罪・撤回しましたが，これを「現代文明への警鐘」と言い換えるなら，その認識は広く国民に共有されたといえるでしょう。日本人は 2 つの大震災を経験して，地域の日常生活における人々の絆の重要性を再確認したのです。

社会学には「たえず全体化する全体性と，たえず私化する私性」というテーゼがあります(鈴木 1983)。個人が私生活のスタイルやプライバシーにこだわる一方，地域や国の問題は手に負えないものとして無関心をきめこむう

ちに，官僚機構やグローバル企業が巨大化・不透明化することを憂える考え方です。もう一歩踏み込むと，「個人は大きな社会に直接対峙するべきではなく，家族・親族・労働組合・町内会といった中間集団が介在すべきだ」という考え方がみえてきます。しかし，地域コミュニティの存在意義を認めて再評価しただけでは，「理想像としてのコミュニティ」の議論のレベルを超えられません。

地域コミュニティの再定義

金子勇はコミュニティを「社会的資源の加工によって生み出されるサービスの供給システム」と定義し，「地域社会の一部から生じる問題を解決するために，地元の住民が集合的に行為したりすること」をコミュニティネスと定義します(金子2011)。そして，少子高齢化に歯止めがかからない日本において探求すべきコミュニティ像は「子育て共同参画社会を軸とする老若男女共生社会」だと主張しますが，同時に「コミュニティづくりが希望的観測のレベルでとどまるなら，アソシエーション(行政機関や企業)による代替を視野に収めておきたい」と冷静に現実を語っています。

ボランティア元年以降のコミュニティ運動とコミュニティ行政の価値は，地域社会の優先課題を絞り込み，これを解決するためにサービスシステムを再構築するプロセスにおいて住民参画を本格的に導入し，このプロセスの透明化を推進したことにあります。地域住民はボランティア活動に参加するだけではなく，コミュニティ事業の決定に参画するようになったのです。

災害，環境問題，経済のグローバル化など，地域社会を崩壊させかねないリスクに直面して，優先課題にテーマを絞り込みながら地縁型コミュニティを再構築する試みが始まっています。少子高齢化によって自治体の財政が苦しくなり，コミュニティ事業のスクラップ・アンド・ビルドが求められ，住民自治の必要性が認識されるという現象は各地で起きています。

そこで重要なのは，専門機関への依存にもコミュニティ万能主義にも陥らずに，問題解決力の高いサービスシステムを住民・行政・企業が協働で創造することです。住民自治の資源は，住民同士の関係の内部だけではなく，その周辺や外部に存在しているのです。

2　まちづくりから住民自治へ

> この節で学ぶこと：「まちづくり」に代わって，「まちそだて」という新しい概念が必要とされています。これらの概念を理解し，住民自治のハードルを越える術を考えます。
> キーワード：まちづくり，都市計画，まちそだて

都市計画・まちづくり・まちそだて

　前節でお話しした「コミュニティ行政への住民参画」は，狭義の「まちづくり」と位置づけられます。「まちづくり」にはさらに，(1)まちのハード面の改善に関する行政や地域リーダー層による期限付きの都市計画プロジェクト，(2)まちのソフト面の改善に関する地域住民による終わりのないコミュニティ運動，という側面があります。狭義の「まちづくり」は両者と交錯しながら，その中間の位置を占めるといえるでしょう。

　(1)は，従来の都市計画が統治原理と経済原理を居住原理に優先してきたことへの反省をふまえた「都市計画への住民参加」としての「まちづくり」です。表7-1のように対比すると，行政や公共工事の事業主体が「まちづくり」という言葉を用いる目的が，住民による異議申し立てを都市計画プロセスに取り込むことであると理解されます。これは，住民自治の2要素のうち意思決定・合意形成にかかわる「自律性」の部分に該当します。

　1960年代に「まちづくり」という言葉が生まれた頃は，住民自治の2要素のうち自発的・主体的な活動にかかわる「自主性」の部分に該当する(2)を，本来の意味と理解していた人も少なくありませんでした。ところがその後，(1)を安易に「まちづくり」と呼ぶ人があまりにも多くなり，言葉本来の輝きが失われてしまったのが現状です。そこで，(2)を「まちそだて」と呼び，「まちづくり」と対比する考えが2000年頃から広まりました。

　筑和正格は「まちそだて」は「まちづくり」への原点回帰ではなく，「まちづくり」と対立するものでもないと考えます。時系列的に先行する「まち

表7-1 まちづくりと都市計画の対比

まちづくり	vs	日本型都市計画
住民によるガバナンス	vs	法によるガバナンス
活動基盤としてのコミュニティ	vs	法治の対象としてのアトム化した個々人
性善説に立つ運動	vs	性悪説に立つ管理
アマチュアリズム，ボランタリズム	vs	プロフェッショナリズム
ヨコツナギの地域中心主義	vs	タテワリの専門領域中心主義
ボトムアップ	vs	トップダウン
規範と合意	vs	規則と強制
慣習法的	vs	成文法的
漸進的	vs	構造的
創意工夫	vs	前例踏襲
透明で裁量的	vs	公平で平等的
プロセス中心で柔軟	vs	アウトプット中心で剛直
開放的	vs	閉鎖的
最高レベルを目指す	vs	最低レベルを保障する
固有で個性的，境界が曖昧	vs	標準的で画一的，境界が明快
統合的アプローチ	vs	分析的アプローチ
変化を起こすように機能	vs	変化が起きるときに機能
住民主体	vs	住民参加

出所：西村幸夫『都市の再生を考える 7 公共空間としての都市』岩波書店，2005年，20頁

づくり」の意義を認めつつその成果を継承して，これを住民が長期にわたり持続的に成長させることを「まちそだて」と呼びます(筑和2007：3-6)。

　筑和が念頭に置いたのは富良野市の持続的な観光まちづくりの事例ですが，「まちづくり／まちそだて」の概念は住民自治の「自律性／自主性」の概念と合わせて，コミュニティ形成一般の分析に応用できます。

札幌市のまちづくりセンター自主運営化

　政令指定都市・札幌の10区は，連合町内会の区域をなぞるように87のまちづくりセンター所管区域に分かれており(以下，まちセン)，9地区で連合町内会を中心とする自主運営が行われています。その他の78地区には市の課長職が所長として配置され，市がまちセンを直営しています。2003年6月に就任し現在3期目の上田文雄市長は一貫して「市民自治の推進」に重点を置き，2008年10月以降，まちセンの自主運営化に腐心してきましたが，これまで市直営から自主運営に転換した地区は全体の1割程度です。

表 7-2　まちづくりセンターの自主運営と市直営の対比

自主運営の成果	vs	市直営への反省
地域の独自性・裁量の向上	vs	市役所とのパイプ
団体間の連携・合意形成の促進	vs	進まない団体間の連携・合意形成
推進役の所長	vs	調整役の所長
民間経験がある所長	vs	現役の市課長が所長
市にとっての経費削減	vs	市にとっての高い人件費
委託料・地域交付金の支給	vs	活動資金の不足
選択と集中	vs	総花的事業
地域住民の運営による親近感	vs	市職員の常駐による中立性

　市発行のリーフレット「まちづくりセンター地域自主運営のすすめ」の記述と，私の市役所およびまちセンでの聞き取り調査をまとめたものが表7-2です。あえて自主運営の成果を強調したため市直営に厳しい内容になっていますが，これだけの成果が見込めながら，自主運営化が進まないことに注意を向けてみましょう。

　まちセンの自主運営化には以下のようなハードルがあります。

1) 市役所とのパイプ役を果たせる人材を見つけられない。
2) 町内が一枚岩ではなく中立的な所長を見つけることができない。
3) 自主運営ではまちセン以外に連合町内会の仕事をこなす必要がある。
4) 上田市長の支持母体である民主党を支持しない町内会役員が多い。
5) 自主運営化の理解が進まず合意形成ができない。
6) 自主運営の委託料と地域交付金がインセンティブとして不十分である。
7) まちセン所長には自主運営の機運を醸成する時間と意欲がない。

　札幌の87地区は(1)まちづくり＝自律性の段階で足踏みをしている市直営の78地区と，(2)まちそだて＝自主性の段階に向かった自主運営の9地区に分類できます。
　(2)のうち6地区は市内で最も少子高齢化が進んでいる南区の地区です。南区では危機感を共有した住民リーダー層がさかんに情報交換を行い，自主運営化を支援し合いました。それ以外の麻布地区(北区)，元町地区(東区)，月

寒地区(豊平区)は各区でただひとつ自主運営に踏み出した地区ですが、それぞれ独自性の高い事業を行っており、優先課題の絞り込みができていました。

自主運営の9地区以外にも危機感を共有できている地区や、独自性の高い事業を行っている地区は他にいくつもありますが、不本意か意図的かは別として、先述したハードルを乗り越えることはありませんでした。では、どうすれば住民は重い腰を上げ、(1)から(2)の段階へと進むのでしょうか。

岐路に立つ札幌市の福祉除雪

札幌市の市政世論調査において「除雪に関すること」は毎年のように、「市がよくやっていると思うもの」では「ごみや資源回収のこと」に次いで2位に、「市が力を入れて欲しいと思うもの」では1位になっている最大の関心事です。この調査結果からは「市が努力しているのはわかるが、もう少し何とかならないか」という市民の意識と、「精いっぱい努力しているが、これ以上のサービス向上は難しい」という市の立場が読み取れます。

私は札幌市社会福祉協議会から5年間にわたり委託を受けて、福祉除雪制度の利用世帯(その多くが高齢単身女性)と、ボランティア(その多くが高齢男性)の意識調査に取り組み、「老々福祉」の深刻化を指摘してきました。2012年12月からのシーズンには災害一歩手前の豪雪に見舞われたため、次の降雪期には利用申し込みが殺到し、ボランティアの確保が困難になることが予想されました。私はこの危機を、除雪サービスのシステムを見直す好機ととらえ、市役所・社会福祉協議会・地元大手マスコミに提言をしました。それは、87地区ごとに住民・企業・NPO等が連携して除雪団体を組織し、コミュニティ・ビジネスとして除雪に取り組む、というものでした。

しかし、社会福祉協議会はシステムの改革を市役所に強く求めず、例年通りボランティアの掘り起こしに努めることにしました。マスコミは取材をしたものの、本格的に雪が降り、事態の深刻さが切実に意識されるようになるまで報道を見合わせました。住民が関与しない場面で議論が行われ、地域コミュニティ再構築の契機は先送りされたのです。

それでも多くの住民は、住民参画型サービスよりも、主に自家処理ないし行政が提供する公的サービスによって解決されるべき問題として、除雪を認

福祉除雪問題の解決法の模索

札幌市の福祉除雪制度は，2000年度にモデル地区で試行され，2001年度から全市で実施されましたが，その特徴は有償ボランティア制を導入したことでした。利用世帯は生活水準に応じて0円〜5000円〜1万円を負担し，ボランティアは1世帯あたり2万1000円の報酬を受け取り，その差額を市が補てんします。受益者負担により利用世帯は誇りをもって申し込め，報酬によりボランティアは責任感をもって取り組み，有償制により市は持続可能な事業運営ができるはずでした。

しかし，高齢化の急激な進展により利用世帯が増加し，ボランティアの確保は困難になりました。2013年度の申込件数は約5100件と，2003年度に比べて約1400件増加した一方，ボランティアは約2900人で，500人ほどしか増えませんでした。2012年度のボランティアの平均年齢は68.0歳です。70歳以上のボランティアの割合は2007年度には39.0％でしたが，2011年度には52.3％と過半数に達し，典型的な「老々福祉」の様相を呈しています。これに豪雪が追い打ちをかけ，ついに2014年1月，市社会福祉協議会は制度スタートから初めて，シーズン半ばにボランティアを追加募集しました。

この問題に対し，(1)短期的には若い世代が雪捨て場の整備作業など単発の活動によって高齢のボランティアを支える，(2)中期的には地区ごとに組織したボランティア団体がコミュニティ・ビジネスとして除雪に取り組む，(3)長期的には除雪が不可欠な一戸建てを高齢層から子育て層に売買・賃貸しやすくすることが有効だと考えられます。（北海道新聞，2014年2月17日，月曜討論「高齢者宅の除雪」飯田俊郎・原文宏を参照）

識しています。生活問題の深刻さの認識はストレートに地域コミュニティの再構築へとはつながらず，常に行政や社会福祉協議会との役割分担の次元で認識され，問題が深刻であるほど先送りされがちなのです。

地域コミュニティ再構築の契機

ここまで札幌市の2つの事例を概観し，概念の応用と地域の分類を試みました。地域の分類はあくまでも住民参画の度合いによる分類であり，サービスシステムとしての優劣による分類ではありません。金子勇が指摘する通り，サービスシステムの評価にあたっては，住民参画の度合い以前に，サービス自体の有効性が重視されるべきなのです。

それでもなお社会学者は，地域住民に優先課題を絞り込む権限を与え，各

地域の決定を行政が尊重し，住民の自主的な活動を行政が支えていく仕組み作りを求めます。このアプローチについては，森岡清志の以下の論述が示唆に富んでいます。

　重要なことは，次のような点を住民も行政もともに考えていくことである。共同問題の中で，専門処理にふさわしくない問題とは何か。にもかかわらず現状では専門処理してしまっている問題とは何か。住民の共同処理と行政サービスが結合できる要所とはどこか。サブカテゴリー・システムのどの部分に共同処理を組み込ませたらよいのか。そしてそれはいかなるタイプの共同処理であるのか，処理主体は町内会・自治会なのか，住民の有志なのか，ボランティア団体なのか，NPOなのかあるいは企業なのか，これらの協働であるのか。さらに，政治的・行政的意思決定過程のどこに住民の介入を実現することが住民自治の拡大にとってもっとも効果的であるのか。住民はどこまで権限をかちとれるのか。（森岡 2008：285-286）

専門化・巨大化・不透明化した政治・経済システムを見直し，これをより効率的かつ民主的なものに再構築するチャンスを，社会学者は探しているのです。私は札幌市の最優先課題に焦点を合わせ，正面突破を試みましたが，もう少し事情は複雑なようです。まずは行政と地域住民の役割分担を深く議論し，できるところから手をつけていく，という穏健なアプローチもあるのでしょう。

3　ライフスタイルの変革と循環型コミュニティ

> この節で学ぶこと：自助・共助・公助・互助・商助のベストミックスの模索を通して，脆弱な都市のライフスタイルを変革し，持続可能なコミュニティを設計することを考えます。
> キーワード：都市的生活様式，都市的生活構造，循環型コミュニティ

都市的生活様式

　(個人ないし同居親族による)自助，(住民組織やボランティア団体による)共助，(行政サービスによる)公助という言葉が常識となっていますが，福祉的な援助から視野を生活全般に広げると，さらに(近隣住民や友人・知人による)互助，(商業サービスによる)商助という問題処理の様式がみえてきます。このうち，現代の都市住民のライフスタイルの特徴は，公助・商助といった専門機関が提供するサービスを享受しながら営まれていることにあります。裏を返せば生活問題の自家処理能力(自助)が低く，相互扶助(互助・共助)が希薄な地域社会で暮らしていることになります。しかし，地域に限定されない親族や友人のネットワークを頼りにし，遠隔地を含む商業サービスを消費しながら生活は営まれているのです。

　このようなライフスタイルを地域社会のサービスシステムの次元で切り取った概念が「都市的生活様式」で，個人の人間関係と生活意識の次元で切り取った概念が「都市的生活構造」です。金子勇はコミュニティを「社会的資源の加工によって生み出されるサービスの供給システム」と定義し，ソーシャル・キャピタルを「個人がもつ社会的ネットワークと，そこから生じる互酬性と信頼性の規範の総称」と定義しますが，前者は都市的生活様式と，後者は都市的生活構造と同じ次元の概念で，対をなしているのです。

　本章の「都市社会における地域コミュニティの必要性と可能性」という問題提起は，公助・商助という専門サービスで満たされた社会において，住民による互助・共助によって代替すべき場面を見つけるプロセスを通して，地域社会の政治・経済の仕組みと住民のライフスタイルを変革しようという問題意識に裏づけられています。その必要性が最も理解されやすい場面が，災害などによって専門サービスが行き渡らなくなる状況なのです。

循環型コミュニティの設計

　都市的生活構造の概念を時系列で展開すると，個人のレベルでは「ライフコース」の概念となり，地域住民の集合的レベルでは「ライフサイクル」の概念となります。都市社会において地域コミュニティを創造するためには，地域住民のライフサイクルをふまえた計画が必要となります。冒頭の図は，

地域住民の各世代が果たすべき役割が計画的に配分され，互助・共助の地域活動が世代間交流を通して相乗効果を持つように展開されている「循環型コミュニティ」の設計図です。

　札幌市内の地域福祉活動がさかんな地域では，「高齢者に防犯パトロールでお世話になった児童が，中学生・高校生になると除雪ボランティアでお返しをする」というサイクルが組まれています。ある地域では「PTAを引退させない」という合言葉のもと小学校の「親父の会」のOB会を組織し，中高生のボランティア活動を支える役割を子育て世代に与えています。このような男性たちの活動の先には，高齢化に悩む消防団の再生や町内会の活性化が期待できそうです。一昔前の農村の青年団を想起させる図ですが，このようなコミュニティは現代の都市社会でこそ計画的に創造する必要性があるのです。

【ブックガイド】

1　山崎亮『コミュニティデザインの時代―自分たちで「まち」をつくる』中公新書，2012年。
2　鶴見和子・川田侃『内発的発展論』東京大学出版会，1989年。
3　鈴木広「たえず全体化する全体性と，たえず私化する私性」日本社会学会編『社会学評論』34巻2号，1983年，41-45頁。
4　金子勇『コミュニティの創造的探求―公共社会学の視点』新曜社，2011年。
5　筑和正格『「まちづくり」から「まちそだて」へ―富良野の事例から学ぶ』北海道大学大学院メディア・コミュニケーション研究院／国際広報メディア・観光学院報告書，2007年。
6　森岡清志編『地域の社会学』有斐閣，2008年。

　地域社会とコミュニティについて研究するためには，同時に社会学の他の分野についても学ぶ必要があります。また研究テーマを福祉，少子高齢化，ソーシャル・キャピタル，政治，地方自治などに定めつつ，地域社会全体を

俯瞰的に観察することが必要です。複眼的思考が求められる研究分野なのです。

　文献2と3は地域社会とコミュニティが置かれている状況を，より大きな文脈の中で理解することを可能にします。4と6はコミュニティを都市社会におけるサービスシステムの一形態とみなしつつ，その有効性を高めることの必要性を論じています。1と5はコミュニティ形成の現場で培われた論理を，担い手が活用できるようにわかりやすく整理しています。

【発展学習】考えてみよう！

1　自分が育った時代・地域のコミュニティと，現在暮らしている地域のコミュニティにはどのような違いがあるでしょう。
2　自分が暮らしている地域社会で，「遠くの親戚より近くの他人」の支えが必要とされている生活課題にはどのようなものがあるでしょう。
3　高齢者の田舎暮らしや季節移住が流行する一方，地方都市や大都市郊外の一戸建てを処分して大都市の都心マンションに転居する高齢者も増えています。このような老後のコミュニティの選択は，どのような価値観を反映しているでしょう。

第 8 章 労　　働

> この章で学ぶこと
> 　私たちは一日のうちの多くの時間を「労働」という活動に割いています。近年では，雇われて働く雇用労働が支配的です。雇用関係が人々の生活とライフコースに，また社会の安定性や不平等の構造に与える影響は甚大なものがあります。現在雇用関係は多様化しており，その動向を分析できるようになることが重要です。
> キーワード：生産・再生産労働，労働過程，雇用関係の多様化

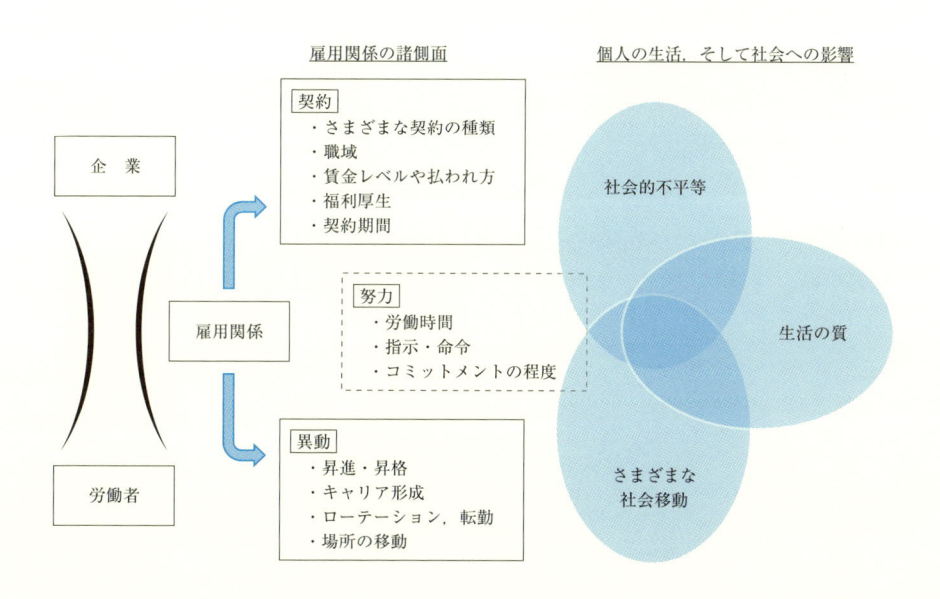

雇用関係の諸側面　　　　個人の生活，そして社会への影響

企　業

雇用関係

労働者

契約
・さまざまな契約の種類
・職域
・賃金レベルや払われ方
・福利厚生
・契約期間

努力
・労働時間
・指示・命令
・コミットメントの程度

異動
・昇進・昇格
・キャリア形成
・ローテーション，転勤
・場所の移動

社会的不平等

生活の質

さまざまな社会移動

1　雇用労働の成立と生き方の変容

> この節で学ぶこと：私たちは生きていくためにさまざまな活動をしています。「労働」もそのひとつです。働き方はいろいろですが，いま最も多いのは人に雇われて働くというあり方です。「雇われる」という働き方とその「生き方」への影響を理解するには，その関係の歴史をたどることが重要です。
> キーワード：産業化，雇用関係，ライフコースの標準化

雇われて働く人の増加

私たちは生きていくために働きます。本章では「労働」を，日々の生活を明日につなげるための活動であるとしておきましょう。社会学ではこうした活動を，大きく生産労働と再生産労働の2つに分けて考えてきました。前者はモノやサービスを生産するための労働で，会社勤めをしたり，自ら事業を起こしたり，資格をとって仕事を請負ったりすることで対価を得，生活の糧を稼ぐための労働ということができます。その意味で，この領域の労働は有償労働ということになります。後者は人々がその生命を維持し，次世代を育むのに必要な労働を指します。家事や子育て，介護といった活動がここに含まれるわけです。これまでこの領域の労働はもっぱら女性によって担われ，またそのほとんどに対価が支払われていないという意味で無償労働だという特徴があります。

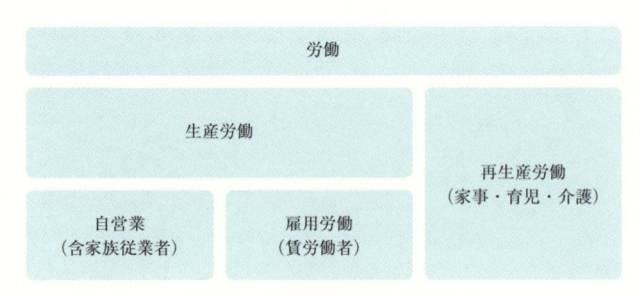

図 8-1　「労働」概念の内訳

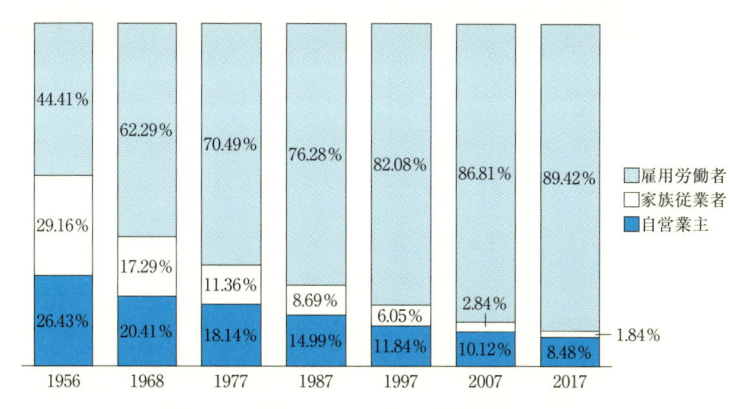

図 8-2 戦後日本における雇用労働者の増加

資料：就業構造基本調査

　この章で焦点をあてたいのは，生産労働の領域での働き方です。ここでの働き方は，自分を雇う人がいるかいないかで，自営業と雇用労働の2つに大きく分けることができます（図8-1）。この分野における代表的な調査である，就業構造基本調査をみてみましょう。ここでは何らかの形で収入を得ることを目的として仕事をしている人を有業者と呼び，その内訳を自営業主とそこで働く無給の家族従業者，そして雇われて働く雇用労働者に分けています。自営業主には個人経営の商工業者，農家，開業医，弁護士や家政婦などが含まれています。図8-2からは，これらの働き方の割合が，戦後の日本で急速に変化していることがわかります。高度成長の初期（1956年頃）には過半数（有業者約4000万人）が自営業主とそこで働く家族従業者で占められていましたが，現在の日本では，何らかの形で生産労働をする6600万人のうち5900万人程度，実に90%に迫る割合の人々が雇用労働者となっており，最も代表的な働き方となっているのです。

産業化と労使関係の成立

　こうした変化の大きな要因は，産業化の進展です。産業化というのは，18世紀から19世紀にかけてイギリスで起きた技術革新（産業革命，第1章参照）をきっかけとして生じた，経済・社会構造上の大転換を指す言葉です。技術革新によって大きな工場が出現し，人々の生産労働の中心が農業から工業へ

移りました。それに伴って，典型的な労働の姿は，自分の畑や道具を使って作物を育てたりモノを作ることから，工場などに雇われて働くことへと変わっていったのです。この過程で，農村から産業化の進む都市部への人口の流入が起きました。これらの人々と使用者の出会う社会的空間が，労働市場というわけです。こうした流入が起こった時期や期間は，それぞれの社会によって異なります。19世紀の後半以降産業化の波に乗ったアメリカやドイツでは，20世紀中葉——アメリカでは第2次世界大戦前，ドイツでは戦後すぐ——までに，農林水産業に携わる人の割合が20%を切っています。もちろん日本も19世紀後半の明治維新以降，産業化が国の目標になるわけですが，大規模な労働者の移動はむしろ戦後，それも1950年代後半から70年代前半の高度成長期に起こりました。

　図 8-2 が示しているのは，こうした変化を背景とした，働くということの雇用労働化です。より多くの人が，人に使われて，賃金を払われて仕事をするようになっているということです。それまでも人に命令されて働く人は，奴隷や徒弟という形で存在していましたが，奴隷は人の所有物でしたし，徒弟制では長期間親方のもとを自由に離れることができませんでした。産業化以降の使用者と労働者の関係——雇用関係——がこれらと異なるのは，ほぼ同時進行していた市民革命の思想を反映して，使用する側と雇われる側の平

雇用関係を司るさまざまな法律

　労使の間に秩序ある平等な関係を作るにあたり，法律は大きな役割を果たしてきました。こうした法律には，まず両者が出会う労働市場のルールと，労働者が雇われた後の両者の関係についてのルールと，大きく分けて2つの種類があります。現在，前者の代表的なものとして職業安定法や雇用保険法，後者では労働基準法や労働契約法，労働組合法をあげることができます。男女雇用機会均等法や労働者派遣法も，こうしたルールの一部です。労働組合法などは，GHQ が日本の民主化に重要だと判断したこともあり，憲法よりも早い1945年に制定されました。「ブラック企業」といった話題に象徴されるように，現在の雇用関係には多くの問題があるといわれています。労働組合が退潮するなか労働者の生活を守るためには，雇用関係を司るさまざまな法律について知っておくことが，ますます重要になっています。

等の実現が目指された点です。しかしその結果，雇用関係は安定せず，多くの問題が発生しました。新しく工場を作った使用者たちは，人を使うという経験がなく，せっかく雇った労働者の規律のなさにいら立ちました。地方の農村から移動してきた第一世代の労働者たちも，不安定な雇用や低い賃金水準，人に命令されて働くことや，農業労働とは根本的に異なる時間の使い方になじめず，これを強制する使用者に対して時に激しく反発しました。こうした反発が徐々に組織化された結果が労働組合であり，労使が平和的な話し合いをするようになって，雇用関係は徐々に安定的なものになっていったのです。今も私たちの労働条件や働き方が，こうした交渉の歴史的な積み重ねによって大枠が決められていることを理解することが重要です。

標準的雇用としての「正規雇用」

20世紀の中葉以降，現在の先進工業化諸国は，工業における大量生産の発展と，こうした経済発展を支える分厚い中間層に対する福祉の充実といった過程を，おおむね共通して経験しました。こうした比較的安定した経済社会の拡大の中で，製造現場に勤める男性労働者が，結婚して妻を持ち，複数の子どもを産み育てるという人生の歩み方(ライフコース)が，望ましいものと考えられるようになり，また現実となっていきました。経済の拡大によって，労働者の要求である賃金と雇用の安定は可能となりましたし，使用者にとってもその実現は，必要な労働力と技術を組織内に確保するという意味で合理的な選択だったのです。経済発展と国民福祉の両立は，国家にとっても好ましい目標でした。こうして現実となった雇用や賃金の安定，福祉サービスによって，実際に人々のライフコースは一定のパターンをとるように，すなわち標準化していったのです。ここでモデルとなった働き方を，標準的雇用といいます。その社会で，ひな型となるような働き方です。標準的雇用のあり方も，社会によって異なります。ただし，先進国においてはおおむね，期限の定めのない雇用契約を交わし，フルタイムで働き，家族を養えるだけの賃金を得，その他の働き方よりも職場でより大きな責任を負っているといった特徴を持っています。

現在の日本で標準的雇用にあたるのが，正規雇用と呼ばれる働き方です。

> **会社人間**
>
> 　日本の労働者が，安定した雇用や賃金，企業福祉といった権利を得ることのできた背景には，戦後高揚した労働組合の活動がありました。企業の業績の影響を受けやすい企業別組合が主体ではありましたが，高度成長の果実を分け合うことに成功してきたといっていいでしょう。しかし，経営環境が厳しさを増したオイル・ショック以降は，こうした権利の代償であるかのように，企業の要求に合わせた働き方が強く求められるようになります。単身赴任やサービス残業など，企業の要求を無制限に受け入れるかにみえる働き方・生き方が当然となっていくのです。こうした，個人の都合や生き方よりも企業の必要にプライオリティを置くような労働者を，「会社人間」と揶揄することがあります。労使の交渉を経て作り出される権利と義務のセットを産業的シチズンシップと呼びますが，日本では，「会社人間」的な働きぶり，生き様こそが，正社員としての権利に見合う，産業的シチズンシップのセットと考えられるようになっているのです。

　現在の正規雇用も，日本において大量生産と比較的豊かな中間層の拡大が起こった，高度成長期に当たり前となっていったものです。日本の正規雇用は，年功賃金や終身雇用といった仕組みで特徴づけられてきました。年功賃金とは，それぞれのライフステージに見合った生活費を得ることができる賃金体系のことで，子どもの教育費負担等の増える50歳前後に賃金カーブのピークが来るよう設計されてきました。終身雇用という言葉は，もう少し複雑な事情を反映しています。基本的には長期雇用の慣行を示す言葉ですが，日本の企業が労働者を一生雇うことはありません。この言葉の意味するところは，むしろ，国が行ってもおかしくないような福祉サービスを企業が行うことで，労働者の人生を企業が丸抱えしているようにみえる点にあります。有利な住宅ローンや社宅，医療・保険，退職金や企業年金，そして娯楽に至るさまざまな企業福祉が発展しました。こうしたサービスのレベルは企業によって異なり，特に大企業で充実していました。安定したライフコースを歩むためには，大企業を頂点とした「企業」に勤めることが重要になったという意味で，日本社会を企業中心社会と呼ぶことがあります。

　このように正規雇用という地位は，雇用と福祉の制度が特定の形で結びつ

> **労働市場の二重構造，寄せ場，ホームレス**
>
> 戦後日本の労働市場では，大企業の正社員労働者と，中小下請け企業労働者や日雇い労働者の労働条件に，大きな差がある状況が常態化していました。これを「労働市場の二重構造」と呼びます。大企業を頂点とする企業中心社会では，中小企業が大なり小なり景気の調整弁としての役割を担っており，特に季節労働者や日雇い労働者はこうした構造の底辺に置かれていました。日雇いの仕事が斡旋される「寄せ場」周辺にはこうした労働者が集まり住んでいましたが，バブル経済の崩壊以降は寄せ場でも仕事が得られなくなり，彼らの中からは住む場所を失いホームレスとなる人たちが出ることになりました。

くことによって制度化されていることがわかります。そしてこの形成のプロセスにおいて，男性を生産労働に，女性を再生産労働に配置するという，本章の冒頭で紹介した性別役割分業が作り出されました。日本はこうした分業状況が最も明確な社会のひとつです。先にもみた年功賃金は，「家族給」というアイディアに基づいて設計されています。これは一人の男性稼ぎ主が一人の女性と子どもや親などを扶養するのに十分な賃金を稼ぐということ，裏を返せば女性を再生産労働担当者と前提していました。実際，こうした賃金制度が一般的になっていったために，高度成長期の初期に景気が悪化した際，配偶者も働いている共稼ぎの女性から退職勧奨を行うことが正当化されたのです。すでに主たる家計支持者がいるのだから，妻たる女性まで働かなくても生活は成り立つだろうという論理です。こうした分業観が深く浸透することによって，若年女性に対しては結婚・出産を期に退職することが期待されるようになり，女性もまたそれが望ましい生き方だと考えるようになったのです(第14章「M字型カーブ」参照)。このように，正規雇用の制度化とは，特定の男性性・女性性の制度化と並行して進みました。すなわちそれは，ひとつの職場に勤続する長いキャリアを通じて一家を養う責任を負うことこそを一人前の男性である証として，また，よき母として家事・育児・介護に献身することを望ましい女らしさとして正当化することだったのです。

2　職場で経験する労働の諸側面

> この節で学ぶこと：労働者が雇われた後，職場での経験を左右する最も重要な仕組みは，労務管理制度でしょう。それは，労働者がどのような仕事に配置され，どのような技能・能力が求められ，どのように評価されるのかを決めることで，労働者の人生の行く末に大きな影響を及ぼします。
> キーワード：労務管理，能力の社会的構築，性別職域分離

労務管理制度

　労働市場で労働者と出会った使用者は，いったい何を買うことになるのでしょうか。使用者が労働者をまるまる人として買ってくることはできません（それができてしまうのが奴隷制です）。買うことができるのは労働力という商品で，労働者の肉体的・精神的な能力を意味します。しかしそれを買ったということは，それが一定の期間，一日の決められた時間，使用者の命令の下に入るということにすぎず，すぐに使用者の期待する結果を出してくれるわけではありません。みなさんがスマートフォンや冷蔵庫を買った場合，それはすぐにあなたが期待する機能を発揮してくれます。しかし，労働力が使用者の期待する製品やサービスを作り出すためには，適切な技能を持つ労働者に使用者の命令権（経営権）を認めさせ，労働過程のそれぞれの持ち場で能力を発揮させる必要があります。産業化の当初，労働者に対する統制技術は稚拙なもので，職長など現場のボスによる脅しやえこひいきが横行しました。単純統制と呼ばれるこうした方法は労働者の反発を招き，かえって非効率なものとして退けられるようになります。

　R・エドワーズは，単純統制の後に，技術的統制，官僚制的統制といった，よりフォーマルで洗練された，組織的な統制方法が発展すると考えました。技術的統制とは，工場労働者を対象とし，業務指示や組み立て工程のスピード設定を，生産ラインなど生産技術そのものの中に埋め込んでしまう方法です。作業を標準化し，効率的な大量生産を可能にしたF・テイラー提唱の科

学的管理がその典型例です。乗用車を一般大衆のものにしたT型フォードの生産に採用されたことから，フォーディズムと呼ばれています。ただし，喜劇俳優チャップリンが『モダン・タイムス』で風刺したように，非人間的な単純労働を量産してしまい，労働者が非常に強く反発する結果を招きました。こうした動きを受けつつ，増大するホワイトカラー労働者を対象に設計されたのが官僚制的統制です。業務指示や評価，報酬と懲罰について組織規定が定められ，管理者・労働者を問わず，これに従うことが求められるようになったのです。近年では，自ら積極的に働こうとする自律性や，それを促進する職場文化の形成を柱とするような統制技術が発達しています。

　現在こうした統制の仕組みの骨格となっているのが，賃金決定や昇進昇格，その決定に影響を持つ人事評価などです。そしてこの仕組みは，採用・退職，配属，配置転換や転勤，技能形成を含む労務管理制度全体と複雑にかかわりあうようになっています。こうした先進的な労務管理制度の具体的な仕組みとその運用の仕方も，労使の話し合いによって決められており，企業組織で働く人々の人生の悲喜こもごもの大部分に深くかかわっています。社会学にとって重要なのは，これらの制度が，階級・階層研究における世代内移動（第9章を参照のこと）と密接にかかわっていることです。採用・退職，配属・配転・転勤，人事評価・賃金決定・昇進昇格についての具体的な仕組みと，それを実際に運用する際の慣行が，それぞれ労働市場への参入と退出，水平移動，経済的・社会的な上昇・下降移動にパターンを作り出しています。第1節でみたように，雇用労働者になる人が増えているということは，社会的不平等や人々のライフコースの行く末に対して，労務管理制度の持つ重要性が増しているということでもあるのです。

技能・能力

　さて，労働者は労働過程で適切な技能を発揮することを期待されていますが，技能（スキル）とはそもそも何でしょうか。社会学者はそれを「生産手段を操作し労働を行うための能力」と定義しており，それには技術的・精神的・人間関係的な側面があると考えています。現実の労働は，こうした3つの側面のかかわりあいの複雑さ，課業と責任の多様さ，そしてその遂行にお

> **感情労働**
>
> 　精神的な活動が技能・能力として扱われる典型的な例として，「感情労働」をあげることができます。私たちは，お店の販売員や航空会社の客室乗務員の笑顔が，仕事のために作られていることを知っています。アメリカの社会学者であるA・ホックシールドは，相手の中に適切な精神状態を作り出すため，自分の感情を誘発したり抑圧したりしながら自分の外見を管理することを「感情管理」と呼び，労働の現場で行われる感情管理は，肉体労働とも頭脳労働とも異なる「感情労働」であると考えました。感情労働に携わる労働者——たとえば客室乗務員など——は，実際に感情管理の訓練を受けていますし，それを効果的に遂行することが積極的に評価されもします。そういう意味で，やはり感情管理は労働のための能力として扱われているのです。小売業や，福祉を含むさまざまなサービス業が拡大する産業構造の転換の中で，感情労働という概念でとらえることのできる現象・問題はますます増えています。

ける自律性によって，技能の高低が測られます。その習得のための教育・訓練期間が長ければ長いほど高いと考えるのが，人的資本論的な考え方です。技能習得のための方法は，社会によって大きく異なっています。もっぱら教育機関に担われていることもあるし，労使が協力して訓練制度を作っているところもあります。日本ではこれまで，企業内で行われるOJTとOffJTが重要な役割を果たしてきました。職場で働きながら行われる訓練をOJT（on-the-job training），職場を離れて行われる訓練・研修をOffJT（off-the-job training）と呼びます。

　実際にどんな能力が評価されているのかという視点からも，「技能」は定義できるでしょう。人事評価制度に示されている項目は，使用者からすれば労働者に発揮してもらいたい能力であり，労働者にしてみれば昇給・昇進のために身につけ発揮することが必要な能力ということになります。こうした着眼を社会構築論的視点といいます。たとえば，主観的な評価項目が多いといわれる日本企業の人事評価制度には，政治的な意見・態度やジェンダーによる差別的な実態があり，それによって労働者が特定の態度を持つように誘導してきました。また，近年の成果主義人事評価制度の導入過程では，労働

者の納得性を高めるため，単に商品の完成や商契約の獲得を「成果」とするのではなく，それに至るあらゆる過程——たとえば知識の習得や営業活動，周囲との人間関係の構築など——で労働者が示す努力を「成果」として測るようになっているとの報告もあります。このように，技能や能力には社会過程の中で定義される側面があるのです。

性別職域分離

　労働の現場では，すべての人が同じような仕事をするわけではありません。労働者の属性によって，異なる仕事の領域に配置されるのが普通です。社会学では，一定の仕事の領域のことを職域と呼び，労働者の属性によって職域が異なる状態を職域分離と呼びます。特に，労働者の性別によって職域が異なっている場合が性別職域分離です。性別職域分離には，垂直的職域分離と水平的職域分離の2種類があり，前者では職務の上位と下位（職位）で，後者では産業別・職種別で男女労働者がまったく不均衡に見出され，その結果，報酬，就いている職位や職業の責任や威信の高さに格差が存在します。前者については，日本の企業において基幹的なキャリアトラックを示す総合職と，定型的な仕事に従事し上昇移動に限界のある一般職が，区分されていることを思い浮かべるとわかりやすいでしょう。正規雇用の内部でこうした区分が行われ，実質的には男女別に振り分けられているのです。こうしたことから，日本では管理職層への女性の登用が進みません。図8-3は各国における「管理的職業・職務における女性割合」を示したものですが，日本の数値は国際的にも際立って低いのが実情です。

　水平的分離については，いわゆる「女性職」の存在を思い浮かべるとわかりやすいでしょう。事務や販売といった職務は，その6割から7割が女性によって担われています。企業の内部でも，銀行では融資や外回りの仕事はどちらかといえば男性の仕事とされていますが，保険会社の外交はもっぱら女性の仕事と考えられているようです。こうした水平的分離はよくみられるものですが，事務や販売といった職務がそもそも「女性に向いている」仕事だというわけではありません。特定の職域が女性の仕事だと考えられるようになっていく大きな理由のひとつとして，社会における性別役割分業の成立が

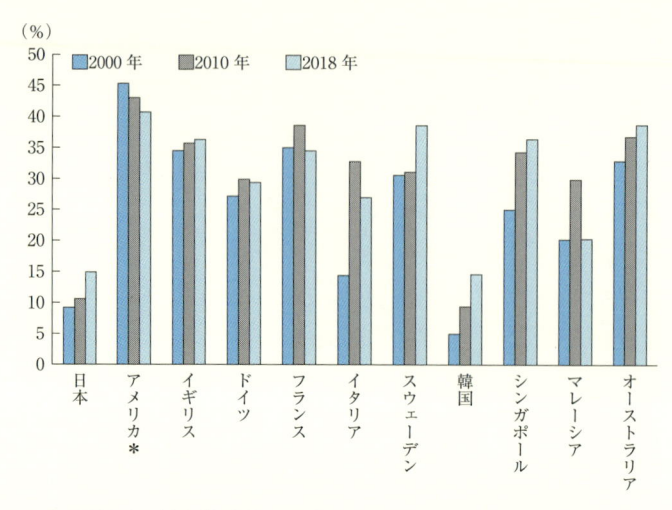

図 8-3 管理的職業・職務における女性割合の国際比較

＊印の国の 2000 年のデータは ISCO68 準拠。その他はすべて ISCO88 準拠であり，比較には注意が必要。ISCO68 では「管理職」の，ISCO88 では「立法議員，上級行政官，管理的職業従事者」の数値を使用している。
出所：JILPT『データブック国際労働比較』2012 版および 2019 版より筆者作成

あげられるでしょう。日本では，若い女性は短期で辞めることが前提とされたので，秘書的な役割を含んだ一般事務などに職務を限定するのが合理的だと考えられましたし，家庭責任を持ちつつ労働市場に戻ろうとする中高年女性には，パートとして周辺的な職域に責任を持つ働き方が本人にとっても都合がよいという事情がありました。職業でいえば，看護師や保育士といった仕事も女性が多数を占める，いわゆるピンク・カラー・ジョブです。こうした職業を女性が選ぶ理由については，職業選択以前の学校教育の段階で，すでにジェンダーによる進路の分化――ジェンダー・トラッキング――が起こっていることに注意することも必要でしょう。

3 産業構造転換とグローバリゼーションの中の労働

> この節で学ぶこと：ますます進むグローバリゼーションと，製造業から知識集約型・サービス産業中心の社会への移行が，労働の世界も大きく変えています。この節ではこうした労働の変化を，雇用形態とキャリア，働く時間や場所の「多様化」をキーワードにみていきましょう。
> キーワード：フレキシビリティ，ワーク・ライフ・バランス，非正規雇用の拡大

相対化される標準的雇用

現在，国際的な競争の中で，企業はよりフレキシブルな経営を求められています。また，産業の中心は製造業から IT や教育，福祉など，知識とサービスを中心としたものに移行しています(知識・サービス経済化)。こうした変化の中で，労働はさまざまな意味で多様化しています。まず，雇用形態が多様化しました。その第一の特徴が非正規雇用の拡大です。日本語の「非正規」には，どうしても「正式ではない働き方」という意味がつきまといますが，第1節の議論に基づけば単に「標準的ではない・典型的ではない働き方」ということになるでしょう。短期(有期)雇用者，パートタイマーや派遣労働者が，この雇用形態に含まれます。日本ではこれらの内訳として，パート，アルバイト，契約・嘱託，派遣を区別するのが普通です。1987年に

表8-1　日本の労働市場における正規・非正規労働者数の推移(千人)

	1987 (%)	1992 (%)	1997 (%)	2002 (%)	2007 (%)	2017 (%)
正規雇用	37,653 (81.6)	42,032 (80.0)	42,392 (77.1)	38,452 (70.4)	38,336 (67.0)	37,882 (64.0)
非正規雇用	8,498 (18.4)	10,532 (20.0)	12,590 (22.9)	16,206 (29.6)	18,899 (33.0)	21,326 (36.0)
パート・アルバイト	6,563 (14.2)	8,481 (16.1)	10,342 (18.8)	12,062 (22.1)	12,935 (22.6)	14,717 (24.9)
派遣	87 (0.2)	163 (0.3)	257 (0.5)	721 (1.3)	1,608 (2.8)	3,032 (2.4)
契約・嘱託	730 (1.6)	880 (1.7)	966 (1.8)	2,477 (4.5)	3,313 (5.8)	4,451 (7.1)
その他	1,118 (2.4)	1,008 (1.9)	1,025 (1.9)	946 (1.7)	1,043 (1.8)	964 (1.6)
雇用者計	46,151 (100.0)	52,564 (100.0)	54,982 (100.0)	54,658 (100.0)	57,235 (100.0)	59,208 (100.0)

資料：就業構造基本調査

> **さまざまなフレキシビリティ**
> 　企業は，刻々変化する市場環境の中を生き抜いていかなければなりません。そのために必要なのが，人件費や技能の調達・配備にかかわるフレキシビリティ（柔軟性）で，労務管理制度はそれを組織する上でカギとなります。たとえば景気が悪くなったとき，アメリカ企業は比較的自由に解雇をして労働力調整を行いますが，日本企業は，採用と解雇を短期のうちに繰り返すことができません。そこで日本企業は，景気変動に合わせて労働時間を柔軟に調整すること（数量的フレキシビリティ），また，配置転換・転勤に対して従順な労働者に，新しい職務に対して強いコミットメントを発揮させること（機能的フレキシビリティ）で対応しています。先に紹介した「会社人間」的な働き方は，こうしたフレキシビリティに貢献しているのです。比較制度研究では，こうした実践がアメリカ企業による外部労働市場への依存と機能的に等価（functionally equivalent）であると考えます。

17％程度だった非正規雇用は，現在女性は54.4％，男性は22.2％にまで拡大しています。特に女性に関していえば，すでに被雇用者の半数以上が非正規雇用で働いています。長引く低成長の中で，労働市場の規制緩和が行われたこと，小売業界の規制緩和で小さな商店が立ち行かなくなり，家族としてこうした店を切り盛りしてきた女性がパートに出るようになったことが急拡大の原因のひとつです。

　非正規雇用が急拡大したもうひとつの要因は，これまでほとんどの労働者を正規雇用で雇っていた大企業が非正規雇用を利用しだしたことです。こうした企業は中小企業よりも，派遣や契約といった非正規雇用形態をより多く使う傾向にあります。これは，彼らが単に労働力の量を柔軟に調整する数量的フレキシビリティを求めているだけではなく，比較的技能レベルの高い労働者を柔軟に調達しようとしたこと（機能的フレキシビリティ）と関係しています。

　特に，2004年に製造過程への派遣労働が解禁される前までは，派遣といえばこれまで若年の女性が担ってきた事務の業務などに導入するのが主流でした。こうした職域は必ずしも低技能ということではありませんから，企業としても単に正規雇用を減らすだけでなく，それなりの技能を持った労働者

ニート，フリーター

　非正規雇用が拡大し社会問題化していくなか，2000年代にはニートやフリーターといった言葉がさかんに使われました。似たような状況で使われた言葉ですが，意味するところは異なります。ニートとはもともとイギリスで政策上の必要から生まれた言葉で，NEET(Not in Education, Employment and Training)がもとになっています。学校を卒業したものの失業し，職業訓練も受けていない若者の一群に対する呼称です。日本ではひきこもりやパラサイト・シングルを社会問題化する文脈で使われました。それと比べるとフリーターはフリーアルバイターの略で，そもそも日本的な用語です。「気楽なバイト」「自由な非正規労働者」といったニュアンスを持ち，正規雇用に付随するさまざまな義務から逃れるような働き方をする若年労働者を意味しています。両者に共通するのは，雇用の世界と若者の間に生まれた軋轢をとらえようとした言葉だということ，そしてこの軋轢をまず若者の責任感の欠如という視点からとらえようとしたことが示されていることです。

を雇う必要があったのです。ただしこれは結果として，若年女性の雇用機会を正規雇用から非正規雇用に大幅に移すことになりました。

　非正規雇用の拡大現象はその他の先進国でも起きていますが，日本ほど賃金水準や，社会保障への包摂において正規雇用と差があるわけではありません。なぜ日本の非正規雇用者は社会的に排除されてしまうのか，現在大きな問題となっています(社会的排除という用語については第9章参照)。

　正規雇用そのもののあり方も変化しています。これまで国際的にみても非常に安定した，解雇の少ない雇用形態でしたが，現在では「早期希望退職制度」などを使うことで実質的な退職勧奨を行っていると思われる例も増えており，事実上正規雇用の安定性は損なわれてきています。さらに，新しく拡大する産業においては，そもそも正規雇用の内実がこれまでのものとは大きく異なってきています。たとえば，福祉の仕事に就いている人たちの賃金には，これまで標準的だった50歳前後をピークとする賃金の年功カーブがみられません。また，IT業界などでは，これまでの正規雇用と異なり自発的に転職をする人が少なくありません。プロジェクトからプロジェクトへ渡り歩くことが珍しくないのです。こうした新しい状況の中を生きている人たち

の人生設計は，これまでの標準通りにはいかないはずです。彼・彼女たちは，今後どのように人生を作り上げていくのでしょうか。

働く時間・場所の多様化

多様化したのは雇用形態だけではありません。働く時間や場所も多様化しつつあります。労働時間に関しては，1980年代後半からの法規制改革がその多様化に大きな役割を果たしました。この改革は，高度成長期にあまりにも長かった日本人労働者の労働時間に対して，日本の輸出攻勢を脅威と感じていた諸外国から働きすぎと批判を受けたのがきっかけでした。1987年改正の労働基準法で，週48時間までだった所定内労働時間を，週40時間に移行することが決まったのです。労働者が今までと同じように週48時間働いたとすれば，単純に考えて企業は8時間分の時間外割増賃金を払わなければならなくなりましたから，この法改正は企業経営を圧迫するものでした。そこで設けられたのが，変形労働時間制やフレックスタイム，裁量労働制といった，新たな労働時間管理の仕組みでした。変形労働時間制を使うと，企業は一定の期間内（1カ月・1年など）で，繁忙期に1日10時間，閑散期に6時間といった形で，所定内労働時間を柔軟に配分することができます。閑散期に「余る」所定内労働時間を繁忙期にまわして，時間外割増賃金の支払いを抑制することができるわけです。

一方フレックスタイムや裁量労働制は，主にホワイトカラー労働者を対象としたもので，どちらも労働時間の自己管理を強調する仕組みです。日本では，1980年代後半に起きた生産拠点の海外移転などの影響で，ホワイトカラー労働者の比率が高くなりました。彼らには，知識・サービス化する経済の中で，創造性を発揮することが期待されるようになったのです。そうすると使用者の間では，労働時間で生産物のアウトプットが簡単に測れる工場労働とは異なり，ホワイトカラーに対して労働時間を基準に賃金を払うのは理に合わないのではないかという考えが広まります。時間と成果が比例していない，というわけです。そんな使用者にとって，労働時間と賃金の関係を断つことを認める裁量労働制は，ホワイトカラーの賃金を成果で決定していこうという試みを後押ししてくれる，願ってもない仕組みです。むろん労働者

にとっても，労働時間を自分の自由にできるという点でメリットもあります。しかし，全体としてこうした変化は，かつては多くの人たちに共通していた労働時間の使い方が個人によって異なってくることを意味しています。それは，働き方の多様化の一側面であるということができますし，労働時間管理の責任が組織から個人へと移行していることも示しています。

　働く場所の多様化については，次のような変化が重要でしょう。まず，労働者が必ずしも工場やオフィスにいる必要がなくなりつつあるということです。IT技術等を利用した在宅勤務・テレワーク・フリーランスといった働き方が広がりつつあります。ジェンダーの視点からみると，こうした働き方の広がりが，女性の継続就業をサポートする仕組みとなるのか，再生産労働プラスアルファを女性に強いることになるのか，今後注目していくべきポイントです。またもう一方で，これまで地理的に近くでなされる必要があると考えられてきた作業を，遠く海外で行う国際分業——国境を越えた請負関係——が進展しています。イギリスで出版される本がインドで編集されていたり，パソコンメーカーのコールセンターがオーストラリアにあったり，国境を越えた生産・サービスの体制が拡大しています。テレワークや国際分業には，お互いの顔が見えない関係で仕事をするという共通点があります。さらに，国境を越えた人の移動により，遠く外国で働く人が増えていることにも注目です。日本にもさまざまな形で入国し，職に就く外国人労働者が増えています。彼らの多くは，非正規雇用もしくは請負関係の底辺での労働を余儀なくされており，新たな社会問題になっていると考えるべきでしょう。

ワーク・ライフ・バランス

　近年，日本社会の少子高齢化という問題意識の高まりの中で，ワーク・ライフ・バランスということがいわれるようになっています。基本的には，女性の労働市場進出や晩婚化を少子化の大きな原因と考え，女性が家庭責任とキャリアの両立を達成できるように，保育園の待機児童の解消といった施策を実行すると同時に，育児休暇の取得を官民挙げて促進するといった活動と考えられているようです。しかし，男性の育児参加ということが取り上げられるようになってきていることも重要です。これまで，日本社会における

> **再生産労働の賃労働化**
>
> そもそも雇用労働の領域ではなかった再生産労働の領域が，近年雇用労働化されてきています。ケアワーク（介護・育児）がまさにそのような領域です。かつて女性の無償労働によって担われてきた領域ですが，近年ではたとえば介護士によって担われる領域が広がっています。介護士はその多くが女性ですので，この領域が相変わらず女性によって担われていることには変わりありませんが，現在はこれが賃労働化しているということができます。また，日本では外国人労働者の利用に関する政策もあり，フィリピンやインドネシアなどから介護・看護労働者がやってきています。こうした労働力の輸入によって，日本人女性の労働市場参入は楽になるのでしょうか。また，おそらくは出身国で再生産労働の主たる担い手であったであろう女性たちを「輸出」したことで，送り出した側の社会にどのような影響があるのでしょうか。

ワークとライフのバランスは，男女の性別役割分業によって達成されてきたと考えてよいでしょう。男性が生産労働に，女性が再生産労働に従事することで，このバランスが保たれていたのです。もし女性の労働市場進出が進んだのなら，男性の家庭進出がなければ当然再生産領域の労働力が不足します。この問題のひとつの解決策は再生産労働の賃労働化ですが，男性が再生産労働を担当するのも解決策のひとつのはずです。ワーク・ライフ・バランス問題は，女性が仕事と家庭を両立することばかりではなく，男性が仕事と家庭を両立させることについて考え直す機会でもあるのです。

ここで問題になるのが，男性が男性であるということを人々がどう理解しているのかということ——すなわち男性性イデオロギー——の硬直性です。性別役割分業意識に関しては，ここ数十年の間に大きく変化し，男が家事を行うということに関して肯定的な人が男女問わず増えています。しかしその一方で，男性が稼ぎ主でなければならないという意識は，まだまだ根強く残ったままです。つまり，多少家事や育児をする男性は増えていますが，それでも多くの男性にとって，仕事に置いているプライオリティを下げたり，自分が稼ぎ主でない生活を想像するのは難しいことなのです。第1節で述べた通り，こうした男らしさの感覚が正規雇用の制度化とともに形成されたものなら，さまざまな側面で働き方が多様化する現在，こうした意識に変化が

あってもおかしくありません。労働の世界の変化による男性性への影響を確認する必要があるでしょう。

【ブックガイド】

1　佐藤博樹・佐藤厚編『仕事の社会学――変貌する働き方』有斐閣，2012年。
2　カール・マルクス，長谷部文雄訳『賃労働と資本』岩波書店，1981年。
3　熊沢誠『能力主義と企業社会』岩波書店，1997年。
4　宮本太郎『福祉社会』有斐閣，2008年。
5　佐藤郁哉『組織と経営について知るための実践フィールドワーク入門』有斐閣，2002年。
6　多賀太編著『揺らぐサラリーマン生活――仕事と家庭のはざまで』ミネルヴァ書房，2011年。

1は仕事の世界についての広範なトピックを網羅した，現在最もスタンダードな教科書。

2は賃金とは何かという単純な問いについて議論することにより，資本と労働者の関係についてマルクスの理論の基本的な構図を明確に示す著書。

3は日本企業における「能力主義」の浸透を，制度導入の歴史とそれを受容してきた労働者意識の対応関係から把握する好著。その上で，職場を労働者のための場所とするための論点を提示しています。

4では現在われわれが直面するさまざまな問題の源に，日本独特の福祉・雇用レジームがあることが明確に示されています。福祉と雇用の結びつき方について，今後の議論の方向性を理解する上で指針となる良書。

5は優れた方法論の教科書であると同時に，労働・組織社会学分野の読書ガイドにもなっています。

6は日本的雇用慣行における男性性がどのように成立したのか，また現在それがどのように変化しつつあるのか，男性性研究の第一人者が，変化の諸相をとらえようとした調査に基づく著書。

【発展学習】考えてみよう！

1　なぜ日本では正規・非正規雇用の間に，他の先進産業化諸国と比べて大きなギャップがあるのでしょうか？
2　人々が自立したキャリアを歩むためには，どのような社会的サポートが必要だと思いますか？
3　国境を越えて移動する労働者が増えています。彼・彼女たちはいったいどのような問題に直面しているのでしょうか？

第9章 社会階層
格差と社会的排除

この章で学ぶこと

近年,「格差社会」という言葉がさかんに用いられるようになってきました。これは,所得や資産の経済的階層差が拡大し,憲法25条に定められた「健康で文化的な最低限度の生活を営む権利」が保障されていない階層が出現しているのではないかという危機感の表れです。経済的格差は子どもたちの教育機会の格差とつながり,さまざまな仕事を通して自己実現する機会が奪われてしまいます。このことをできる限り改善していこうという問題意識が,社会的排除をなくそうという発想や政策として提案されています。

日本は「格差」に敏感な社会です。平等志向の強い社会,中間層の厚い社会ともいわれます。人はみな同じだよと,崇高な理念やたてまえではなく,生活実感からこう言える社会は世界の中でも限られています。この日本のよさをこれからも残していくために,貧困に陥った人をすくいあげる社会的包摂の発想と施策が求められています。

キーワード:社会階層,中間層/中流意識,格差,社会的排除,社会的包摂

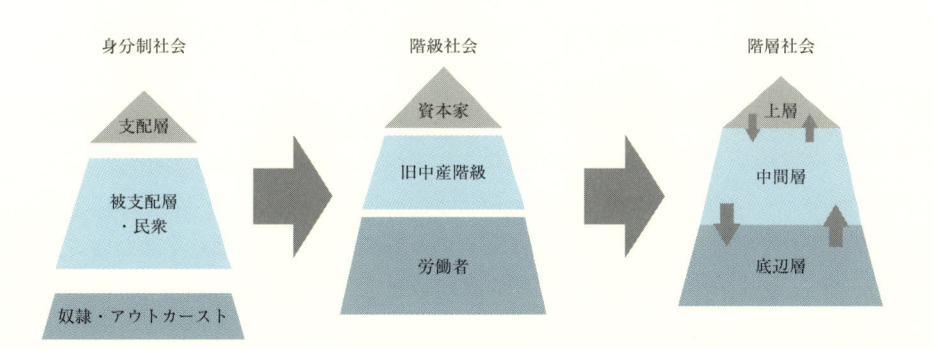

身分制社会 → 階級社会 → 階層社会

身分制社会:支配層／被支配層・民衆／奴隷・アウトカースト

階級社会:資本家／旧中産階級／労働者

階層社会:上層／中間層／底辺層

1　人間社会の歴史と身分・階級・階層

> この節で学ぶこと：人間社会の歴史を振り返ると，身分制社会を脱する近代化の過程で階級が生まれ，社会主義による壮大な社会改革の時代を経て，現代は市場経済と自由主義・民主主義的な社会政策をミックスして人々が自由に生きられる社会となりました。しかし，社会・経済的に人々の平等化が進んだわけではありません。むしろ，格差が拡大し，社会的排除を受ける社会層が生まれてきました。
> キーワード：身分・階級・階層，社会的排除と包摂

社会階層とライフスタイル

　社会学を学ぶ上で社会階層の概念を知ることはきわめて重要なことです。

　私たちは自由にテレビを視聴し，商店で好きなものを買い，休日は思い思いのライフスタイルで過ごします。こうした志向性は一見個別性が強いように思えますが，大きくみれば特定のライフスタイルの中に収まるものです。そのライフスタイルに影響を与えるのが，お金のあるなし，時間のあるなし，意欲の方向性です。それには経済的資力・社会的地位・文化的嗜好性が直接的に影響し，時代の流行や雰囲気といった社会状況が間接的な影響を有するでしょう。社会階層とは，こうしたライフスタイルの基盤となるものといってもよいでしょう。

　ですから，人を見て判断するときに，その人がどういう社会階層に属しているかを知ることでその人の価値観や行動様式を推測できると考えるのが社会学です。こういうと，その人の人格や内面性に立ち入らずに，人を暮らしぶりで判断するなんて皮相な学問だなと呆れられるかもしれませんね。これは一人一人の個性や独自性を尊重しないということではなく，きわめて大勢の人をみた場合に階層とライフスタイルの特徴が出てくるという話なのです。

　しかも現代社会においては，社会階層の規定力は民族や国家以上に大きくなっているともいえます。現業に従事するブルーカラーに対して，営業・事務・管理部門に従事するホワイトカラーは中間層や新中間層に属する職種と

考えられますが，ホワイトカラーのライフスタイルはある意味どの国でも画一的です。雇用される際に自らの能力や生産性の高さを示すべく，子どものときから勉強して学歴を得たこと，住宅や耐久消費財の購入を生活目標とすること，子どもには財産よりも教育という形で資産を残そうとすることという志向性です。このようなライフスタイルは日本でも中国・韓国でも，タイでも共通しています。

これらの国々で価値観や人生観を調査すると，国ごとに歴史や文化，宗教的背景もさまざまですから文化差が出てくるのですが，社会発展段階が重なってくるとライフスタイルの共通性のほうが強くなります。言葉の問題さえなければ，いくらでも共通の話題に事欠きません。これとは逆に，同じ国，同じ文化を共有していても，社会階層が相当程度に違うとライフスタイルがかなり異なってきます。同じ言語を話していても話題が合わない，雰囲気になじめないのです。良い悪いの問題ではなく，人は同質性の高い人たちとコミュニケーションしたがるので，自分が知らない世界には違和感を覚えるのです。つまり，社会階層というのは私たちにとって社会的な「衣服」のようなものなのです。「ボロは着ててもこころの錦」「人は見た目で判断する」どちらも一分の真理がありますが，社会学は九分の俗説を尊重します。

歴史と集団の分化

第1章において700万年に及ぶ人類の進化や人間社会の成立について説明しましたが，その長い歴史で文明が成立したのはたかだか5，6000年前にすぎません。日本では遺構や史跡で確認できる歴史社会の成立は2000年を遡りません。中国の史書である魏志倭人伝に倭国（王として卑弥呼）の名が登場するのが3世紀半ばです。大和王権の成立は古墳によって確認されますが，4～7世紀にかけて日本では大和が西日本で勢力を拡大し，日本列島を勢力下に収めました。その後，朝廷と貴族や武士による権力闘争が続きましたが，1868年に江戸幕府が倒されるまで，大きな区分でいえば，日本は身分制社会だったということができます。もちろん，明治以降も華族・士族・平民の3族籍は残されたので，誰もが国民というひとつの地位を与えられるようになったのは，1947年日本国憲法の施行後ということになります。

身分とは，政治的権力，宗教・祭儀，職業，交際圏にかかわる社会区分です。特定の人々にのみ特権が与えられ，それとは逆に特定の人々には差別的地位が割り振られました。貴があれば賤が生じるわけです。現代でもインドにはカースト制が職業や交際圏に影響力を持つものとして残っています。

　人間社会が身分という制度を作り出した理由のひとつは，権力闘争に勝利した支配者が支配の正当性を被支配者に承認させ，次世代においても支配を継承していくために伝統の力を借りたからです。つまり，昔から偉かったのだから今でも偉い，だから疑問の余地なしということです。誰かが恣意的に作った制度であれば，それを不都合に感じた人は従わないでよいという大義名分がたちます。それをさせないのが伝統的支配と呼ばれるものです。

　もうひとつの理由は，人々の職業と移動の範囲を固定化することで社会の流動性を低下させ，農民を土地に縛りつけ，町人を商工業に従事させ，生産余剰を独占するのに効率的な社会構造を作ろうとしたということでしょう。これを封建社会といいます。

　歴史上，一定の版図で政治経済的支配力を確立するためには，封建的支配か，広く交易によって富をなすか，あるいは暴力・戦争によって相手を奴隷としてその労働力を収奪するかのいずれかしかなかったのです。農業生産力が高い東アジアにおいては封建的支配が強く，東南アジアでは交易国家が栄えました。奴隷の利用は古代から近代まで継続的になされてきました。アメリカが南北戦争後に奴隷解放宣言を行ったのは1862年のことです。

　しかし，経済的富の蓄積を可能にする新たな手段が生まれたことにより，大きく歴史は転換することになったのです。これが産業革命（工業化）と市民革命（ブルジョワジーの成立）です。

身分制社会から階級社会へ

　18世紀から19世紀初頭にかけ，イギリスは農業生産の増大による人口増加，植民地の獲得，紡績機械や蒸気機関の発明といった技術革新，資本の蓄積といった条件に恵まれて初期の工業化に成功し，機械の生産・製鉄・輸送業といった関連産業が発展するようになりました。ヨーロッパ諸国やアメリカにおいても遅れて工業化が進展します。富を蓄積するために必要なものは

資本・技術・労働力であり，それを巧みに利用することで農地の余剰生産や商業による利得を得る人々が登場しました。この人たちを資本家といいます。

また，産業革命に先行してヨーロッパの都市において台頭した富裕な商人や産業革命のときに投資をして資本家となった人々の中から，封建諸侯（王・貴族・カトリック教会）の勢力に対抗して政治権力を奪い取る者も出てきました。これが市民革命と呼ばれている事件ですが，資本家・富裕層と民衆の不満が大きかったフランスでは国王が斬首されるという革命に至りました。

19世紀から20世紀初頭までの工業化は，資本家が労働者の賃金を生存可能な程度に抑えて，労働が産み出す価値の収奪を行い，原材料や市場の確保は植民地獲得によって補うという暴力的なものでした。カール・マルクスは『資本論』において近代市民社会が貨幣・資本によって組織された階級社会であることを明らかにし，生産関係上の地位，生産手段の有無，生産された価値の取得方法や割合において利害を異にする資本家と労働者という2つの階級対立を説きました。実際，当時の労働者は厳しい長時間の労働を強いられ，劣悪な労働環境で健康を害していく人々も多数に及びました。その一方で資本家は豪勢な暮らしを享受し，労働者階級と資本家階級の格差は甚だしいものでした。マルクスは，資本主義先進国では階級間の闘争が激化し，労働における搾取をなくし，人間としての価値を実現するためには生産手段を共有し，生産関係において支配・被支配の関係がない社会主義社会から共産主義社会にならざるを得ないと歴史を展望したのです。

生まれで職業から人生まですべて決められてしまう身分制社会から，市民として経済・政治活動を自由に行える社会に変わったことは大いに評価すべきだが，階級間の利害は調整不可能だというのがマルクスの見立てだったわけです。ところが，西欧の先進国では，労働環境を改善する社会民主主義的政策と労働者自らが組合を結成して資本家に団体交渉するやり方によって調整が進められました。社会主義化や共産主義化は資本主義の後進地域で進展したのです。20世紀に入ってロシアとその影響下の東欧やモンゴル，第2次世界大戦後に資本主義国との植民地闘争に勝利した中国や北朝鮮，1960

年代のベトナムやラオス，カンボジアといった東南アジアにおいて革命が生じ，社会主義経済が実施されていったのです。

共産主義の国々では，労働者の階級的利益を代表する共産党の一党独裁が続き，建国時期には資本家階級と目された人々や組織の財産が接収され，党内や国内において反対勢力の粛正（死刑や政治犯収容所送り）がなされました。共産党幹部は政治家と行政官僚を兼ね，巨大な権力を独占して国民を指導したのですが，秘密警察を駆使する恐怖政治を行った国も少なくありません。マルクスが夢想した人間の解放が実現されることはなかったのです。

1980年代に東欧諸国の社会主義政権に対して民主化運動が高まり，1989年にベルリンの壁が壊され，1991年のソビエト社会主義共和国連邦の解体・消滅によって，理念としての社会主義は輝きを失いました。社会主義の経済体制が資本主義に劣ったというよりも，自由な市民生活を謳歌する西側先進国の情報を入手した東側の市民が，自らの手で社会主義革命の壮大な実験に終止符を打ったのです。現在でも中国・ベトナム・ラオス・北朝鮮他共産主義政権の国家はありますが，中国は1979年から改革開放政策として部分的な資本主義経済を採用し，その他の国家も続いています。これらの中央集権的国家は民族主義的ナショナリズムによって共産主義を変質化した国家であり，多民族・多言語地域を社会主義のイデオロギーでまとめようとしたロシア・東欧諸国とは国の成り立ちからして異なるものです。

さて，西側の諸国では，階級対立の激化が予測された時代から1世紀を経て資本家・労働者の多元化が進み，明確な階級対立の構図を描きにくくなりました。現代の金融資本は，資本家，企業，個人投資家，国家などさまざまなプレイヤーに所有されていますし，労働者も経営幹部に昇進するホワイトカラーから未熟練労働者まで多層化しています。

アメリカでは，ソビエトから亡命したピティリム・ソローキンによって社会階層（social stratification）という概念が考案されました。

社会階層と近代主義

社会階層とは，富や名声の多寡，権力や知識・社会的機会へのアクセス可能性によって上から下まで順序づけられた人々の層化の様子です。上層・中

間層・下層というのが一番わかりやすい表現です。所得や職業上の威信，学歴などは多層的な上下関係になっていますが，名声や権力となると，セレブかただの人か，実力者か普通の人かという二分法になります。上流・中流・下流という言葉ですと，身分的ニュアンスを含み込んだ家柄や資産の多寡，生活様式や嗜好性などを含む複合的な区分になるかもしれません。

　ともあれ，人々が欲しがる各種の社会的資源に関して大量に持ち合わせている人からまったく持ち合わせていない人までを複合的に評価した概念が社会階層なのです。そのために，社会階層というのは客観的な側面（所得・資産の多寡や職業の社会的評価等）と私たちの認識にかかわる主観的な側面（自分はどこの階層に属しているのか）を両方兼ね備えており，ある意味で階級ほどすっきりした概念ではありません。つまり，階級は明確に利害を異にした大規模な社会集団，その対立構造，歴史的変動という構造的概念であるのに対して，階層は指標により測定された便宜的境界であり，個々の階層に集団的特性や歴史的役割などは想定されていません。むしろ，社会階層とは階層移動とセットで考えるべき概念です。下層から中間層を経て上層へ，あるいは上層から中間層，中間層から下層へという階層間の移動です。

　歴史をもう一度振り返りましょう。身分制社会では，身分間の移動は戦乱による政治的混乱以外にはほとんどありませんでした。階級社会において階級間の移動は，土地持ち農民（旧中間階級）から労働者階級への移動はありえましたが，労働者が意欲さえあれば資本家になれるという想定はありませんでした。余剰資金を貯め込めない程度に搾取されるのが労働者だったからです。ところが，階層社会を論じた20世紀のアメリカ社会は，リンカーン大統領のように丸太小屋で幼少期を過ごしても大統領にまでなれる，貧困家庭から身を起こして大富豪にまでなれると想定される社会だったのです。アメリカン・ドリームですね。階層移動が頻繁に発生し，移動することが社会的目標であるような社会において，身分や階級という発想はなじみません。

　世界はブルジョワ革命を経て近代市民社会に変わってきましたが，フロンティアやチャンスが残された社会では，階層移動こそ社会発展の原動力（下層の人々が中間層になるというのは豊かな人が増えるという意味です）であ

> **お金と幸せ感**
>
> 　経済的な豊かさと幸福感が必ずしも比例していないということは，世界最貧国のひとつであるブータンが世界一幸せの国としてもてはやされたことからも明らかです。他の人を羨ましがらない，足るを知る気持ちがあれば，幸せになれるのです。しかし，そのブータンもインターネットで海外の情報が直接入ってくるようになり，急速に幸福感が低下したともいわれています。
> 　ところで分相応という言葉は死語となりました。人にがまんしろとは上から目線だというわけです。テレビコマーシャルを見ればいろんなものが欲しくなりますし，現金がなくてもクレジット，ローンで買えますよ，ポイントがついてお得ですよといわれます。消費，内需こそ経済を元気にするというのはその通りですが，欲しいもの探し，売れるもの探しの経済によって私たちの幸せ感は高まったのでしょうか。最近，若い世代が車を買わない，外で遊ばない，お金を使わない，さとり世代だという話を聞いて，私は安心しています。
> 　日本もお金に使われる世代から使える世代に交代していくのでしょう。

り，移動を妨げない社会のあり方（開放的であることや機会が平等に与えられること）が価値とされたのです。あなたが何であるかよりも（属性主義），あなたが何をしたか（業績主義）で社会的評価や地位が確定していく近代主義的な理念（メリトクラシー）が語られているといってもよいかもしれません。そして，自然科学や技術革新が大いに進んだ工業化社会では，学校で知識を習得したという能力証明（学歴）に応じて職業が選択でき，移動も可能な社会になってきました。もちろん，国によって学歴主義の強さや職業移動の頻度は異なりますが，第1次産業（農林漁業）従事者が減少し第2次・第3次産業が中心となる産業社会では，人々が階層間の移動をする主体となったのです。

　次の節では，日本の社会階層の特徴を説明しましょう。

2　日本の社会階層

> この節で学ぶこと：日本が太平洋戦争後70年の間に経験した社会変化は，

> 高度経済成長と産業構造の変化に伴う職業構造の変化，所得水準の全体的な底上げと豊かな消費生活です。そのなかで生活様式としての中流意識が強まり，平等志向／差異への過剰な意識も高まります。2000 年以降さまざまな格差社会論がはやりましたが，「格差」の実態を正確に理解しておくことが，リスクへの対応という面からも重要です。
> キーワード：中流意識，格差，リスク

産業構造の変化と階層移動

社会階層を測る指標として職業的地位が用いられます。職業は所得のみならず社会的評価（威信や影響力）をも有しているので階層的位置を表しやすいのです。学歴の高さも指標のひとつになりますが，日本の場合，職業と結びついてこその学歴であり，高ければ高いほど威信がある学歴崇拝の社会（学士よりは修士，修士よりは博士がえらいと思う）ではありません。また，経済的地位は所得以上に資産の継承がものをいいますが，資産に頼るだけでは 3 代目くらいになると相続税（最高税率 55％）その他で食いつぶすことが多いように思われます。

日本では，大学の社会学者を中心に社会階層と社会移動全国調査（SSM: Social Stratification and Social Mobility 調査）が 1955 年から 10 年おきに実施されてきましたので，2005 年までの約 50 年間にわたる階層変動を知ることができます。次のグラフは，職業階層の変化を示したものです。

第 2 次世界大戦が終わって日本の多くの人々は食うや食わずの生活をしていました。食べることが何よりも重要だった時代で，国民の 7 割は農村部にいました。1950 年の朝鮮戦争特需で日本の工業が復興し，1960 年代中盤から 1973 年のオイル・ショックまで年率 9％近い高度経済成長を遂げたのです。

若者たちは農村から都会へ就職のために出ましたし，農村部から都市のインフラ整備のために出稼ぎに出る壮年の人々も多数おりました。親の職業は農業だが子は勤め人になるという世代間移動が大量に発生しました。農業従事者は，1960 年の 1454 万人から 2013 年には 239 万人に減少し，平均年齢は 65 歳を超えました。都市近郊では土地が売れて資産家になる農家もあり

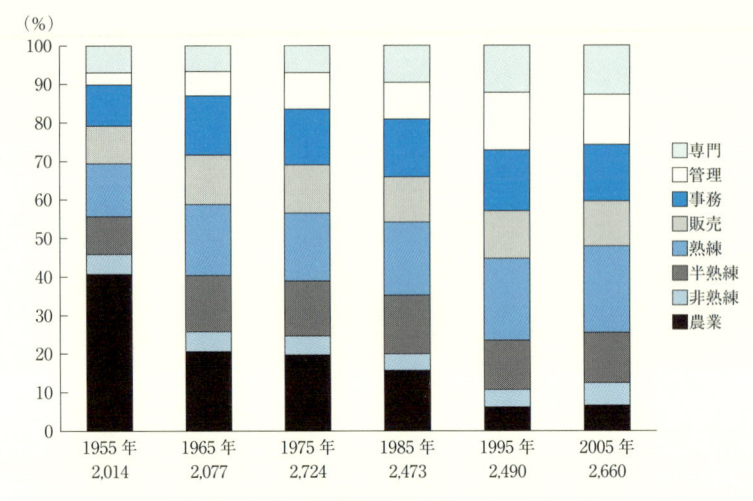

図 9-1　日本の職業階層の変化　1955-2005 年

出典：三輪哲・石田浩「戦後日本の階層構造と社会変動に関する基礎分析」三輪哲・小林大祐編『2005 年 SSM 日本調査の基礎分析』2005 年 SSM 調査研究会，2008 年，78 頁より作成

ましたが，多くは農業だけでは食べていけないので兼業農家となりました。

　熟練的職業（熟練工等技能や知識保持者を含む）は 1955 年から 65 年の間に大きく伸び，モノ作り産業が堅調な間は徐々に増えました。半熟練・非熟練の職種の割合はそれほど変わってはいません。事務・販売業の職種もほぼ同じですが，現場では OA 化以降いわゆる事務職は減り，営業的な事務職が増えています。職業階層では上位に位置づけられる専門職と管理職は 1955 年から持続的に拡大してきましたが，1995 年くらいからは頭打ちの状態です。

　こうしてみると，日本の職業階層は，農業から工業，工業から情報・金融・サービス産業へという産業構造の変化に伴い，職業の割合が変化してきたといえます。親から子への世代間で移動した人もいれば，40 年近くの職業生活の中で移動（世代内移動）した人もいるでしょう。高度経済成長に続いて，1974 年から 1992 年のバブル崩壊まで年率 4％前後で経済成長を遂げましたので，日本経済は大いに伸張し，アメリカに次ぐ経済大国になりました。この経済の底上げと豊かな消費社会の到来によって，日本は「一億総中流の

時代」になったと持ち上げるメディアもあったのです。

しかし，この中流意識は 1990 年代から微妙に変化していきます。

低成長の経済と世代内格差の発生

バブル経済の時期は土地も株も 2013 年現在の 2 倍近い高値で取引されていました。その後の 20 年間は経済成長率は年率 1〜2％程度，ときにマイナス（1997 年のアジア金融危機や，2008 年のリーマン・ショック）にふれる経済停滞の時代が続きました。第 1 章でも説明したように，日本は徐々に多国籍企業の海外操業（生産拠点移動）によって地方から経済に活気が失われてきました。地方では駅前のシャッター街と郊外のショッピングセンター，埋まることのない工業団地が目立つようになります。

経済成長の鈍化は国内の雇用にも影響し，仕事が減るだけではなく正規雇用も減りました。若い世代において就職氷河期，ロストジェネレーションといった言葉が 1990 年代後半に聞かれるようになったのです。10 年前には，自分のやりたいことを今やるために定職には就かずフリーにアルバイトで生計を立てるという意味で使われたフリーターは，非正規の仕事にしか就けないというネガティブな意味合いで用いられるようにもなりました。20 代，30 代の若者において正規職と非正規職の差異が出てきました。

もうひとつ，日本社会が迎えた大きな変化が少子高齢化です。ここでは高齢者の増加と世帯規模の縮小のみ指摘しておきましょう。2013 年で女性の平均余命 86.41 歳，男性 79.94 歳となった長寿国日本ですが，65 歳以上の高齢者は老後の 20 年を暮らさなければなりません。年金と蓄えで悠々自適に海外旅行を楽しむ高齢者がいる一方で，生活費や医療費にも困窮する高齢者までさまざまです。しかも，子どもとの同居が可能な高齢者と非同居・独居の高齢者では世帯としての経済力や扶養力に大きな差が生じます。高齢者間の格差は若者ほど報道されていませんが，数千万円の頭金を納めて有料老人ホームに入居できる人から賃貸のアパートで孤独死する人まで差があります。

このような世代ごとの格差は私たちの中流意識にどのような影響を及ぼしたのでしょうか。次の表は，自分たちがどの階層に属しているかを主観的に評価したグラフです。これをみると日本には上層帰属もしくは上流を自認す

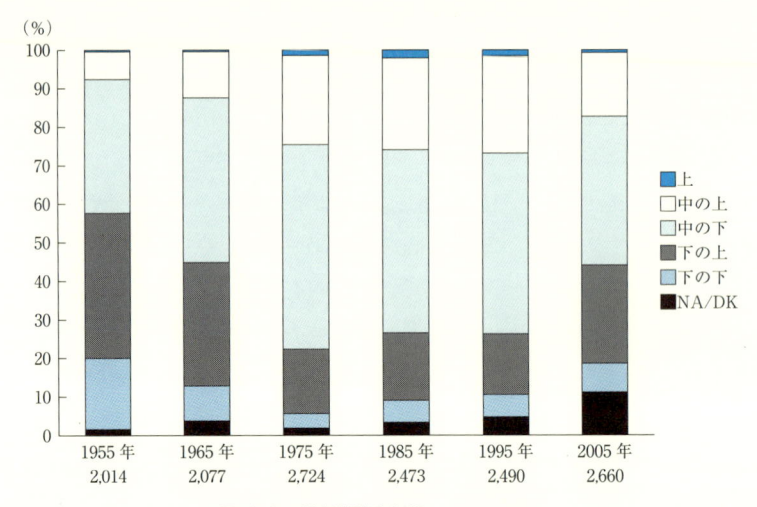

図9-2 階層帰属意識 1955-2005

出典：数土直紀「学歴移動と階層意識―継承される階層帰属意識」轟亮編『階層意識の現在』2005年SSM調査研究会，2008年，10頁より作成

る人々がきわめて少ないこと(1％程度)がわかりますし，それは国税庁調査による給与取得2000万円以上の人が全体の0.6％程度(女性は0.1％)であることからもわかります。93％の俸給生活者が年収1000万に達しません。300万円以下の人は男性が24.3％(女性65.9％)です(国税庁平成24年民間給与実態統計調査結果)。ただし，これは個人の給与所得ですので，夫婦共働き(どちらも正規，夫正規で妻非正規)，親子とも給与取得者というケースもあるので世帯ごとの経済的収入を考えることも必要です。

　SSM調査でみる限り，日本の階層意識が9割方中層・中流になったことは一度もなく，1955年から1975年までの経済成長によって中の上・下という人が7割にまで拡大しましたが，そこから1995年まではあまり変わらず，2005年には下の上・下という人が2割近くに増え，中の上・下の人が5割強に減ってしまったということです。ここからいえることは，職業階層にしても階層所属意識においても，階層上の差異は当初からありましたが，2000年代に入って中の下が下の上にスライドしてしまったことが，格差として意識化された可能性があります。そして，若者世代と高齢世代においてその差

教育は明日への投資

誰でもそう思うでしょう。しかし，日本は自分の子どもへ教育投資をする親は非常に多いのですが，次世代に投資する大人たちが少ない社会です。そのことは日本の大学をみてもわかります。きれいなキャンパスや建物を整備して，コマーシャルをうって，世界有数の教育・研究拠点であることを宣伝して，ぜひうちを選んでくださいとアピールすることに相当な予算が注ぎ込まれます。選ぶことができる人へのサービスを向上させようと一生懸命です。しかし，多くの意欲ある若者たちに等しく進学の機会を開いているわけではないのです。

入試をやさしくするというようなことではありませんよ。どの大学を選択できるかどうかは，ひとつに親の経済力，本人の奨学金への心構えにあります。学費の高さ以上に問題なのは自宅外通学生の生活費です。4年間の学費に加えて生活費を足してみてください。おそらく1000万円はかかるでしょう。経済成長の時代，みなが中間層の給与取得者である時代は可能だったかもしれません。

高等教育の経済的負担を家族や本人だけに委ねるような教育政策や大学経営がこれからの時代にふさわしいかどうか。中国の大学はほぼ全寮制に近いので，全国どこの大学でも能力に応じて入学可能です。日本の大学で月1万円程度の寮費で生活を保障している大学がどれだけあるでしょうか。社会から教育の機会を与えられた若者は社会への還元を考えるでしょう。国のために尽くそうという次世代を育てるのに愛国心教育など，アナクロニズムの極みです。

異が大きな問題となる可能性があることをみなさんが感じ取っているのではないでしょうか。

リスクへの対応力と格差

社会階層研究において格差が問題化される局面は，若者の就職や高齢者の生活ばかりではありません。300万円以下（大卒者の初任給をもとに年間の給与を計算してみてください）の給与取得者中，女性は男性の約3倍の割合になっています（女性65.9%）。これは女性が結婚・出産というライフイベントを通して家事・育児に従事し，子育てが一段落した後の補完的な就業で家計を支えてきた労働形態が大きくかかわっています。しかし，この働き方は配偶者が失業したときや離死別したときにリスクとなります。児童扶養手当

（基本月額1人につき4万円ほど）は子どもが満18歳（高校卒業時）まで受けることができますが，高等教育は想定されていません。貸与型奨学金で大学・大学院へ進学することも可能ですが（成績優秀で全学費免除になったとしても），月10万円を借りれば4年間で480万円，修士に行けば720万円，博士まで行くと1080万円の借金になります。このローンを抱えて世に出て行くのはなかなか辛いことです。

　また，子どもへの教育費，とりわけ学校外教育経費（塾，習い事，予備校等々）は，親の経済力や職業・子どもへの教育期待に大きくかかわっています。教育経費なしに学歴・学校歴は獲得できませんが，そうして獲得された学歴や資格によって職業選択の幅も決まってきます。職業的地位が社会階層につながっていることはすでに述べた通りです。お金のあるなしは程度問題ではありますが，一定の水準以下では本人のみならず次世代においても社会的機会を喪失してしまいかねないのです。

　格差の問題とは，お金持ちと貧しい人との差異の問題ではありません。経済格差は昔からありますし，今後もなくなることはないでしょう。そうではなく，もし，失業して長らく次の仕事が見つからなかったり，配偶者と離死別してシングル・ペアレントになったりしたら，たちまち今までの生活を継続できなくなる人たちが非常に増えているということ，リスクに対して脆弱な個人や世帯が増えているという事実なのです。憲法25条に定められた「健康で文化的な最低限度の生活を営む権利」と社会保障制度によって支援される生活の領域は，みなさんが考えているよりもはるかに狭いのです。次の節では，さらに深刻な「貧困」の問題をみていくことにしましょう。

3　貧困と社会的公正

この節で学ぶこと：貧困とは遠い昔のことでも，途上国の話でもありません。日本にもあるし，みなさんにも起こりうる偶発的なできごとなのです。貧しい人を助けるのはかわいそうだからですか？　明日はわが身だからですか？　情けは人のためならずだからですか？　社会的包摂と社会的公正という考え

方から，社会階層の諸問題をとらえ直してみましょう。
キーワード：貧困，社会的包摂，社会的公正

現代の貧困

年に数回餓死の痛ましい事件を目にするときがあります。日本にも絶対的な貧困（1日1ドル以下で生活を余儀なくされる）があるのだと気づかされますが，本人に役所で支援を求める意志や周囲で気づいてあげる支援があれば，最悪の事態は回避できたケースかもしれません。

国民生活基礎調査によると，2018年の相対的貧困率（可処分所得が中央値の半分を下回る——貧困線は1人あたり127万円）は15.4％であり，漸増傾向にあります。ただし，これで日本人口の15.4％が貧困ライン以下と考えるのは早計であり，一人月10万円以下で暮らすのはいかにも苦しいのですが，2人で月20万円，3人で月30万円と世帯人数が増えれば暮らし向きは変わります。しかも，この数値は所得のみで資産を考慮していないので，持ち家かどうか，預貯金があるかどうかでも，月10万円で生活することの意味が変わります。しかし，2012年調査では高齢者世帯の47％が単独世帯であり，今後高齢者世帯が増えていけば，貧困率は上昇していきます。

働き方からみてみると，2020年の労働力調査では，非正規労働者は全労働者中，男性22.2％，女性54.4％に達しています。15〜24歳で男性22.4％，女性27.4％，25〜34歳で男性14.4％，女性34.3％，35〜49歳で男性9.0％，女性49.6％，45〜54歳で男性8.2％，女性56.6％，55〜64歳で男性26.5％，女性66.7％，65歳以上で男性72.0％，女性82.0％となります。

非正規であっても世帯に複数の働き手がいたり，失業してもすぐに仕事が見つかるのであれば，すぐに貧困線を下回ることはないでしょう。しかし，地方出身者が都会で暮らし，非正規の仕事から日雇いのアルバイト生活に転じてしまうと生活はとたんに苦しくなります。毎月の家賃が払えず，アパートを出てネットカフェのお泊まりパック1000円ほどで暮らす人もいます。

季節労働（飯場泊まり込みや宿舎付き工場勤務）は，従来非正規の継続雇用からあぶれた人を吸収できたのですが，近年は公共事業の削減や生産拠点の

海外移転で減っています。いわゆる寄せ場（日雇い労働者の簡易宿泊所や職業斡旋所が集積している地域）でも，中高年の労働者が仕事を見つけにくくなっています。仕事がなければ一泊1500円程度の簡易ベッドにも寝ることができず，アオカン（段ボールで風よけを作って野宿）となります。これが常態化するとホームレスとなります。厚生労働省の調査では2003年の約2万5千人をピークとして2012年は約1万人程度に減少しているとされます。これはホームレスにまで至る貧困線をたどる人たちが減ったというよりも，自治体から生活保護費を受給して支援施設や事業者直営の簡易宿泊施設（貧困ビジネスという批判もあります）に入る人が増えたためです。

　こうした労働環境の悪化や生活条件の脆弱化に自治体や政府も手をこまねいているわけではなく，さまざまな就労支援を行っています。職員が家庭訪問をしながらカウンセリングを行い，慣らし運転のような軽作業を通して仕事への復帰を促すなど工夫された取り組みが報告されています。就労支援こそが自治体の直接的な支援予算を長期的には節減するし，何よりも仕事を通して社会参加することが被支援者の願いでもあるのです。

社会的包摂の施策

　憲法第25条で規定された生存権を保障するのが生活保護ですが，2020年度の月平均受給者数は約205万人（保護率1.63％）であり，1990年代の2倍にまで漸増してきました。これは高齢世帯の増加と失業の長期化によるものです。近年，生活保護に対する国民の視線は厳しくなり，タレント親族の受給が問題にされたり，受給者のパチンコ遊興の監視が推奨されたりしましたが，生活保護について誤解されている部分が少なくありません。

　不正受給金額は全体の0.5％に満たず，この部分の削減が予算削減に直結するわけではありません。また，生活保護を申請して受給が認められる経済状態（貧困線以下）で実際に受給している人（捕捉率）は2割程度で非常に低いのです。2013年に生活保護受給金額が最低賃金による月収を上回る県が11都道府県ありましたが，これは保護費が多いというよりも最低賃金が低すぎるといってよいと思われます。なにより，生活保護は預貯金・持ち家等資産がないという条件（逆にいえばそれらを使い果たした上）での受給ですから，

単純に所得金額とは比べられないのです。

　政府は 2013 年に生活保護法改正案と生活困窮者自立支援法案を閣議決定し，受給審査の厳格化（親族への支援可能性にかかわる照会含む）と就労への早期復帰を促しました。世論をにらんだ上で支出増を抑える狙いです。

　生活保護をめぐる議論をみていると，貧困は単に貧しいという問題だけではなく，その人の生存権のみならず社会的人格権にもかかわる問題であることがよくわかります。受給者を自分たちとは違う種類の人たちと「他者化」し，自立しえない人たちを排除する視線と重なってくるのです。実際に，捕捉率が 2 割になる理由は，「恥」の意識だといわれます。人様の世話になって生活することの恥ということです。

　これは社会的互助の関係を不自然な形で人格化した誤謬ではないかと私は考えています。仮に人様の世話になるということを国税の局所的な還元（納税額よりも補助金額が多いという意味）と考えるならば，職業・業界の間で（補助金が交付され公共事業がなされる業界とそれがまったくない業界），都道府県の間（一票の格差以上に一人あたりの補助金格差は大きい）で格差が生じています。あるいは，経営に失敗した企業（たとえば原子力災害時における電力会社）を破綻させずに救済することがあります。それを政治は，国に必要な産業だから，日本の国土・国民に必要な措置だからということで国民に納得してもらっているのです。貧困の問題に要する予算はこうして使われる国家予算のごく一部であり，裨益者は百万人の単位です。

　もちろん，こうした議論はこうも考えられるという話であって，なぜ貧困の問題を解決することに，国が，貧しくはない国民が力を尽くさなければならないのかという直接的な説明にはなっていません。憲法に保障された権利だからという説明も抽象的にすぎるかもしれません。

　最後に私の考えを述べましょう。

社会的公正とは何か

　平等であること，社会的に公正さが保たれているという感覚はどこからくるのでしょうか。私たちがいま幸せを感じているとして（そう願いたいのですが），それは私たちの努力の賜でしょうか，それとも誰かのおかげ（両親や

祖父母という範囲を超えた誰かによるもの)でしょうか。社会学とは離れた質問に感じられるかもしれませんが，現代の貧困を考え，社会階層の問題を考える上で重要なことです。

　社会階層研究では，現在の職業的地位を規定する要因として本人の学歴をあげ，本人の学歴には本人の学力(もしわかればのことですが)と親の経済的資力(年収)・親の職業・親の期待をあげます。本人と親ががんばったから今日があるというわけです。もちろん，社会の構造的な変動として産業社会の進展を考慮するのですが，直接的な効果は当人たちの周辺で完結します。

　私はこれこそが近代主義的な発想，個人主義的・業績主義的なモデルだと思うのです。職歴には学歴が前提され，学歴には親の資力や期待が前提されるのは当然です。しかし，同じ条件下にある何人かの人がいて，なぜ自分だけがある職業的地位を獲得でき，最終的な社会的地位にまで到達できたのか。なぜ，他の人ではなかったのか。個人的な努力，業績を積み重ねることは成功への必要条件ですが，報われる状況や環境はどのようにして作られたのか。こうした状況や環境は調べようがないほど無数の条件群になっていますが，そのことを私たちは意識化することが必要です。

　日本は太平洋戦争に敗北して無条件降伏を受け入れ，サンフランシスコ平和条約を締結して主権を回復するまで連合国軍の統治下にありました。1945年からの6年間でアメリカは日本に民主化を迫りました。大きくは地主制度の解体や累進税制による国民の平等化，民主的な憲法の制定と教育の確立ですが，これは日本が自力で成し遂げたことではありません。仮に東西ドイツや南北朝鮮のように分割統治されていたら今の日本はないでしょう。また，隣の北朝鮮と大韓民国の間で朝鮮戦争が生じたことで日本には特需が生まれ，経済復興への足がかりをつかむことができました。こうした初期条件がなければ日本の高度経済成長とそれに続く経済大国化への道程は遠いものになったかもしれません。そしてこの社会構造的な変動の中で，ホワイトカラー的職種が増え，大規模な階層移動が生じたのです。大卒者が大卒に見合う職業に就けるのは経済成長による職種の増加があったからです。この時代は夫一人の稼ぎで家族を養え，家を買い，子どもを大学に行かせることができまし

た。その程度に経済成長の恩恵が多くの人に行き渡ったのです。

現在，共働きでようやく親と同程度の生活を維持できるかどうかの低成長の時代に入りました。人口減少化，経済のグローバル化が急速に進む時代では，親世代と同じ努力をしても親世代ほど報われないかもしれません。しかも，離婚や失業のリスクも高いのです。この時代に生まれ，努力の甲斐もなく貧困線をさまようことはその人のせいといえるでしょうか。

世界の中でどの地域に生を受けるか，どの時代で就職し，家族を形成していくのか，本人の選択や努力を超えたところで達成できる地点が決定されていきます。みなさんが今経済的に恵まれ，幸せを実感できているのであれば，それはみなさんやみなさんの親御さんの努力もありますが，偶然の要素もあるのです。同じように貧しさに苦しむ人がいたら，その人たちは貧しさに至る道を自分で選択したのでしょうか。いくつかの偶発的な出来事が重なってそのような状態に至ったとはいえないでしょうか。

社会的公正さとは，できる限り偶然に左右されず，割を食ったという人が出ないように互いの尊厳を認め合う関係を作ることではないでしょうか。人間社会は進化の過程で共同性や社会倫理の感覚を発達させてきました。人間が厳しい環境の中で長らく生き延びていくなかで，おたがいさまと言い合う文化的遺伝子の優勢が証明されてきたのではないでしょうか。

【ブックガイド】

1　原純輔・盛山和夫『社会階層―豊かさの中の不平等』東京大学出版会，1999年。
2　岩田正美『社会的排除―参加の欠如・不確かな帰属』有斐閣，2008年。
3　青木秀男編『ホームレススタディーズ　排除と包摂のリアリティ』ミネルヴァ書房，2010年。
4　『貧困研究』明石書店，2008年から年2巻ずつ発行。
5　『現代の階層社会1-3』東京大学出版会，2011年(佐藤嘉倫・尾嶋史章編「格差と多様性」，石田浩・近藤博之・中尾啓子編「階層と移動の構造」，斎藤有里子・三隅一人編「流動化のなかの社会意識」)。

現代の社会階層研究はかなり細分化され，全体像もつかみにくいので，1から始め，余力のある人は5の専門書へと読み進めてはどうでしょう。
　2，3，4は貧困，社会的排除，社会的包摂の施策を考える上で手がかりを与えてくれます。とりわけ，ホームレスの人たちがどのような生活を送っているかを知っている人はほとんどいないと思われるので3をお勧めします。また，4のシリーズは雑誌ですが，研究者・実務家に貴重な資料となります。

【発展学習】考えてみよう！

　1　どのような格差が問題なのか？　機会の平等と結果の平等の観点から考えてみよう。また，この観点だけで十分かも考察してみよう。
　2　税金は中下層に厳しい消費税よりも，富裕層の累進税率を上げて所得税から取るべきだという議論があるが，その一長一短を述べなさい。
　3　貧困の連鎖を食い止めるために，恵まれた者は何をすればよいのか，考えてみよう。

第 10 章　福祉と社会保障
支え合う社会をどのように実現するか？

> この章で学ぶこと
> 　一見して自由で豊かに思われる現代社会は，さまざまな理由から生活の基盤が脅かされやすい危険な一面も持ち合わせます。構成員一人一人が安心して生活を続けられるためには，社会はどのような仕組みを備えておく必要があるでしょうか。この章では，このような課題に対処するための「支え合う社会の仕組み」について解説します。
> キーワード：福祉国家，ワークフェア，スティグマ，福祉多元主義，専門職支配

1. 福祉国家の本格的成立（1950～60 年代）

産業構造の変化により国単位の福祉の仕組みが求められるようになる。産業化を通じて豊かになった国々が福祉サービスを充実。福祉国家が国家のあるべき姿として注目される。

2. 福祉国家の危機（1970～80 年代）

不況の時代を迎え，福祉への大幅な予算配分が批判を集める。自助努力を基盤とする国が現れる一方，その是非がさまざまに議論され，新たな福祉の仕組みづくりが模索される。

3. 福祉多元主義の時代へ（1990 年代以降）

それぞれの歴史的経緯や政治的理念をもとに，各国がさまざまな福祉の仕組みを構築。政府・市場・地域組織などさまざまな福祉の担い手をどう活用するかが，これからの大きな課題である。

世界各国の福祉の仕組みの移り変わり

1　福祉国家の成立

> この節で学ぶこと：私たちの生活にとって，福祉や社会保障のさまざまな仕組みはなぜ必要なのでしょうか。社会福祉の歴史的経緯をふまえながら，福祉や社会保障が社会に対して果たす役割を解説します。
> キーワード：孤独死，相互扶助，福祉国家

意外と身近な「福祉の仕組み」

私たちがふだん福祉という言葉を聞いた際，高齢者や障がい者の方々の生活支援を思い浮かべる方が多いのではないかと思います。それは決して間違いではないのですが，これらの要素は現代社会における福祉のさまざまな役割のごく一部のものにしかすぎません。私たちにとってより身近な視点からとらえられるよう，「福祉」の枠組みをもう少し広げて考えてみましょう。

ふだん，私たちはあまり不自由を感じずに日々の生活を過ごせていますので，「誰かの助けがなければ生活が成り立たない場面」というものを想定することはほとんどありません。しかし人間の一生といった長い単位で考えてみると，私たちはさまざまなリスクと隣り合わせながら生活していることに気がつきます。

そもそも私たちは赤ん坊として無力な状態で生まれてきます。一人前の社会人になるまでには，両親に親身に育ててもらい，また大学を修了するまでの学費の面倒をみてもらう必要があります。それゆえに，もし親が失業する等のアクシデントが生じれば子どもの私たちにも深刻な影響が及ぶわけです。またあなたが無事どこかの会社に就職したとしても，不況をはじめとしたさまざまな理由で職を失う可能性から無縁ではいられません。このように自分自身の努力の有無にかかわらず，自身の生活が不安定になる危険性と常に隣り合わせに，私たちは生活しているのです。

私たちの生活が不安定化していることのひとつの表れとして，従来であれば身寄りのない高齢者にしかみられないはずの「孤独死」が，最近では中高

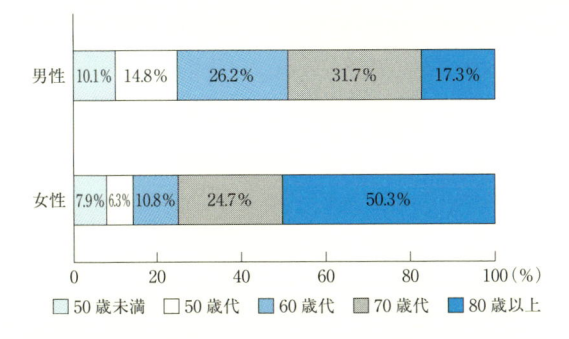

図 10-1　自宅住居死亡単身世帯者の年齢構成（令和元年）

	50歳未満	50歳代	60歳代	70歳代	80歳以上
男性	10.1%	14.8%	26.2%	31.7%	17.3%
女性	7.9%	6.3%	10.8%	24.7%	50.3%

出所：東京都監査医務院「東京都監察医務院で取り扱った自宅住居で亡くなった単身世帯の者の統計」をもとに筆者作成

年層にも広がりをみせ，大きな社会問題となっています。たとえば東京都監察医務院では，東京都23区において自宅住所で亡くなった単身世帯者の実状を毎年調査していますが，2019年度の最新の統計によると，女性の場合はその半数が80歳以上の高齢者である一方，男性の場合は50～60歳代の占める割合が4割に達していることが大きな特徴です。中高年男性にとって孤独死リスクが他人事ではないことがわかります（図10-1）。

年齢的にはまだまだ元気に働くことのできる世代であっても，病気や事故等のアクシデントで失業し，かつ離婚により家族から見放された状況に置かれると，いくらがんばろうにも人間は生きる気力を簡単に失ってしまいます。逆に，毎日私たちが不安がらずに生活できているとすれば，それは（無意識のうちに）いろいろな「社会の仕組み」に守られているからなのです。

このように，数々のアクシデントに遭遇しても安心して生活を継続できるためには，何らかの形で社会の構成員同士が支え合うシステムが必要となります。この「福祉の仕組み」が具体的にどのようなものか，これから詳しく解説します。

福祉の歴史を振り返る

昔の人々は，生活上のさまざまなアクシデントをどのように乗り越えていたのでしょうか。

当時の人々は，その多くが農業で日々の生計を立てていました。日々の農作業には多くの人手を必要としましたし，いつ不作で飢えるかもしれない状況下で，彼・彼女らは互いの生活を守るために，人手や生活物資を互いに提供し合う関係を維持し続けました。こうした仕組みを相互扶助と呼びます。また，こうした助け合いの仕組みは，単に互いの生活上のリスク防止に役立つのみならず，仲間同士としての絆を強める役割も担っていました。

　一方で都市に住む人々の中には，こうした助け合いの輪に加われず貧困に苦しむ人も少なくありませんでした。彼らに対しては，主に宗教家が慈善事業として食事提供をはじめとする支援をしていました。これらの「相互扶助」と「慈善事業」が昔の人々にとっての主な支え合いの仕組みだったわけですが，必ずしも豊かでない人々同士が助け合うといっても，そこにはおのずと限度があります。大きな災害があった際には，多くの人々が悲惨な目に遭っただろうことは想像に難くありません。

　しかし，18世紀以降ヨーロッパをはじめ先進各国で産業化が進んだこと，また「富国強兵」の名のもとに人々が国民として協力し合うことの大切さが広く意識されるようになると，こうした状況に変化が生じます。社会的に弱い立場の人々の生活を守る責任が国家にあるという考え方が，次第に湧き起こるようになったのです。

　今のような社会福祉の制度が未整備だった昔，人が貧困に陥る理由は「その人が怠け者だからだ」と考える人が大半でした。それゆえに，そのような人たちに対して社会全体で救いの手を差し伸べなければならないという意識はとても薄弱だったのです。しかし，19世紀以降，各国で科学的な社会調査が実施されることによって，貧困の原因の多くは，個々人の努力不足にあるのではなく病気や失業等，本人の自助努力では解決できない社会的要因によるものであることが明らかになりました。この発見により，その後貧困に陥った人々をやむを得ず救済するのみでは不十分であり，貧困に至る前にさまざまな支援策を講じるべきであるという考え方が各国でとりあげられるようになります。病院にかかる際に利用される医療保険，子育て中の家族に対して支払われる育児手当，退職後も安心して生活できるための年金制度等は，

このような発想のもとに整備されていった制度なのです。

福祉国家の誕生

　前に述べたようなさまざまな生活上のリスクを防止するためには，それだけ多くの支え合いの仕組みが必要となります。しかし，昔の社会で行われていたような狭い範囲での助け合いで，大規模な制度を運営・維持することには限界があります。第2次世界大戦後，先進国の国々では工業やサービス業の発展（「産業化」）に伴う経済成長のおかげで，国民の社会保障に多くの予算を割くことができるようになりました。これに乗じて，先進各国は年金や医療保険をはじめとして，国民全体に対してさまざまな生活リスクに対応できるための制度を整えられるようになりました。このように国家レベルまで範囲を広げ，国民の大多数を利用者に想定した各種社会サービスを国家レベルで提供する国家のあり方が「福祉国家」です。

　また福祉国家が誕生した背景として，以前に比べて家族や地域の持つ潜在力が低下した点も見逃してはいけません。各国で産業化が進み，男女問わず勤めに出る人が増えることによって，少子高齢化が進む一方で育児や介護の人手を身内で補うことが難しくなりました。すると，私たちは家族生活を全うするために，国や営利サービスなどの外部の人々の手を借りざるを得なくなります。こうした事情のもと，私たちが仕事と家事を両立しようとすればするほど，それ相応の福祉の仕組みをより多く必要とするという構図ができあがりました。こうした構図が，「福祉国家」への私たちの要望をさらに後押ししてきたのです。

　図10-2は，国の予算全体に占める社会保障関係予算割合の最近の推移を示したものです。社会保障関連の予算比は年を追って増大し，最新の2021年度では（地方交付税交付金や国債費を除く）一般歳出の半分以上を社会保障関係予算が占めます。このように，現在の日本において福祉はとても重要な位置を占めているのです。

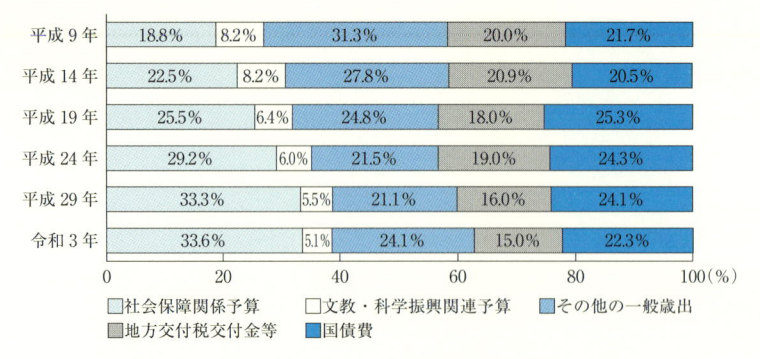

年度	社会保障関係予算	文教・科学振興関連予算	その他の一般歳出	地方交付税交付金等	国債費
平成9年	18.8%	8.2%	31.3%	20.0%	21.7%
平成14年	22.5%	8.2%	27.8%	20.9%	20.5%
平成19年	25.5%	6.4%	24.8%	18.0%	25.3%
平成24年	29.2%	6.0%	21.5%	19.0%	24.3%
平成29年	33.3%	5.5%	21.1%	16.0%	24.1%
令和3年	33.6%	5.1%	24.1%	15.0%	22.3%

図10-2 国の予算における社会保障関係費割合の推移
出所：国立社会保障・人口問題研究所『社会保障統計年報』各年度版より筆者作成

2　福祉国家の危機

> この節で学ぶこと：近年，国家の財政が厳しくなってきたことを背景に，国民一人一人の自助努力を促そうとする声が強まっています。周囲に対してむやみに依存的になってはいけないという考え方は一見真当な意見に思えますが，これを強調しすぎることにはさまざまな問題点があります。本節では，ワークフェアというキーワードを手がかりに，この点を解説します。
> キーワード：ワークフェア，選別主義・普遍主義，スティグマ，福祉レジーム

高度成長時代の終焉と福祉国家の転機

　前節で述べたように，第2次世界大戦後の産業化の進行によって，国家予算に余裕が生まれたことで，さまざまな国で福祉国家的制度の導入が進みました。しばらくの間，各国のこうした取り組みは順調に進み，産業をさかんにしてそこから生じる財政的余裕を各種の福祉施策の財源とするという方法論は，多くの国にとっての「国家運営の定石」となったのです。

　しかし，このような幸せな時代は長く続きませんでした。1973年のオイル・ショックを直接の契機として全世界を不況の波が襲うようになると，多

> **用語説明：ワークフェア**
> 　さまざまな手当を受けるにあたって，何らかの形で労働しているという実績があることを条件に課す施策群のことを指します。たとえば，失業した人々に対して職業訓練を施し求職活動を支援する施策がこれにあたります。これによって，手当を受けるだけの受動的な福祉受給者に対して前向きに努力するよう促すことを狙いとしています。

くの国々で膨張した福祉関係予算に苦しめられる「福祉国家の危機」の時代を迎えます。同時に，福祉国家的な施策の数々によって，かえって依存的な国民が増え逆効果だったのではないかという批判が相次ぐようになりました。

　このような経緯を経て，その後のイギリスやアメリカでは政府の役割を最小限にとどめ，それまで政府が行っていた事業を民間に委譲して効率化を図りました（このような考え方を「新自由主義」といいます）。さらに，国民の自助努力を促すために，従来のような貧困な人々への無条件での手当支給は最小限にする一方，労働による「自立」を後押しする政策へと推移しました。この種の政策の方向性は，従来の社会福祉の諸施策（ウェルフェア）と区別して，「ワークフェア」と呼ばれます。

　これらの施策群は，国家財政を改善する上で一定の役割を果たしましたが，一方で貧困問題をさらに悪化させる副作用ももたらしました。世の中の景気が良く仕事に恵まれているならばともかく，求人が少なく待遇の悪い職場しか選べない状況下であれば，いくら本人たちの自助努力に期待しても限界があります。そのため，不況が長期化し恵まれない労働環境下で行く先を失った人々は，これまでよりさらにひどい貧困に苦しめられるようになったのです。

　このように，本人の自立への意欲を促す政策のあり方には，「労働現場の過酷な実態が改善されないまま，半強制的に貧困者を労働へ追いやってしまう」危険があるのです。

選別主義と普遍主義

　貧困にあえぐ人々を支援するため，国が実施している代表的な施策が「生

活保護制度」です。この制度では，本人が生活保護の申請をした後，収入が少ないという要件を満たしているかどうかを確認するための調査（「資力調査」）が行われ，問題がなければ法律で定められた最低限の生活費が支給されます。これに対し，近年欧州の社会政策研究者の中からは，本人の稼働の有無にかかわらず，全国民一人一人に無条件で一定額の収入を保障してはどうか，という意見が出始めています。このような政策のことを，総称して「基本所得（ベーシックインカム）」と呼びます。

　従来，国が各種の手当を支給する際には，①個人でなく世帯（生計を同一にする人々）を対象として支給する，②低収入で困っている人に支給する，③定職に就いている人か求職活動に励んでいる人に支給する，というのが常識でした。基本所得政策はこれらのすべての常識を覆すものです。

　働こうが働くまいが生活に必要な収入が保障されるのであれば，そのうち誰も働かなくなるのではないかと心配になりますね。またもしこの政策を実現に移そうとすれば，国民全員に毎月何万円もの手当を支給するわけですから，莫大な予算が必要になります。

　このように課題の多い提案であるにもかかわらず，一方でこの基本所得の発想を強く支持する人も後を絶ちません。それはなぜなのでしょうか。

　この問題を考える上で役に立つキーワードが，選別主義／普遍主義という対の概念です。両概念とも誰が福祉サービスの受給者にふさわしいかを判断するための基本的な考え方です。真に支援を必要とする者に限定して支援を行うという考え方が「選別主義」であるのに対し，社会のメンバーすべてに同様な支援やサービスを保障する考え方のことを「普遍主義」といいます。

生活保護費と基本所得の比較——もらえる額はどう違う？

　従来の生活保護費と基本所得とでは，もらえる給付額がどのように異なるのでしょうか。日本における基本所得研究の先駆者の一人である小沢修司の研究を参考にしながら，具体的に比較してみましょう。

　生活保護受給額の根拠となる最低生活費は，食費・被服費・光熱費等の日常生活に必要な費用に該当する「生活扶助額」に，住宅・教育・医療等の各領域の経費を必要に応じて加算した額で計算されます。小沢は，住宅・教

育・医療等の支援はベーシックインカムとは別の社会サービスとして整備されるべきという考えから，主として上記の生活扶助を念頭に置いて，支払われるべき基本所得の額を1人当たり月8万円と算定します。では，実際の生活保護受給額（生活扶助額のみ：2022年現在）と比較するとどうなるでしょうか。複数のケースで額を比較すると次のようになります。生活扶助受給額が対象者の年齢や居住地に応じて細かく算定される一方，基本所得はこれらの差異にかかわらず一定であることが，このような違いをもたらします。

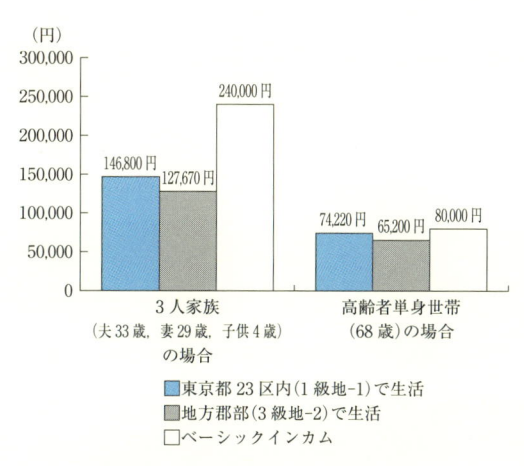

(円)

	3人家族 (夫33歳, 妻29歳, 子供4歳) の場合	高齢者単身世帯 (68歳)の場合
東京都23区内(1級地-1)で生活	146,800円	74,220円
地方郡部(3級地-2)で生活	127,670円	65,200円
ベーシックインカム	240,000円	80,000円

図10-3　生活保護と基本所得の比較

　これだけ「手厚い」給付を行うということになれば，一方で財源のことも気になるところです。基本所得を国民1人当たり月8万円支給する場合に必要となる財源は，約115兆円となります（8万円／月×12カ月×1億2千万人）。100兆円程度である日本の一般会計予算をゆうに超える額です。しかし小沢は，基本所得の導入の代わりに，現行の社会保障制度のための国の負担を40兆円以上節約できるため，所得税を収入額の多少に関係なく収入額の40〜50％に一律設定することで財源がまかなえると主張します。

　日常生活支援以外の社会サービスをどう再構築するか等の大切な問題が残されたままであり，その点で上記試算はまだまだ粗いものです。しかし，「まったく不可能というわけではない」ことが示されたことには大きな意味があります。さまざまなシミュレーションを示しつつ基本所得のメリット・デメリットを考察することは，現在の制度のあり方を反省的に振り返り再構築するための良い材料となることでしょう。

> **用語説明：スティグマ**
>
> 正常な状態から外れたものとみなされ，他人からの蔑視や不信を買うような欠点・短所・ハンディキャップなどの特徴を指します。この視点を意識することによって，福祉サービスの利用者であること自体に，「サービスを必要とする劣った人間である」と当人のプライドを傷つけるメッセージが隠されていることがわかります。E・ゴッフマンは，こうした「否定的なしるし」が，さまざまな対面的場面で本人に深刻な影響を与える点に着目しています。

　国家予算には限りがありますので，常識的に考えれば「選別主義」のほうが一見望ましい考え方のように思われます。しかし，以下のようないくつかの理由から，必ずしも選別主義が効果的なやり方であるとは断定できないのです。
　第一の問題は，選別主義が福祉サービスの利用者を委縮させてしまう危険性を常にはらんでいるという点です。
　先に述べたように，生活保護制度による貧困者への手当支給の際には，本人が貧困であることを確認する「資力調査」が行われます。いくら受給のためとはいえ，自分の収入というプライバシーを調査員から無遠慮に質問されることは，「福祉の世話にならなければ生活できない半人前の人間である」と他人に決めつけられることにつながります。このように生活保護受給者であるというスティグマがもたらす屈辱感を味わいたくないばかりに，貧困であるにもかかわらず手当の申込をしない人も，世の中には少なくありません。
　さらに最近では，パチンコ等の賭け事をしている生活保護受給者を見かけた際には，必ず役所に通報するよう条例で定める自治体も出始めました。手当の不正受給を防ぎ制度の信頼を得るという目的にはかなったやり方ですが，一方では周囲の監視の目を避けたい貧困者をさらに制度から遠ざける副作用もあります。制度を厳密に運用しようとすればするほど，貧困者を救うという目標の達成が難しくなるというジレンマがそこには存在するのです。
　選別主義の第二の問題点は，人々の自助努力の機会を奪ってしまう副作用を持つ点です。
　上述の生活保護制度は，収入の乏しい者への支援を前提としていますので，

もし多少なりとも収入が得られると手当の支給は打ち切られてしまいます。制度的に当然の帰結ですが，不況で仕事がなかなか見つからない人々の立場からすれば，さまざまな支援を失う危険があまりにも大きいため，「就職しようと努力せずに貧困のままでいよう」という判断につながりかねません。このように，選別主義的な手当支給であるために受給者が自助努力を避けてしまうことは，「貧困の罠」と呼ばれています。

近年，生活保護の不正受給問題が注目されていることもあって，受給基準の厳格化への検討が進められています。しかし，下手にルールが厳格化しすぎると，自助努力への意欲がそがれてしまいますし，受給から漏れた人々はさらに窮地に追いつめられてしまいます。貧困にあえぐ人々を真の意味で支援するためには，むやみに叱咤激励するのみならず，本人自身を取り巻く環境への理解を深め，彼・彼女らが努力しやすい環境を整えるための地道な取り組みが必要なのです。

多様な福祉モデルの展開

1970年代の福祉国家の危機の時代をふまえて，世界各国では自分たちの置かれた条件に合った福祉の仕組みづくりを試行錯誤し始めるようになりました。こうした各国の福祉の仕組みを類型化して福祉国家のあるべき姿を考察した研究者が，エスピン＝アンデルセンです。彼は，各国家が採用する福祉の体制のことを「福祉レジーム」と呼び，大まかに次の3つの福祉レジームに分類しました（表10-1）。

「自由主義レジーム」は，ワークフェアの理念に沿って自助努力を重視する点に特徴があり，その代表としてアメリカをあげることができます。「保守主義レジーム」は，各種の社会保険制度や企業の福利厚生への依存度が高い点に特徴があり，ドイツが代表的です。そして「社会民主主義レジーム」はもっぱら税金を基盤として豊かな福祉サービスを実現する点に特徴があり，スウェーデンをはじめ北欧諸国に多くみられます。

彼は，各国の福祉の仕組みが充実しているかどうかを見分ける上で，次の2点に注目しました。第一のポイントは，さまざまな福祉サービスを利用する上で，「本人が職に就いていること」がどの程度条件に課されているかと

表10-1　3つの福祉レジームの比較(概要)

類　型	主な特徴	所得再分配の規模	給付の対象・性格	福祉と就労支援の連携
自由主義レジーム (アングロ・サクソン諸国)	市場の役割大	小規模 (小さな政府)	生活困窮層向け給付が多い。 選別主義	強 ワークフェア (就労が給付の条件)
社会民主主義レジーム (北欧諸国)	国家の役割大	大規模 (大きな政府)	現役世代向け、高齢世代向けともに充実。 普遍主義	中 アクティベーション (雇用可能性を高める)
保守主義レジーム (大陸ヨーロッパ諸国)	家族・職域の役割大	中〜大規模	高齢世代向け給付が多い。 社会保険は普遍主義 公的扶助は選別主義	中〜強 (強化傾向)

出典：『厚生労働白書』平成24年版，84頁

いう点です(「労働力の脱商品化」)。もし「働かざる者食うべからず」という社会であれば，病気や障がいなどで働こうにも働けなくなった際，収入を得る手立てがなくなりとても困ったことになります。逆に，個々の事情に配慮して労働義務と無関連に福祉サービスを利用できれば，本人は安心して治療に励むことができ，こうした違いがサービス利用者に多大な影響を及ぼすからです。

　第二のポイントは，各国の提供するさまざまな福祉サービスが，社会の平等化にどの程度貢献しているかという点です(「福祉施策による社会階層化」)。「社会の平等」はなぜ必要なのでしょうか。たとえば，才能と強い向学心を持っている子どもがいて，彼が小中高校で一生懸命勉強しても，もし彼の両親の収入がとても低ければ，奨学金でも得ない限り大学への進学は諦めざるを得ません。こうして可能性ある人材の芽がどんどん摘み取られてしまえば，社会にとって大きな損失になります。このようなことをなるべく防ぐため，各国民から集めた税金を生活に困っている人々へさまざまな形で活用することが必要になります。

　このような仕組みを総称して「再分配」といいます。特に，収入の多さに従って多額の税金を支払う「所得税」には，この再分配の機能が大きく期待されています。ただし一方では，多くの収入がある人々にとって，このような制度がどのように映るかについても考える必要もあります。なぜなら，そ

アメリカの大都市における住民の分断と財政破綻

　今から20年近く前に放送されたNHKスペシャル『データマップ　63億人の地図』シリーズの第3回では，深刻な都市問題に悩む大都市の実情が紹介されました。その例のひとつとして取り上げられたのが，アメリカの大都市フィラデルフィアです。

　フィラデルフィアは昔より鉄鋼業で栄え，一時は人口200万人を超えるほどの大都市でしたが，1970年代以降，鉄鋼業の主力がアジア圏に移行したことに伴って街の衰退が進みました。撤退した工場の跡地には貧困な人々が移り住み貧民街（スラム）を形成します。その結果，街の中心部は麻薬取引をはじめ凶悪事件が多発する危険な地区になってしまいました。

　一方で，こうした治安の悪さを嫌う富裕層の人々は，街の郊外へどんどん移住します。さらに，貧困層の人々に対する社会保障のために多額の税金が使われるようになると，重税を嫌う人々はフィラデルフィアの街を後にします。こうしてフィラデルフィアの財政状況は悪化の一途をたどり，行政サービスの維持管理がとても困難な状況にあります。

　「フィラデルフィア」という名前の語源は「兄弟愛」。本来であれば，つらいときでも苦しみを分かち合いつつ街の再建に努力してほしいものです。しかし上記のような負の連鎖を通じて，「彼らとはもうわかりあえない」と各住民が互いに不信をつのらせてしまったら，そうした協力もままなりません。社会学では，社会の構成員同士が一体感をもって団結することを「社会統合」といい，健全な社会を維持する上で重要な要素として位置づけますが，その理由の一端はこのようなところに見出せます。

　ちなみに上記放送から9年後の2013年には，アメリカの自動車産業都市であるデトロイトが財政破綻したことが大きくニュースになりました。フィラデルフィアに勝るとも劣らない著名な都市の窮状をみると，問題はいっそう深刻化しているように思えてなりません。

の人が稼いだ（高い）収入は，人の何倍も働いたことに対する対価でもあるわけです。その多くが国に取り上げられ，自分と縁のないところで利用されるということに抵抗を感じる人がいてもおかしくありません。もっと進んで，各人の努力の成果が実感できるように政府の役割を縮小してでも税金を減らすべきだ，という考え方もありえます。

　このように，貧しい人々への再分配を優先するか，（ある程度の格差を許容してでも）各人の成果を優先するかという考え方の違いは，その国の福祉

のあり方を強く規定します。言い換えれば，税金の恩恵を各国民にどのような形で還元して満足してもらうかという点が，国の運営においてとても重要な課題です。もしこの解決に失敗したら，国民間の深刻な対立を引き起こしかねないからです。各国はさまざまな利害や価値観に優先順位をつけつつ，各国独自の福祉の仕組みを構築しているのです。

3　福祉多元主義へ──さまざまな担い手たちの協働

> この節で学ぶこと：私たちは，さまざまな福祉の仕組みを試行錯誤するなかで，特定の担い手たちに大きく依存するような福祉の仕組みには問題が多いことを学んできました。本節では，国家・市場・市民社会が協働する福祉社会のあり方が必要な理由について解説します。
> キーワード：福祉多元主義，市場の失敗，専門家支配

　前節のエスピン＝アンデルセンの議論は，単に各国の福祉体制を分類することにとどまらず次のような重要な論点を示しました。それは，より良い福祉の仕組みを作るために政府・企業・地域コミュニティ等がどのように協力し合うべきか，という点です。具体的に，日本における在宅福祉の歴史をたどりながら解説しましょう。

営利的サービスの限界

　もし，身寄りのない高齢者の方が心身の衰えで日常生活に支障をきたすようになったら，どうすればよいでしょうか。介護保険制度のある今の時代だからこそ，高齢者の方々は安心して介護サービスを利用することができますが，このような仕組みが整えられたのは，今からわずか十数年ほど前のことにしかすぎません。それ以前は，同様の問題に悩む当事者の方々がたくさんいて，より良い支援の仕組みの構築に向けて数々の試行錯誤が繰り返されてきたのです。

　昔の日本では，高齢者の方々は多くの場合，息子・娘夫婦の世話を受けつつ安心して人生を全うすることができました。当時は身寄りのない高齢者の

> **市場の仕組みが持つメリットとデメリット**
>
> 　消費者と生産者が金銭と商品・サービスを交換し合う場のことを「市場」といいます。市場では，多くの消費者を取り込むため生産者同士が競争して良いものを提供しようとしますので（「競争原理」），消費する側は良いものを安く購入できます。この大きな利点に目を奪われると，あらゆる機会に市場の仕組みを活用すべきという極端な考えにも陥りがちです。しかし場合によっては，この仕組みがうまく働かないこともあります。
>
> 　たとえば社会の安全を守るために警察官の仕事は不可欠ですが，彼らが担うさまざまな任務を一民間企業が果たそうとしても，膨大な初期費用と費用回収の難しさのため事業化は非常に困難です。また医療・福祉・教育等，健やかな生活を送る上で不可欠なのに，市場の仕組みに委ねると貧しい人々にまで十分行き届かないことが危惧されるサービスもあります。これらの場合，国や非営利組織等，別の担い手が必要とされます。
>
> 　また，競争原理は競争相手が少ない場合はうまく働きません。その場合，消費者の意向とは逆に質の低いものが高値で売られるデメリットにつながります。さらに，営利を第一とする民間企業は市場外のことにあまり関心を払いませんので，時にさまざまな公害や環境破壊をもたらし，多くの国民の生活を脅かす危険性を持ちます。これらの，市場の仕組みが有するさまざまな問題点は「市場の失敗」と呼ばれ，経済学や社会学等のさまざまな学問領域で研究が進められています。

方々はごく例外的な存在でしたので，どうしても困った際には，全国各地の養老施設で余生を過ごしてもらうというのが主な高齢者施策でした。しかし，戦後日本が高度経済成長期を経て先進国の仲間入りをすると少子高齢化が急速に進み，子どもたちからの介護が期待できず不自由をきたす高齢者が急増するという困った事態が生じたのです。

　裕福な方であれば民間の家政婦サービスを利用できますが，退職して収入の乏しい多くの高齢者にとって，家政婦サービスの利用は現実的な選択肢ではありません。だからといって，家政婦の派遣業者に格安で家政婦サービスを提供するよう強制するわけにもいきません。業者にとってみれば，家政婦を雇う人件費のみならず，彼・彼女らに介護技術を身につけさせる教育費用も自前で負担しなければならないとすれば，よほどの儲けが見込めない限り

参入しない，と判断するでしょう。このように，たとえ社会的に大きなニーズがあっても儲けが見込めなければ参入しないという点が，民間業者のサービスに頼ろうとするときの大きな課題のひとつです。

こうした状況に対し，当時の日本政府は「老人家庭奉仕員」(現在のホームヘルパー)を各自治体に配置して，高齢者の方々の介護ニーズに応えようとしました。ただし，高まる介護ニーズに対して，ホームヘルパーの配置は常に後手に回らざるを得ませんでした。

その理由はいくつかあげられます。まず第一に，あまり政府による介護サービスを利用しやすくしてしまうと，人々は安易に公共サービスに頼り，自分たちで老親の面倒をみようとしなくなる，こうして日本の伝統的な家族の良さが失われてしまうという点が大きく批判の対象となったからです。たとえ困っている当の本人たちから助けを求める声があがっても，その支援が社会の既存の(家族重視の)価値観を動揺させるものであれば，支援の実施に向けての社会的合意はなかなか得られません。公共サービスによる対応の難しさのひとつはこうした点にあります。

第二は，折からの不況に伴う公共サービス拡充へのさまざまな批判です。時代は1973年のオイル・ショック以降の不況の時期を迎え，予算の乏しいなかで政府がさまざまな公共サービスに乗り出すことへの批判の声は強まっていました。さらに，競争相手を意識して常にサービスの改善を図る民間業者に対して，政府の提供するサービスにはそうした動機づけが働きにくく，サービスの利用者から批判される一面もあったのです。

地域コミュニティによる支援の試み

家政婦サービスを利用できず，また行政サービスも利用できない高齢者の方々に対し，当初は地域のボランティアの人々が無償で支援にあたっていました。他の選択肢のない高齢者たちにとって地域の人々の好意は感謝の一言に尽きますが，彼・彼女らによる支援にも固有の問題がありました。彼・彼女らの支援を受けていた高齢者の方々から，「無償でしてもらっているので，気軽にものを頼めない」「金品等，何かの形で御礼をしたいのだが，受け取ってもらえない」などの声があがり始めたのです。御礼を用意したくても

> **用語説明：ストリートレベルの官僚制**
>
> 　私たち一般住民にとって，行政サービスが不便に感じられるのはなぜなのでしょうか。この点について数々の事例をもとに独自の理論を展開したのがマイケル・リプスキーです。彼は，行政の現場で働く人々を「ストリートレベルの官僚」と呼び，彼らが抱える次の共通点に注目します。①職務の評価が難しいこと。②熱心に仕事に取り組んでも給与に大差がないことの2点です。このように，努力しても周囲の評価が得られにくい環境は，そこで働く人々の士気に影響を与えざるを得ません。彼らは，面倒な案件を他の担当者にたらい回ししたり，対応の面倒な相手に対して煩雑な手続きを要求し圧力をかける等の対応をしがちであると彼は指摘します。
>
> 　福祉の現場で働く人々は，多かれ少なかれ上記と類似した厳しい環境下に置かれています。特に生活保護業務に携わる人々は，目の前にいる多くの方々を救いたいと思う一方，不正な申請を防止しなければならない職務上の立場もあり，さまざまな板挟みの中で仕事をせざるを得ません。福祉の専門職の方々は「倫理綱領」を設けて日々研鑽に励んでいますが，上記のような厳しい労働環境に打ち勝って社会正義に貢献したいという彼らの熱い思いがそこには反映されているのです。

できない一部の貧困な高齢者のみが介護サービスを求める時代は過ぎ，当面の生活には困らないので何らかの対価を払う代わりに支援を受けたいと考える高齢者たちが主となる時代が到来していました。高齢者の方々は慈善精神に基づく支援でない，別の形の支援を求めたのです。

　1980年代以降，大都市圏で在宅福祉サービスに関する新たな試みが始まりました。将来の老親介護に不安を覚え始めた主婦の方々が，自衛策としてメンバー同士で介護の人手を提供し合う仕組みを作り出したのです。この組織は，「住民参加型在宅福祉サービス団体」と呼ばれています。このサービスがそれまでのボランティア活動と大きく異なる点は，サービスを利用する高齢者から一定の金銭を徴収し，それを活動の運営資金として活用した点です。

　このようなやり方は，困っている人々への支援は無償のボランティアであるべきだと考えていた人々から，当初強い批判を浴びました。しかし，他のサービスを利用できない多くの高齢者の方の支持を得ることで運営も軌道に

乗りました。こうして住民参加型在宅福祉サービス団体は,現在,社会のさまざまな分野で活躍している NPO(非営利組織)の先駆けとなったのです。

　また,彼・彼女らが介護事業の運営実績を積み重ねていくなかで培ったノウハウは,後の介護保険制度の中身の検討にも大きく参考にされました。この意味において,住民たちのさまざまな試みが介護保険制度の生みの親となったのです。

専門家を補完する「当事者の強み」

　住民参加型在宅福祉サービス団体の活躍は,単に市場や行政のできない役割を肩代わりすることにとどまらない大きな意義があります。この点を,認知症ケアの発達の過程を例に解説します。

　認知症の周辺症状は,記憶があいまいになることから周囲の徘徊や暴力をふるうなどの深刻なものまで多岐にわたります。認知症に対する理解が進んでいなかった時代,病院や福祉施設での彼・彼女らへの対応は,身体拘束や投薬によって本人を鎮静化させることが主流でした。ときには,家族の方から見て痛ましく思われる場面も多かったはずですが,専門家である担当医や介護職員から「これしか対応のしようがない」と言われれば,家族からはそれ以上言い返しようがありませんでした。

　このような恵まれない状況下,認知症の老親を抱える家族の方々は,自らを組織化し日々の悩みを相談し合いつつ,認知症に関する理解を深めていきました。さらに,認知症高齢者の方々同士が周囲の手を借りつつ共同生活するグループホームの取り組みを通じて,より効果的な認知症ケアに向けてノウハウを蓄積しました。その結果,本人を拘束することが症状の悪化につながる一方,生活環境を整え本人の自発性を引き出す支援が症状の改善につながることが明らかにされました。このような「利用者の尊厳を支えるケア」の重要性が広く認められた結果,2006 年の介護保険法改正では,この認知症ケアの精神を高齢者介護のすべてに普遍化すべきであることが基本理念として強調されるに至ったのです。

　その道の専門家が,専門性に裏づけられた高度なケアを行うことはとても大切なことです。しかし,彼・彼女らが専門家としてふるまうことが利用者

に対して抑圧的に働くとき，利用者のニーズを適切に把握する道が閉ざされてしまいます。専門性から距離を置きつつ，問題の当事者たちが構成する組織（「セルフ・ヘルプ・グループ」）は，利用者の声を受けとめ適切なケアにつなげるという重要な機能を担っているのです。

福祉の担い手を多元的にとらえる

日本における在宅福祉の発展の歴史から，私たちは多くの教訓を得ることができます。行政は，予算の制約やさまざまな利害関係者への配慮のために，常に住民のニーズに対して少なめな量でしかサービスを提供できません。また，対人サービスは利用者に対するサービス提供者の権力性と無縁ではいられません。より良いサービスを目指して，ときには素人の視点からの提言もとても貴重なのです。

ただし，だからといって地域住民がすべてにおいて優れているというわけではないことに注意が必要です。

先述の住民参加型在宅福祉サービス団体の取り組みの歴史においては，行政サービスの利用を断られた重度の要介護高齢者が次々と住民参加型団体の助けを求めた結果，当該団体の手に余る事例が相次ぎました。行政の対応の悪さが責められてしかるべきですが，一方では各利用者に対して責任あるサービスを提供するために，しかるべき技術を持った人々が対応する必要がありますし，それを可能にするためには財政基盤が堅固であることが求められるため，これらを十全に満たすためには住民の自発的な取り組みだけでは限界があります。これらを考慮すると，多様な福祉ニーズに万全に対応する

用語説明：専門家支配

医療職や福祉職の人々は，彼らが長年培った専門的知識と国家資格の裏づけのもとに高度なサービスを提供します。しかし，彼らは「専門」家ですから，自らの専門外のことにはあまり関心を示しません。本来対人サービスはさまざまな面からの配慮が求められますので，彼らの「専門家的態度」は利用者にとって都合の悪いことが多いのです。E・フリードソンは，専門家が自らの技術・知識を頼みに相手を支配し，利用者のニーズに沿うサービスを阻害してしまうことを「専門家支配」と呼び批判しています。

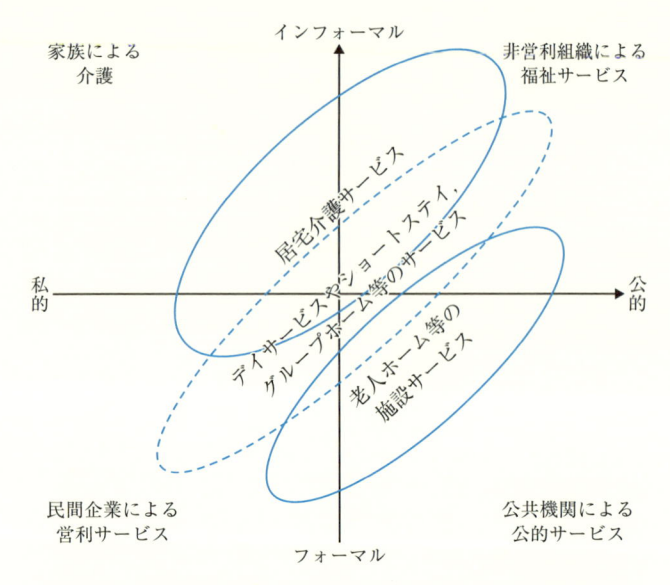

図10-4 高齢者福祉領域におけるさまざまな担い手の役割分担

には，さまざまな担い手による役割分担が必要です。

最後に，高齢者福祉領域におけるさまざまな担い手の役割分担をモデル化しました。老人ホーム等の施設サービスは，より要介護度の高い利用者への責務や確固たる運営基盤が求められるため，公的機関が大きな役割を担うべき分野といえます。

一方，居宅介護サービスは個別性が高いことに加え，介護保険制度の導入により民間企業の参入も容易になりました。家族による介護のみでは限界があり，適宜民間企業や非営利組織による支援が求められるところです。また，デイサービスやショートステイ，グループホーム等のサービスについては，家族介護者の負担を軽減する目的からさまざまな担い手による支えが必要です。比較的収益の見込めるグループホーム領域は民間企業の参入が進んでいます。一方で，デイサービス・居宅介護・ショートステイ等のさまざまな介護サービスを顔なじみのスタッフから一貫して受けられる小規模多機能型居宅介護の仕組みが，近年注目されています。こうした先駆的なサービス領域

に対しては，営利とは距離を置きつつ資源を動員する非営利組織の活躍が期待されるところです。

　一見豊かにみえてリスクの多い現代社会。さまざまな福祉の課題に対応するには，いろいろな担い手たちをうまく協力させながら対応する必要があります。それぞれの長所・短所をよく理解しつつ良い仕組みを模索し続ける努力が，求められているのです。

【ブックガイド】

1　広井良典『定常型社会』岩波新書，2001 年。
2　富永健一『社会変動の中の福祉国家』中公新書，2001 年。
3　G・エスピン＝アンデルセン，岡沢憲芙・宮本太郎監訳『福祉資本主義の三つの世界―比較福祉国家の理論と動態』ミネルヴァ書房，2001 年。
4　マイケル・リプスキー，田尾雅夫訳『行政サービスのディレンマ―ストリートレベルの官僚制』木鐸社，1986 年。
5　中西正司・上野千鶴子『当事者主権』岩波新書，2003 年。

　1 は，経済成長を前提としない「定常型社会」と現代社会を位置づけ，今後の福祉や社会保障のあり方について詳しい解説とさまざまな示唆を与えてくれます。2 は，現在の社会変動の重要な一側面として福祉国家をとらえ，産業化が進むほど福祉国家の仕組みが求められる理由を詳しく解説。福祉国家を理論的に学ぶ上でとても役に立つ書です。

　一方，福祉領域の社会学をさらに専門的に学ぶ際には，以下の 3 冊は欠かすことのできない基本文献といえます。3 は，産業化が福祉国家を促すというそれまでの定説に対し，各国のそれまでの歴史的経緯によって多様な福祉国家のモデルがあることを示した画期的な研究です。4 は，行政サービスを担う現業職員たちが非効率や杓子定規な対応に陥ってしまう理由を，官僚制という概念を手がかりに考察しています。さらに 5 は，「専門家」に依存しすぎることの問題点や当事者が主体的に福祉の仕組みを構築することの重要さ

を，高齢者・障がい者福祉領域の具体例を用いてわかりやすく解説しています。

【発展学習】考えてみよう！

1　さまざまな先進国の社会保障の仕組みを比較し，それぞれの利点と欠点を考えてみよう。
2　現在の生活保護制度は，不況による受給率の急増や，不正受給の問題など，さまざまな課題を抱えている。こうした現状をふまえ，生活保護の受給基準を厳しくすることには，どんなメリットやデメリットがあるだろうか。いろいろ考えてみよう。
3　「専門家」がもっぱらサービス提供の主体となることのデメリットは何だろうか。また，その対策としてどんな取り組みが必要だろうか。考えてみよう。

第 11 章　グローバリゼーション

この章で学ぶこと
　フィリピン産のバナナを食べ，タイで組み立てられたクルマに乗り，テレビで韓流ドラマを見ている私たち。まわりを見渡すと，外国から来たものがたくさんありますよね。なぜそうした光景が「当たり前」になってきたのでしょう。このナゾを解きつつ，国境を越えた世界とのつながりを考えるトランスナショナルな想像力の習得を目指します。
キーワード：グローバリゼーション，国民国家，国境，トランスナショナルな想像力

海外で生産され，日本で消費されるモノ

1　グローバリゼーションと国民国家

> この節で学ぶこと：世界には，日本やアメリカ，中国や韓国といった国境で区切られた国民国家という社会が存在しています。一方で，ヒト・モノ・カネなどは国境を越えて行き来し，各地の社会関係が深まるグローバリゼーションと呼ばれる社会変動過程が進んでいます。この節では，グローバリゼーションが国民国家という社会にどんな「挑戦」を投げかける現象なのかを学習します。
> キーワード：グローバリゼーション，国民国家，国境，世界システム，時間と空間の圧縮，ナショナリズム

はじめに

　世界地図を開いてみると，あちこちに国境が引かれていますよね。世界には，日本やアメリカ，中国や韓国といった国民国家（nation state）という社会が存在しています。国民国家は世界の隅々にまで広がっており，まさに世界は国民国家の集合体ともいえるでしょう。

　世界が国民国家によって分割されている一方で，ヒトやモノ，カネなどが国境を越えて世界中を行き来しています。日本に暮らす私たちは，食卓でフィリピン産のバナナを食べ，タイで組み立てられたクルマでオフィスに向かい，自宅のテレビで韓国ドラマを見ています。私たちの身の回りは外国からやってきたものであふれており，もはやこれらなしに生活は成り立たないかのようです。

　本章では，ヒト・モノ・カネ・文化・情報といったものごとが国境を越えて移動し，世界各地の社会関係が深化していく社会変動過程をグローバリゼーションととらえます。そしてグローバリゼーションが私たちの生活とどうかかわるものなのかを学習します。そのための手がかりは，グローバリゼーションと国民国家との関係を理解することにあります。まずは，国民国家という社会の仕組みを確認しましょう。

国民国家という社会

　現代に生きる私たちにとって、国民国家は、当たり前に存在するものなのかもしれません。ところが、国民国家は、大昔から存在していたわけではありません。その起源は、17世紀の西欧といわれています。歴史的にみると、それ以前の中世の時代には、国家とは異なる王国や帝国という社会が広がっていました（正村俊之『グローバリゼーション』有斐閣、2009年）。私たちが暮らす国民国家に比べると、当時の王国には明確な国境がなく、領土も飛び飛びで国境管理も厳密ではなかったのです。また国王らは勢力拡大のために各地の国王らと複雑な姻戚関係を結んでおり、他国からの政治的な影響を受けやすい状態にありました。さらに国内の統治は実質的に地方の領主に依存しており、加えてカトリック教会の強い影響を受けるなど、権力は国家以外の多数の権力主体に分散していたのです。

　その後の宗教戦争を経て、1648年に国民国家の基礎を作り出すことになるウェストファリア条約が成立します。この条約において、国家は、国内を統治する最高権力とされる国家主権を認められたといいます。そして国家は、国家主権を国の隅々にまで行き渡らせるために、中央集権的な政治組織（官僚機関、政府）を整え、またこれに伴って国家権力が及ぶ範囲として国境線の画定や国境管理の厳格化がなされていきます。

　こうして国民国家は、次の3つの特徴を備えた政治共同体となっていきます。一つ目に、国民国家は国境で区別された特定の排他的な領土を基盤として成り立ちます。複数の国が重複して領土を統治することはありません。二つ目に、国民国家は共通の文化（国民文化）を共有すると考えられる人々（国民）を社会の構成員としています。国民とは、歴史や文化を共有する集団といえます。最後に、国民は領土を管理する政府を形成し、政治参加を通じて国民国家の統治に携わっていきます。

　国民国家という政治体制は、まず西欧で広まりました。そしてこの体制は、18〜19世紀にかけて西欧の外部に向けて拡大し、現代の私たちにとっては見慣れた国民国家の集合体という世界地図が形成されていったのです。

グローバリゼーションの理論

　世界が国民国家によって分節化される一方で，それぞれの国家は貿易などを通じて国境を越えて他国とのつながりを持ちます。ある研究者は，産業革命以来，国際社会はひとつの世界システムとして，相互に依存し合ってきたと考えています（イマニュエル・ウォーラーステイン『近代世界システムⅠ』岩波書店，1981 年）。また国家の国境を越えたつながりは，蒸気や電力の発明といった技術革新，船舶や航空機といった交通手段の発達を受けて，ますます深まっていきます。さらにはインターネットによる通信技術の目覚ましい進歩により，人々はグローバルな想像力を身につけつつあります。世界は，客観的にも主観的にも，より緊密につながってきているのです。

　こうしたグローバリゼーションの特徴を，ある研究者は，時間と空間の圧縮と表現しました（デヴィッド・ハーヴェイ『ポストモダニティの条件』青木書店，1999 年）。航空便は地球規模で整備され，今では世界各地に容易にたどり着くことができます。インターネットを使えば，まさに瞬時に地球の裏側に住む人たちと連絡をとることもできます。物理的な距離は遠くても，はるか遠くの場所と簡単にアクセスできるようになってきたのです。そのなかで，遠く離れた地点が距離的なハンデを逆手にとって発展する現象もみられます。たとえば，アメリカに拠点を置く IT 企業は，地球の裏側にあたるインドにも拠点を設けました。そこでは IT と時差を活用します。アメリカでは通常時間で業務を行い，アメリカが深夜をむかえると，その仕事の続きを地球の裏側のインドの拠点で行います。時間の切れめなく業務を続けることで，世界に向けて 24 時間体制で対応することができるのです（『朝日新聞』2007 年 3 月 18 日付）。こうしたアメリカ企業の戦略は，まさにグローバルなアウトソーシング（外部委託）といえるでしょう。グローバリゼーションにより，距離的な遠近は，その意味自体をも変えつつあります。

グローバリゼーションの深まりと国民国家

　グローバリゼーションを，国境を越えて各地の社会関係が深まっていくこととととらえると，その深まりは国民国家という社会にさまざまな角度から「挑戦」を投げかけることになります。たとえば，経済的な取引が地球規模

で広がっていくと，国家は自国の発展のために適切な経済政策を打てなくなるのではないか。国際機関や国際条約の増加により，国家は国家主権という独占的な権力を行使する能力を弱めているのではないか。さまざまな文化が外国から流入すると，国家の文化的統一性が揺らいでしまうのではないか。経済・政治・文化の領域で，グローバリゼーションは国民国家という社会を大きく変えつつあります。次節では，こうした「挑戦」に焦点をあてて，現代社会の特徴をみていくことにしましょう。

国民意識の起源は？

海外旅行に行ったときやスポーツの国際試合を見るときなどに，みなさんも「日本人」「中国人」「アメリカ人」といった国民としての意識や昂揚感を感じることがありませんか。ところで，なぜ私たちは，こうした国民意識を抱いているのでしょうか。

アントニー・D・スミス(Anthony D. Smith)によれば，国民意識の起源はずっと古代にまで遡ります。彼は国民意識の基礎を，エトニという近代以前から存在した人々の共同体に求めます。近代以前から人類は歴史的に何度も戦争を繰り返してきましたが，その中で生き残った共同体として，エトニは今日の国民意識を形成する基礎になったといいます(アントニー・D・スミス『ネイションとエスニシティ』名古屋大学出版会，1999年)。

またスミスとは違う角度から，国民意識の起源は，それほど古くはないと主張する人もいます。ベネディクト・アンダーソン(Benedict Anderson)は，近代化という社会変動に注目します。近代化の過程では出版資本主義が発達し，新聞や小説，地図といった印刷物が普及していきます。これらの読者は，いまだ出会ったことがない他の読者とも同じ出来事を共有することができます。そうして，対面したことのない人々の間で歴史や文化を共有する共同体が想像されるとき，想像の共同体としての国民国家が成立するというのです(ベネディクト・アンダーソン『増補　想像の共同体』NTT出版，1997年)。国民意識は，社会の近代化の過程で生み出されたという主張です。

ふたつの主張は，国民意識の起源を古代から連続するものとみるか，近代の発明とみるかで違いはあるものの，国民意識が社会の変化とともに築き上げられてきたとみる点では共通しているようです。こうした国民意識や国民性といったナショナリズムにかかわる研究は，グローバリゼーションが進むなかで注目を集めるテーマとなっています。

2　グローバリゼーションと社会変容——経済・政治・文化

> この節で学ぶこと：グローバリゼーションが私たちの生活にもたらす影響を，経済・政治・文化の領域に分けてみていきます。国境を越える企業や労働者，越境する問題群への国際的な対応，国境を行き来する文化のインパクトなどを学習します。
> キーワード：新国際分業，移民労働者，リーマン・ショック，地域統合，ローカリズム，グローバル・ガバナンス，文化帝国主義，バイリンガル，イスラム嫌い

経済のグローバリゼーション

　経済の領域は，グローバリゼーションが最も深まっている領域とされています。商品・労働力・資本は，国境を越えて取引されています。経済的な資本がたくさん集まる国がある一方で，逆にそれらが過剰に国外へ流出してしまう国もあります。市場取引は地球規模でなされており，経済体制は，ますます国民国家の枠組みの中では完結しなくなっています。

　①企業の多国籍化と地球規模のモノづくり

　パソコンや自動車，洋服，バナナやコーヒーなど私たちがふだん使うものの多くは，企業がアジアや南米，アフリカなどの国々で生産し，輸入してきたものです。企業は世界各地でモノの生産や加工，消費を行っています。ひとつの国にとどまらず，複数の国に拠点を置いて活動する企業は，多国籍企業と呼ばれています。

　ところで，なぜ企業は多国籍化するのでしょうか。大きな理由は，コストです。企業は商品の生産コストを押し下げるために，商品の生産から消費に至る過程を複数の工程に分割します。それらを工程の性格に合わせて世界中に分散させることで，全体の生産コストを引き下げるのです。つまり企業は，資源が豊富な国で原材料を調達し，賃金が安い国で労働者を採用し，流通設備が整う国で部品を組み立て，たくさんの消費者がいる国で商品開発やプロ

モーションを行います。工程が各国に分散されていく結果，企業は多国籍な性質を強めていくのです。こうした分業体制は新国際分業と呼ばれ，製造業や繊維産業，食料加工業などで行われています。商品は，こうしてさまざまな国々を渡って私たちの手元にやってくるのです。

　また企業は，商品やサービスを生み出すだけではなく，多数の雇用や利益を生み出します。経済発展を目指すアジアの国々は，自分たちの国に先進国の企業を誘致しようとする政策を打ち出しています。自国への進出企業に税の優遇などの便宜を図る輸出加工区という特別地区を国内に設置する動きは，その一例です。海外から企業を誘致し，自国の経済力を高めようとしています。

　こうした動きもあり，先進国に拠点を置いてきた企業は，生産コストが低い東アジアや東南アジア諸国に拠点をどんどん移しています。日本を含む先進国では，国内企業が生産工場を海外に移転してしまう結果，国内産業が衰退する産業の空洞化が起きています。工場の海外移転は自国内での雇用の減少につながるため，失業者の増加が心配されています。さらに，それまで培った技術の海外流出も問題となっています。先進国の政府は，法人税の減免などで企業の負担を抑えて企業の海外移転を食い止めようとしていますが，アジア諸国の生産コストとの違いは大きく，企業の海外流出はなかなか止まりません。また法人税の減免は国家の収入減ともなるため，少子高齢化が進んで社会保障費が高まる先進国では，その政策の是非が問われています。

　②国際化する労働力

　モノの生産が国際化するのと同じように，労働力も国際化していきます。先進国には，アジアやアフリカ，中南米出身の外国人が仕事を求めて移動してきます。彼らは，ときには劣悪な労働条件のもとで，建設業や製造業，サービス業などの分野で働いています。日本で暮らす私たちがよく利用する自動車やコンビニ弁当も，こうした移民労働者が多く働く工場で作られています。

　ところで，単純労働者だけが国境を越えていくわけではありません。バイオテクノロジーや情報技術の分野では技術革新のサイクルが速く，研究開発

に必要な人材を国内で供給し続けることが困難です。そのため欧米や日本，シンガポールなどは，代わりに海外から優秀な人材(高技能移民)を呼び寄せ，新たな発明を生み出そうとしています。同様に，女性の社会進出や少子高齢化が進む国々では，家事や育児，介護といったケアの担い手も不足しがちです。こうした分野にはフィリピンやインドネシアからの女性移民が参入しており，彼女たちは病院や介護施設などで働いています。

このように労働者を受け入れる国もあれば，フィリピンやメキシコなどのように労働者を積極的に送り出す国もあります。送り出し国の政府は，国民を海外に送り出し，彼らが母国に送金や投資をもたらすことを期待しています。しかし，送り出し国では，海外出稼ぎがあまりにも進みすぎて，国内の人材不足も深刻となっています。フィリピンでは，多くの医師や看護師が海外に流出して不足気味となり，病院が機能しないという問題が起きています。

③金融の自由化と資本の移動

モノやヒトと同じように，おカネも国境を越えています。金融の自由化が進んで，海外に預金や投資がしやすくなりました。そのおかげで，資金が必要な国は，海外の投資家や金融機関から資金を集めやすくなったのです。ところが，せっかく集まった資金も，利益が見込めないとみられるや，すぐさま引き揚げられてしまいます。1997年に発生したアジア通貨危機では，海外から集められた資金が大量にかつ短期間に流出し，タイや韓国などの国家経済が大混乱に陥りました。

今日，資本は24時間休むことなく移動し続けており，ある国や地域の経済不況は，より短期間でより広範囲に世界経済に波及するようになりました。2008年のアメリカで起きたリーマン・ショックは，本来はアメリカ一国の銀行処理をめぐる問題のはずでしたが，金融取引が各地に広がっていたために，遠く離れた欧州や日本を含む世界各地に経済不況をもたらしました。その後，ギリシャやスペイン，アイルランドなどでは失業率が高まり，財政危機が深刻になりました。こうした「後遺症」に苦しんだ各国は，資本の国際的な管理体制の整備を緊急の課題としています。

企業も労働者も資本も，地球規模で移動しています。その上で，人々は安

価で高性能な商品やサービスを手に入れることができています。一方で, 企業や労働者, 資本が過剰に流出する国もあります。そうした国々では, さまざまなものが不足しています。世界の均等な発展が課題です。

政治のグローバリゼーション

　国際社会は, 経済危機や環境汚染, 食糧危機や感染症, 難民問題など地球規模の課題に直面しています。すべて, ひとつの国家のみでは対応することが難しい問題です。一方で, 国際機関や市民団体など国民国家以外のアクターが存在感を増しています。そのなかで, 国家の統治能力が問われています。

①世界各地で広まる国家間の連携

　国家は, それぞれに自国の発展を求めて行動します。しかし, 個々の国家だけでは対応できない経済や政治の問題もみられるようになってきました。近年は, 国家ごとに発展を目指すだけではなく, 複数の近隣諸国が連携してさまざまな問題に取り組む地域統合が各地で進んでいます。

　欧州は, 最も積極的に地域統合に取り組んでいる地域です。戦後, 燃料の共同購入から始まった欧州の地域統合は, もともと経済分野での協力が中心でした。その後1993年に設立されたEU（ヨーロッパ連合）では, 加盟国が国家主権の一部をEUという超国家組織に委譲しつつ, 域内移動の自由化や共通通貨ユーロの導入, 警察司法分野での協力, 難民政策の共通化といった政治分野での協力を進めています。EUは, 2020年1月末に英国が離脱したものの, 2022年現在27の加盟国を有する巨大な地域統合となり, すでに欧州はひとつの地域として, 国際社会で確固たる地位を確立しています。

　地域統合には, EUの他にもアジアのAPEC（アジア太平洋経済協力）やASEAN（東南アジア諸国連合）, 北米のUSMCA（米国・メキシコ・カナダ協定。2020年7月に旧NAFTA〔北米自由貿易協定〕の後継枠組みとして発効）, 南米のMERCOSUR（南米南部共同市場）, アフリカのAU（アフリカ連合）などがあります。多くは経済協力が中心ですが, 今後さらに連携分野が広まる可能性を持っています。現代は, 地域間の世界競争の時代でもあるのです。

②国民国家に対する内側からの批判

世界各地で近隣諸国の連携が進む一方で，国民国家という枠組みそのものへの批判もあります。そのひとつが，中央政府からの管理に対して，地方の独自性を重視するローカリズム（地域主義）です。スペインでは，中央政府に対してカタルーニャ地方やバスク地方が分離独立を求めています。英国でも，スコットランドで同国からの分離独立を目指す動きがあります。国家レベルで国際的なつながりが深まる一方，国内では地方分権が進められ，中央レベルではなく地方レベルでの意思決定が尊重されつつあります。中央政府がどこまで地方に権利を認めるかは，国内の発展や民主主義とも関係する大きな問題です。ローカリズムは，どのような枠組みを社会の基礎とするのかを問うものともいえます。

　また国家による管理や統治に不満を持つ人々が集まって行動する社会運動も各地で起きています。最近では 2011 年に，中東地域で民主化を求める運動が広がりました。チュニジアやエジプト，リビアなどでは政権交代を引き起こすなど，中東地域の政治体制を大きく変える出来事となりました。また同年のアメリカでは，「1％の富裕層と99％の貧困層」というスローガンのもと，多数の若者が経済格差の解消を求めて金融の中心地・ウォール街の一角を占拠する運動が起きました。これらの運動は，Facebook や Twitter などを使って多くの人々を引き付け，欧州や日本など遠く離れた地域にも影響を与えました。

③地球規模の課題とグローバル・ガバナンス

　国際社会は，さまざまな地球規模の課題に直面しています。地球温暖化や酸性雨，大気汚染といった環境問題は，そのひとつです。環境問題をめぐっては，1992 年の地球サミット以降，生物の固有性を保護する生物多様性条約や温室効果ガスの排出削減を規定する気候変動枠組条約などの国際条約が結ばれました。企業や環境団体，私たち一般市民にも環境保護への取り組みが求められており，国際機関から一般市民まで，幅広いアクターがかかわるようになっています。

　また国際犯罪も，越境する問題群のひとつです。9.11 以降も各地で発生するテロリズム，貧しい国の女性や子どもが商品として取引される人身売買

などは，各国の警察組織の連携や入国審査の強化，社会復帰を手助けするNGOなどの国際的な協力が必要です。また新型インフルエンザやSARS（重症急性呼吸器症候群），そして2020年より急拡大した新型コロナウイルス感染症（Covid-19）といった感染症も世界的な危機を引き起こす問題です。いったん感染症が発生すると，空港や港湾などの国境管理の水際では，検疫が強化されて感染症の自国への流入を防ごうとします。また国内では，病院で感染者を治療するだけではなく，不特定多数の人々が交錯する都市の諸機関（学校や公園，映画館やショッピングセンターなど）を閉鎖して感染の拡大を防ぐ対策が実施されるなど，さまざまな機関が対応を求められます。感染症対策は，企業活動の停止や一般市民の外出規制などで日常生活を制限するため，これに伴う社会的な混乱が問題となります。

　国際社会には「世界政府」が存在しないため，それに代わる国際的な協力体制を築き，越境する問題群に対応せねばなりません。政府だけではなく，国際機関や国際条約，研究者などの専門家，NGOといった市民団体などさまざまなアクターが協力して越境する問題群を管理するグローバル・ガバナンスが，その方法として注目を集めています。

　越境する政治や経済，環境や病気をめぐる問題は，もはや単独の国家のみで管理することはできません。多様なアクターが参加する重層的な統治構造が目指されるとともに，国民国家という枠組みそれ自体も組み直されていくのかもしれません。

文化のグローバリゼーション

　モノやヒトだけではなく，文化も国境を越えて行き来しています。世界中に浸透する文化もあれば，各地でそれへの反動も起きています。海外からさまざまな文化が流入し，国家の内部では多文化化が進んでいます。

　①文化の画一化と個別化の動き

　マクドナルドのハンバーガーやGAPの洋服，ディズニーのキャラクターは，世界中どこの国でも見かけることができます。こうした食文化や娯楽文化，消費文化などが広まる一方で，現地の伝統的な食文化やライフスタイルが衰退してしまうという問題も起きています。そのような特定の文化が広ま

ることで世界の文化が画一化していくことを文化帝国主義と呼んでいます（ジョン・トムリンソン『文化帝国主義』青土社，1993年）。文化帝国主義では，実際にはアメリカ式の文化や生活スタイルによる周辺文化の支配が問題とされてきました。

　ところが，世界を見渡せば，すべての文化が画一化するとはいえません。韓国は，K-popなどの音楽や「冬ソナ」といったテレビドラマなどをアジア各国に輸出しています。日本も「Cool Japan（かっこいい日本）」というスローガンで，『巨人の星』や『ドラえもん』，『ワンピース』といった漫画やアニメを海外に輸出しています。また寿司をはじめとする日本食（和食）も，健康食品として世界中に広めようとしています。文化の画一化とは異なり，各国の政府や企業などは，他国の文化との差別化を図り，それぞれの国民文化の独自性や特異性をアピールしています。文化の画一化と個別化は，同時に発生しているのです。

　②国際競争と言語の価値

　国境を越える文化といっても，その性格や性質によって広まり方は一様ではありません。たとえば，言語について考えてみましょう。世界には，およそ6000の言語があるといわれています。なかでも，英語やスペイン語，中国語，ヒンドゥー語などはたくさんの話し手がおり，とりわけ英語は世界各地で見聞きされる言語となっています。そして国際的なつながりが深まるとともに，世界中の人々とコミュニケーションをとるため複数の言語能力を習得するバイリンガルと呼ばれる人々も増えています。

　英語のように存在感が増す言語もあれば，逆に存在感が低下する言語も出てきます。たとえば，フランス語は，国連の公用語のひとつとしても国際的に認知されている言語です。ところが，英語の広まりに押されて，外交文書の作成や交渉の場ではフランス語の使用率が下がってきており，外交用語としてのフランス語の地位が揺らいでいるといいます（『朝日新聞Globe』2012年3月4日付）。また少数民族の人々が使う言語の中には，話し手の数が限られる上に，彼ら話し手自身の高齢化が進み，消滅の危機にある言語もあります（NHK「地球データマップ」制作班編『NHK　地球データマップ』日本放送出版協会，

2008年)。言語をめぐる競争は，国際的な動向の影響を受けています。はたして，日本語は世界の言語競争の中で生き残っていけるのでしょうか。

③越境する宗教と宗教文化の衝突

　もうひとつのトピックとして，宗教があげられます。もともと宗教も，国境を越えて広まり続けてきた文化です。キリスト教は，西欧諸国がアジアやアフリカを植民地化するなかで各地に布教されていきました。イスラム教は，中東だけではなく，アジアやアフリカなどでも多数の信者を得ています。そして仏教も，日本やタイ，スリランカなどアジア地域に広まっています。国境を越えた布教の歴史を持つ宗教。「神さま」も国境を越えてきたのです。

　ところが，異なる宗教文化の共存は，容易なことではありません。欧米圏では，西洋文化とイスラム文化との葛藤が問題になっています。アメリカでは，2001年の9.11テロ以降，イスラム系移民に対する差別やイスラム的なものごとに対する嫌悪感など**イスラム嫌い(islamophobia)**が広がっています。イスラム教徒に対する世間の目や監視が強まるなど，生活に困難を感じるイスラム教徒が増えているのです。

　また欧州では，イスラム系移民が身につけるスカーフが問題となりました。ライシテ(公的領域の非聖化)を社会の柱にすえるフランスでは，公立学校に登校したイスラム教徒の女学生にスカーフをとるよう指導したため，イスラム教徒はこの指導が自分たちの宗教の自由の侵害にあたると反対の声をあげました。一方で，フランス社会からは，スカーフ着用は女性の自由の侵害にあたるので禁止すべきという意見が出され，大きな社会問題となったのです。こうした「スカーフ論争」は欧州各国で広まり，結果的に公共の場でのスカーフ着用や過度に目立つスカーフ着用の禁止といった措置がとられました。イスラム教徒の宗教の自由が制限されることになったのです。

　文化は国境を越えて画一化する面もあれば，ある文化の特異性や個別性が強調される面もあります。また言語や宗教の例が示すように，文化はその性格によってもさまざまな広がり方をしています。いずれにせよ，文化は国境を越え，世界中の社会が多文化化しています。異なる文化の共存は，どこの国でも課題となっているのです。

3　グローバル化時代を生き抜くために

> この節で学ぶこと：私たちは，グローバリゼーションがもたらす経済的・政治的・文化的な利益を得て生活しています。もはや国境を越えたつながりを断ち切ることは難しいでしょう。この節では，日本に暮らす私たちが，今後もグローバリゼーションとつきあう上で避けられない競争と平等，多様性と統一性の問題を学習し，最後に国境を越えた世界とのつながりを考えるトランスナショナルな想像力の習得を目指します。
> キーワード：TPP，グローバル・シティ，新自由主義，反グローバリズム，エスニシティ，多文化主義，排外主義，トランスナショナルな想像力

競争と平等

　私たちは，グローバリゼーションがもたらす経済的・政治的・文化的な利益を得て暮らしています。もはや国境を越えたつながりを断ち切ることは難しいでしょう。日本に暮らす私たちは，どのようにグローバリゼーションとつきあうべきでしょうか。最後に，競争と平等，多様性と統一性の問題を手がかりに考えます。

　まずは競争と平等の問題です。今や世界中の国家や企業がグローバルな競争に参入しています。日本国内では，産業の空洞化が進み，一方で日本国外では新興国の台頭がみられるなど，日本国内外の経済環境は大きく変わってきました。日本は今後，グローバル競争を生き抜かねばなりません。そのための近年の取り組みのひとつがTPP（Trans-Pacific Partnership，環太平洋パートナーシップ協定）です。

　TPPは，加盟国間の貿易を活発にするために，お互いの関税を撤廃する貿易交渉の枠組みです。TPPは，自動車や電化製品などの工業品からコメや小麦といった農作物，保険などの金融商品まで幅広い品目を貿易対象として取り扱います。すでにTPPは，オーストラリアやシンガポールなど環太平洋地域の国々が参加する巨大な貿易枠組みとなっています。

ここ数年日本では，TPPへの参加をめぐって国民的な議論が起きています。日本から製品を輸出する産業界は，海外で日本からの輸入関税が撤廃されるTPPへの参加を求めています。輸入関税がかからない分，現地で商品を安く販売することができるからです。ところが，TPP参加は海外から日本への輸入関税の撤廃も含みます。外国産の安い農作物と競争する農業界は，日本での輸入関税の撤廃により日本国内の農業が衰退してしまうとして，TPP参加に反対しています。このようにTPPは，国内産業に広く影響を与える枠組みです。これからの日本の競争力を考えていく上で重要な意味を持つため，TPP参加の可否は大きな注目を集めています。

　国際競争が激しくなるなかで，国内外の不平等問題が深刻です。まず国際社会をみると，日本を含む先進国と発展途上国との間には，はてしない経済格差があります。ニューヨークやロンドン，東京などはグローバル・シティと呼ばれ，世界中からヒトやモノ，カネといった富が集まる地域となっています。一方で，アジアやアフリカの発展途上国では多くの人々が1日1ドル以下で生活をしています。学校に通えない子どももたくさんおり，同じ地球とはいえ，生活水準には大きな差が存在しています。

　国家間の格差とともに，国家内部の格差も深刻です。日本では雇用の流動化が進んで，フリーターや契約社員といった雇用形態が増えており，解雇や失業のリスクを一部の人たちが過剰に負っています。その背景には，市場の役割を重視する新自由主義という考え方に基づく社会設計が進んでいることがあります。自由や競争，個人の責任といった考え方が強調され，国家が果たしてきた平等や福祉などの再分配機能は弱まっているようです。中間層が減少して，富裕層と貧困層の二極化が進んでいるともいわれています。国内における富の分配をも考えなくてはなりません。

　経済格差だけではなく，世界中で貧困や環境問題が深刻化してきたのは，一部の先進国や多国籍企業が進めるグローバリゼーションが原因だとみなす反グローバリズムの主張や運動も強まっています。反グローバリズムは1995年にアメリカで始まって以降，国際会議の開催地などで発生しています。2008年の北海道・洞爺湖サミットでは，世界中から集まった人々が国

家の無能さや企業の横暴さを主張して，開催地周辺で抗議活動を繰り広げました。

　グローバリゼーションが生み出す利益は，地球上のすべての人々に平等に行き渡っているわけではありません。グローバルな社会正義を追求するため，日本は国際的な競争を生き抜きつつも，国内外で発生する格差や不平等への対応が求められてくるでしょう。

多様性と統一性

　もうひとつは，多様性と統一性の問題です。日本でもアジアや中南米からの移民が増えてきました。彼らは独自の言語や習慣，宗教などを保持しつつ，日本に滞在しています。社会学では，こうした文化的特徴に基づいて人々の集団を分類する方法をエスニシティと呼びます。私たちは，さまざまなエスニックな文化を持つ人々と一緒に，ひとつの社会を形成しています。そして，さまざまな文化の価値を認めて尊重し合う多文化主義の実現が日本でも求められるようになってきました。

　しかし，多文化主義社会の実現は，それほど簡単なことではありません。たとえば，多文化主義により保護されるエスニック文化の中には，女性や子どもの権利を制限する家父長的な文化もみられます。多文化主義はこうした文化も保護の対象としかねないという批判があるのです。マイノリティ集団の文化を保護する一方で，別の人々の人権を侵害してしまうという問題を，多文化主義は乗り越えねばならないのです。

　また多文化主義を実践しようとするとき，資源的な制約から実現が困難な場合もあります。たとえば，さまざまな出身地からの移民の子どもたちが通う学校では，多言語を尊重して彼らの母国語を教えることもあります。ところが，カリキュラムの時間数や教員数には限りがあるため，すべての言語を教える時間や労力は十分ではありません。多文化主義の理念とは別に，それを実現するための工夫が必要となってくるのです。

　社会の多文化化が進む一方で，最近では自分たちの文化を特権化し，他国の人々や文化に対して暴力的に反応する排外主義も目立っています。東京の新大久保や大阪の鶴橋などでは，外国人に対するヘイトスピーチが行われ，

社会的な問題になっています(安田浩一『ネットと愛国』講談社, 2012年)。

多文化を尊重しつつ, いかにひとつの社会としての統一性を維持していくのかは日本全体が取り組むべき大きな問題です。さまざまな人々が国境を越えて行きかう現代において, 他者に寛容な社会の実現が求められています。

トランスナショナルな想像力の習得を目指して

本章で学習したように, グローバリゼーションは経済・政治・文化の領域で進み, 世界各地の社会関係はますます深まっています。私たちの身近にあるモノもヒトも文化も, 世界の国々とのつながりから生み出されているのです。そして同時に, グローバリゼーションに伴う競争と平等, 多様性と統一性の問題は, 日本を含む世界中で対応が求められる課題となっています。

もはや私たちの生活は, 国民国家というナショナルな枠組みでは完結しなくなっています。私たちは国民国家の枠組みを越えて世界がどのようにつながっているのかを考えるトランスナショナルな想像力を習得する必要があるでしょう。国境を越えたつながりをとらえつつ, 私たちのこれからの生き方を考える想像力。トランスナショナルな想像力は, これからの時代を生き抜くグローバル人材にとって欠かせないスキルとなるはずです。

【ブックガイド】

1　ロビン・コーエン&ポール・ケネディ『グローバル・ソシオロジーⅠ・Ⅱ』平凡社, 2003年。
2　伊豫谷登士翁『グローバリゼーションとは何か──液状化する世界を読み解く』平凡社新書, 2002年。
3　サスキア・サッセン『グローバル・シティ──ニューヨーク・ロンドン・東京から世界を読む』筑摩書房, 2008年。
4　S・カースルズ&M・J・ミラー『国際移民の時代　第四版』名古屋大学出版会, 2011年。
5　吉野耕作『文化ナショナリズムの社会学──現代日本のアイデンティティの行方』名古屋大学出版会, 1997年。

1は，欧米圏での出来事が中心ですが，グローバル化という社会現象を幅広い事例から学習することができます。2012年に原著の第3版が出ています。2も日本でグローバル化を取り上げた第一人者の著です。3は経済のグローバル化を扱った本。4は，国際移民に関する教科書として定番です。5はナショナリズムという現象に見通しをつけてくれる専門書です。

【発展学習】考えてみよう！

1　「グローバリゼーション」というキーワードで思い浮かぶ「風景」を写真に収め，その「風景」について説明しあってみよう。
2　なぜ人々は，国境を越えてくるのだろう。身近にいる外国人にインタビューしてみよう。
3　「日本は工業品の輸出に特化して，農作物は完全に輸入に頼るべきである」という主張について，その賛否をグループで討論してみよう。

第12章　少子高齢社会

この章で学ぶこと

　少子高齢社会とはどのような社会だろうか。また少子高齢化が進むと，私たちの生活はどのような影響を受けるだろうか。将来の地域社会の姿と考えられる対応をともに学んでみましょう。

キーワード：少子高齢化，人口減少社会，地域特性，地域包括ケア

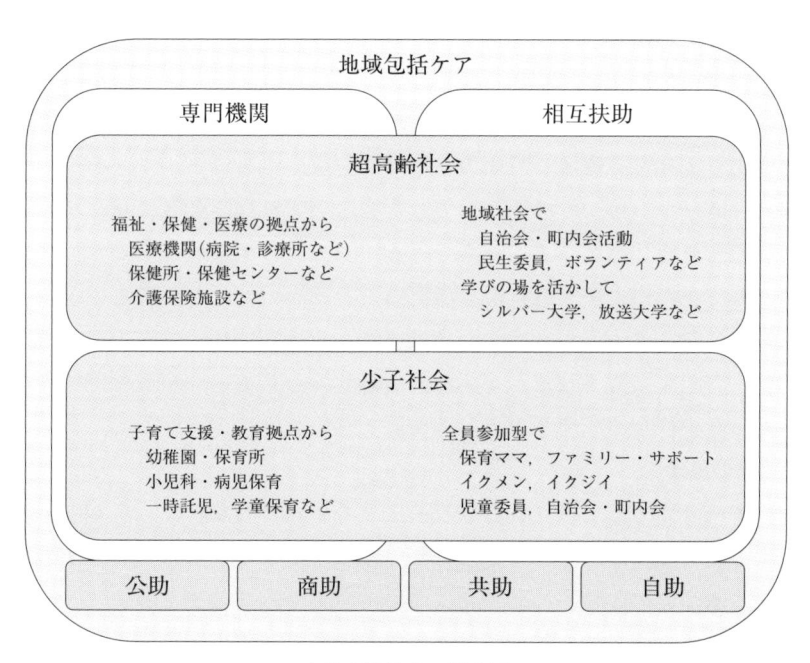

```
┌─────────────────────────────────────────────┐
│              地域包括ケア                    │
│  ┌──────────────┬──────────────────────┐   │
│  │  専門機関     │      相互扶助        │   │
│  ├──────────────┴──────────────────────┤   │
│  │            超高齢社会                │   │
│  │                                      │   │
│  │ 福祉・保健・医療の拠点から  地域社会で│   │
│  │  医療機関(病院・診療所など)  自治会・町内会活動│
│  │  保健所・保健センターなど   民生委員，ボランティアなど│
│  │  介護保険施設など          学びの場を活かして│
│  │                            シルバー大学，放送大学など│
│  ├──────────────────────────────────────┤   │
│  │            少子社会                  │   │
│  │                                      │   │
│  │ 子育て支援・教育拠点から   全員参加型で│  │
│  │  幼稚園・保育所           保育ママ，ファミリー・サポート│
│  │  小児科・病児保育         イクメン，イクジイ│
│  │  一時託児，学童保育など    児童委員，自治会・町内会│
│  └──────────────────────────────────────┘   │
│  ┌────┐ ┌────┐ ┌────┐ ┌────┐            │
│  │公助 │ │商助 │ │共助 │ │自助 │            │
│  └────┘ └────┘ └────┘ └────┘            │
└─────────────────────────────────────────────┘
```

少子高齢社会の概念図

1　少子高齢社会の実像

> この節で学ぶこと：少子高齢化とはどのような現象か，それを示すいくつかの指標とともに学びます。少子高齢化が進むと私たちの社会にどのような影響があるか，考えてみましょう。
> キーワード：少子化，高齢化，人口ピラミッド，自然増減，社会増減

少子高齢化という言葉を聞いたことがあるでしょうか。どのような現象でしょうか。文字が示す意味からは，子どもの数が減って，高齢者が増える，それが社会全体で進んでいく現象と考えることができます。しかしそれだけでは，少子高齢化によって，私たちの社会が今後どのように変わっていくのか，きちんと説明することができません。そこで，たとえば日本の子ども数の増減の歴史的な流れ，今なぜ子どもの数が減少するのか，あるいは高齢者とはどのような存在で，高齢者がたくさん暮らす町や村にはどのような心配事があるのかなど，少子高齢化を表す現象や指標をもう少し詳しく学ぶことで，現状をよりよく理解し将来の日本の姿を推測することができそうです。

私たちはみな，かつては子どもでしたし，いずれは高齢者になります。少子高齢化が進む社会は，まぎれもなく私たちの暮らす地域社会です。社会学を学ぶみなさんが少子高齢社会を考えることは，自分たちの過去や現在や将来を考えることにつながります。ではまず，少子高齢化とはどのような現象か，少子高齢化に含まれる，少子化，高齢化，そしてそれが進んだ社会としての人口減少社会の順で学んでいきましょう。

少子化の現状

総務省統計局では，毎年5月5日の子どもの日にちなんで，日本の子どもに関する最新の統計データを公表しています。そこでまず，いくつかの統計データに基づいて，日本の少子化について考えてみましょう。

少子化を表す代表的な指標には，出生数と合計特殊出生率があります。出生数とは，1年間に生まれた子どもの数のことです。厚生労働省の発表では，

第12章 少子高齢社会

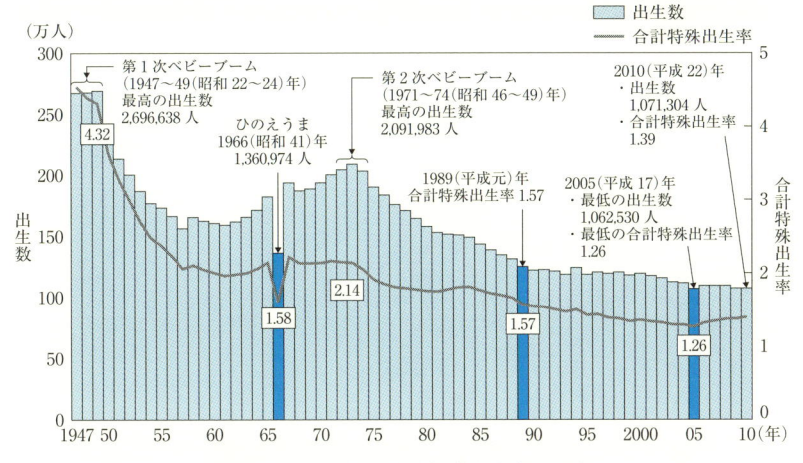

図12-1 出生数と合計特殊出生率の推移

注：1947-1972は沖縄県は含まれない。
資料：厚生労働省，人口動態統計 2010年より

2021年の出生数は84万2897人でした。図12-1は，『子ども・子育て白書』で紹介された出生数と合計特殊出生率の推移を表します。日本の出生数は，第1次ベビーブーム期には約270万人でした。その世代が親になる時期にあたる第2次ベビーブーム期には200万人を超えましたが，その後は一貫して減少傾向にあるのがわかります。その代表的な要因として，未婚化，晩婚化があげられます。未婚化は，結婚をしない選択をする者の増加を表しますし，晩婚化は結婚のタイミングが遅くなっていることを表します。日本では，未婚女性の出生数は非常に少ないので，未婚化，晩婚化が進むということは，出生数の減少につながり，少子化が進むと考えられています。

第1次ベビーブーム期（1947〜49年）に4.3を超えていた合計特殊出生率は，丙午（ひのえうま）の迷信があった1966年を例外として，その後減少していきます。合計特殊出生率とは，15〜49歳までの女性の年齢別出生率から計算されたもので，1人の女性が一生の間に生むとされる子どもの数に相当します。2005年には過去最低の1.26を記録しました。2010年の合計特殊出生率は1.39で，欧米諸国と比べても低い水準です。人口置換水準が2.07です

表12-1　65歳以上人口割合別の到達年次と倍加年数

国	65歳以上人口割合(到達年次) 7%	14%	21%	倍加年数(年間) 7%→14%	10%→20%
韓国	1999	2017	2027	18	19
日本	1970	1994	2007	24	20
中国	2000	2025	2037	25	18
ドイツ	1932	1972	2013	40	57
イギリス	1929	1975	2030	46	81
ロシア	1968	2017	2045	49	61
アメリカ	1942	2014	2048	72	59
スウェーデン	1887	1972	2021	85	67
フランス	1864	1990	2023	126	77

注：厚生労働省，平成24年の人口動態統計より一部抜粋

から，日本は人口が減少していく社会であることは数値からも明らかです。人口置換水準とは，現在の人口を維持できる合計特殊出生率の目安です。2013年5月に発表された全体の子ども数は1649万人で，これは32年間連続の減少，全人口に占める子どもの割合は12.9％，これは39年連続の減少です。日本の子どもは，数・割合ともに減少を続けています。

高齢化の現状

では次に，高齢化の現状をみてみましょう。高齢化を表す代表的な指標のひとつが高齢化率です。高齢化率とは，全人口に占める65歳以上人口の割合のことです。日本は，他の国々と比較すると，高齢化のスピードが速いことで知られています。では，高齢化のスピードを表す表12-1をみてみましょう。

一般的に，高齢化率7％，14％，21％が，その国の高齢化状況を示す水準として用いられます。7％を超えると高齢化社会，14％を超えると高齢社会，21％を超えると超高齢社会と表現が変わります。日本は，2007年に21％を超えていますから，すでに超高齢社会に突入していることになります。7％から14％になるまで24年，10％から20％では20年しかかかっていません。

2021年9月15日現在の日本の65歳以上人口(老年人口)は3640万人になり，高齢化率でいうと29.1％で，毎年高齢者数と高齢化率は高まります(図12-2参照)。地方の高齢化が進む地域では，以前から人口流出，過疎化が問

(万人)

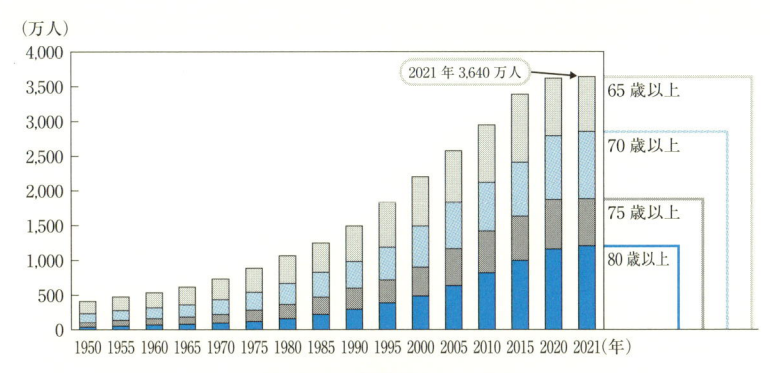

図12-2 高齢者人口の推移
注：2020年および2021年は9月15日現在，その他は10月1日現在。
資料：「国勢調査」および「人口推計」

題になっていました。一方で，現在懸念されているのは，都市の高齢化です。もちろん過疎地における人口減少の急速化も深刻な問題です。しかし比較的若い人口が集まるイメージを持たれる都市部も，着々と高齢化は進んでいます。たとえば，かつて若い年齢層が住民の多くを占めていたマンションや団地でも高齢化が進み，今では非常に高齢化率の高い地区になっているところも決して珍しくありません。

人口減少社会の将来

日本の人口構造を示すものに，人口ピラミッドと呼ばれるものがあります。男女別に，また年齢ごとに，人口を積み重ねたグラフのことです。図12-3に示すのは，総務省統計局が発表した人口ピラミッドです。1920年（大正9年）と2010年（平成22年）を重ねると，少子高齢化が進んでいる様子がよくわかります。日本の総人口は，2022年3月1日現在で1億2526万人です。近年，一世帯あたりの人員は一貫して減少を続けています。これは，ひとり暮らしの世帯が増加しているためです。2010年には，ひとり暮らし世帯が，最も多い家族類型になりました。

人口の増減は，自然増減と社会増減とに分けられます。自然増減とは，出生数と死亡数とで計算されます。生まれてくる数のほうが死亡する数より多ければ自然増ですし，その逆であれば自然減です。社会増減とは，ある地域

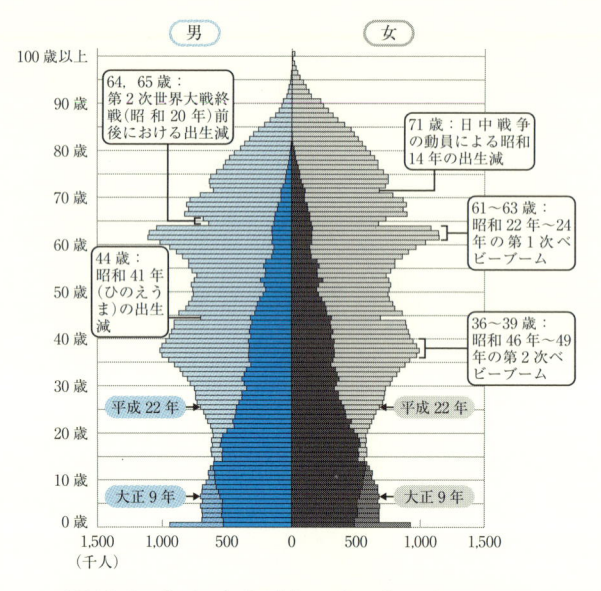

図12-3　大正9年と平成22年の人口ピラミッド
資料：国勢調査

　への転入数と転出数とで計算されます。他の地域からの転入数が他の地域への転出数より多ければ社会増ですし，その逆であれば社会減といえます。では現在の日本はどの状態でしょうか。

　実は，日本はすでに自然減の社会，人口減少社会に突入しています。図12-4に示すのは，厚生労働省が発表した2012年人口動態統計の年間推計に基づく自然増減数の年次推移です。2005年（平成17年）には，現在の形式で統計をとるようになった1899年（明治32年）以降初めて，出生数が死亡数を下回り，自然減に転じました。翌年は増加したものの，2007年（平成19年）からは連続で減少しています。

　では，人口が徐々に減少していく社会とは，どのような社会でしょうか。私たちの社会は，さまざまな職種の人々の労働，生産活動によって支えられています。第1次産業，第2次産業，第3次産業，いずれの職業に就いていても，その労働対価として収入を得るには，各々のモノやサービスを利用す

図 12-4　自然増減数の年次推移

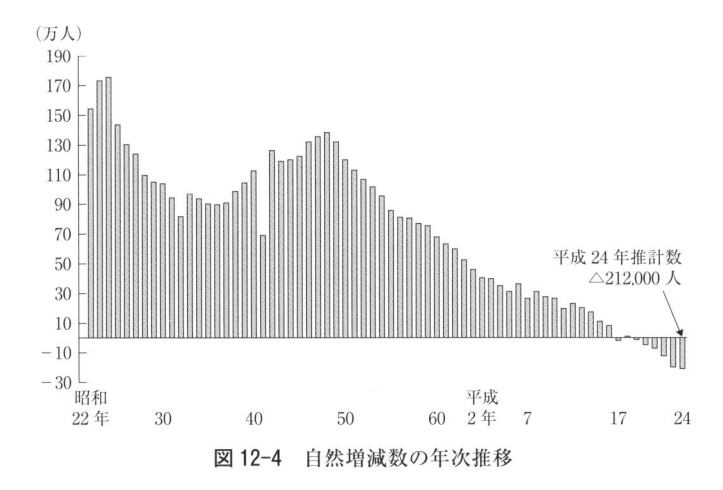

る相手がいなくてはなりません。人口減少社会では市場の縮小が避けられず，特に若い世代の消費は低迷することになります。社会全体での需要の維持が容易でないことは明らかです。

また，現在年少人口（0～14歳）に属している年齢層も，いずれは生産年齢人口（15～64歳）に移行します。これは，生産年齢人口層が縮小していくことを意味しますから，人口減少社会では，生産能力の社会的な低下も避けられそうにありません。必然的にさまざまな産業で，担い手不足が現実化していきます。第1次産業の後継者不足は以前から指摘されてきましたが，それだけにとどまりません。特に地方の町村では，田畑の荒廃，学校の閉校，伝統行事や冠婚葬祭の互助活動の存続困難など，地域社会が保ってきた機能を維持することも難しくなっています。

地域社会が影響を受けるということは，当然個人の生活にもさまざまな影響が及びます。そのひとつが医療に対する不安です。長寿を全うできるということは，本来喜ばしいことであるはずです。しかし一方では，人は年を重ねると，足腰が弱くなったり，視力が下がったり，若い頃より病気にかかりやすくなったりします。こうした加齢による身体的な変化は自然な変化であって，避けることはできません。加えて，定年退職などで離職すると，収入は減ります。高齢になると，病気の治療代にかかる支出は一般的に増える

傾向にあります。病気の治療を含め日常生活にかかる支出が増えることは，個人としては生活に直結しますから，重要な関心事です。そしてこのことは，社会的な負担の増大にもつながっています。

日本は国民皆保険が実現しているため，みな何らかの医療保険制度に加入しています。国民皆保険とは，国民すべてが何らかの医療保険に加入していて，いつでも誰でも病気や怪我の際には一定の医療給付が受けられることを意味しています。そのため，病気の治療代として窓口で支払うお金は，一部の医療を除いて，一般的に全額自己負担ではありません。それを主に支えているのが，働く世代が収める税金です。

高齢者が増えるということは，それだけ医療や介護にお金がかかります。必然的に，保険や年金などの支出が社会的に増大することになるので，税金を納める世代の負担が増すことになります。現在75歳以上の後期高齢者にかかる医療費は，日本全体の約3割に達しています。高齢化が進み，医療費は今後も増大していくことが見込まれるので，国民皆保険制度をいかに維持していくかが，大きな課題になっています。

多くの人が長生きできる社会の実現は，戦争や飢饉，不衛生な状況に苦しむ社会では成しえない喜ばしいことです。とはいえ日本は少子化と長寿化が同時に進むことで，高速で高齢化が進んでいますから，その変化に備えておかないと，いつか自分が高齢者になったときに，困ったことになりそうです。

2　少子高齢化と保健・医療・福祉

この節で学ぶこと：少子高齢化が進んだ地域社会では，どのような仕組みづくりをして，将来に備えればよいでしょうか。専門職と非専門職，あるいは個人と社会全体，それぞれができることは何か，考えてみましょう。
キーワード：自助・共助・公助，予防，健康寿命

全員参加型社会とは

では，若い年齢層が少なく，高齢層の多い状態が当面続く私たちの社会は，

どのような姿を目指せばよいのでしょうか。統計上，高齢者のひとり暮らし世帯が増加していることは間違いありませんから，この現実に対応した地域づくりが可能かどうか，考えてみましょう。

　少子高齢化による生産能力の低下に対応した社会として，厚生労働省は全員参加型社会を提唱しています。全員参加型社会とは，性別や世代，障がいの有無にかかわらず，すべての人の就業意欲に応える社会を目指す理念といえるでしょう。性別や年齢などの属性に基づく就業制限の是非は，少子高齢化の影響に限らず常に議論されなくてはならない問題です。ここでは，将来的な地域づくりについて，全員参加型社会の発想で前向きに考えてみましょう。

　総務省の労働力調査によると，60歳以上で働いている人は，2012年の平均で1192万人に達し，過去最高を記録しています。全就業者に占める割合は，19.0％です。厚生年金の支給開始年齢も徐々に引き上げられていますし，各企業の中高年者雇用のあり方も変わりつつあります。

　障がい者の働き方も，少しずつですが変化の兆しがみえます。民間企業で働く障がい者は，2011年6月現在で36万人を超えています。働く障がい者の数が増えつつあるようですが，労働者全体では2％にも達していません。また労働賃金が安く，経済的自立からは遠い状態にある障がい者が多いのが現実です。企業側に障がいに関する知識が不足していること，ゆえに障がいの特性に合わせた仕事の体制づくりがなかなか浸透していかないのも，原因のひとつでしょう。

　ところで，人がその能力を活かす場所は，雇用されて働く職場だけではありません。特に高齢者の場合には，定年退職後の活動の場を地域社会に移し，自治会・町内会活動やさまざまな趣味活動に時間を使う人もいるでしょう。あるいは放送大学やシルバー大学など，新たな学びの場を求める人もいるでしょう。65歳現役社会という表現は，誰かに雇用された働き方によった表現で，定年のない職場や，趣味・サークルなど仕事から離れたところに活動拠点を移した場合には，生涯現役を目標にしている方も数多くいます。また最近では，イクメン（育児に積極的な男性）やイクジイ（育児に参加する高齢

の男性）などの言葉もよく耳にするようになりました。性別や年齢，障がいの有無などの属性にとらわれないシステムで，超少子高齢社会に備えることはできないでしょうか。

自助・共助・公助の仕組み

困難に備える仕組みづくりのひとつに，自助・共助・公助の考え方があります。これに民間の活力を取り入れる視点から，商助を加えて考えてみましょう。簡単な概念図を下に示します（図12-5参照）。自助は，自助努力という言葉が示すように，日常生活で生じる困難に対して自力で対応する方策です。担い手の実際には，自分の他に家族が加わることもあります。公助は，文字通り行政など公の機関が主体となって，さまざまな支援やサービスを供給します。医療，保健，介護，福祉など多くのサービスはみな，根拠となる法律や制度があります。サービスの担い手も，法制度で身分が規定された専門職が主に担います。つまり法制度に基づいて支える方策を公助と考えるとよいでしょう。共助は，公助の対象にはならない場合，あるいは公助では十分に対応できない場合などに活躍します。公的な対応は，法制度の規定以上のことはできませんから，困難の内容によっては，公助の対応では難しい場合があります。共助は，困ったときに助け合う，相互扶助の考え方が基底にある方策といえるでしょう。もうひとつの商助は，モノやサービスの供給に商業の力を加える考え方です。たとえば，さまざまな福祉機器や自助具は，介護保険制度を利用して要介護者が利用する場合もありますし，商品として

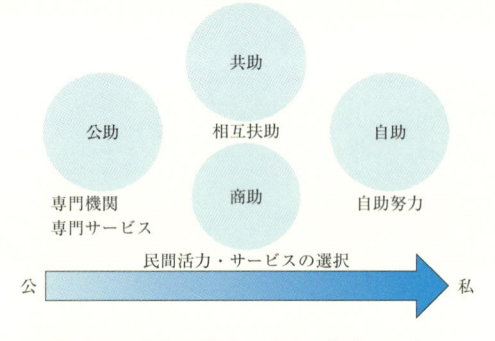

図12-5　自助・共助・公助＋商助のしくみ

購入する場合もあります。経済的に困窮しているために便利な福祉機器を利用できない問題も，もちろん取り組まなくてはならない課題ですが，一方では民間の活力をベースにしたモノやサービスの開発や選択的利用の道も開かれているという考え方です。

予防の概念

自助努力で解決できる範囲を超えた困難を抱えてしまったとき，支援が得られる仕組みが整っていることは，誰にとっても心強いことです。一方で，自分の生活に直接の影響があるような困難は，できるだけ回避したいと思うのが，人の心理でしょう。病気になりたいと思う人がいないように，要介護の状態になりたいと思う人もいません。ここで重要なのが予防の考え方です。

一般的に「予防」というと，風邪の予防とか，感染性皮膚炎の予防とか，病気になるのを未然に防ぐことを指して使われることが多いでしょう。しかし予防医学における「予防」の概念は，もう少し広い使われ方をします。下に示す概念図をみてください。

予防医学は，疾病の予防，寿命の延長，肉体的・精神的健康の増進を進めるための学問領域です。長年の疫学研究などで蓄積されたデータに基づいて，保健活動の実践などに役立てられています。この予防医学が，個人というよ

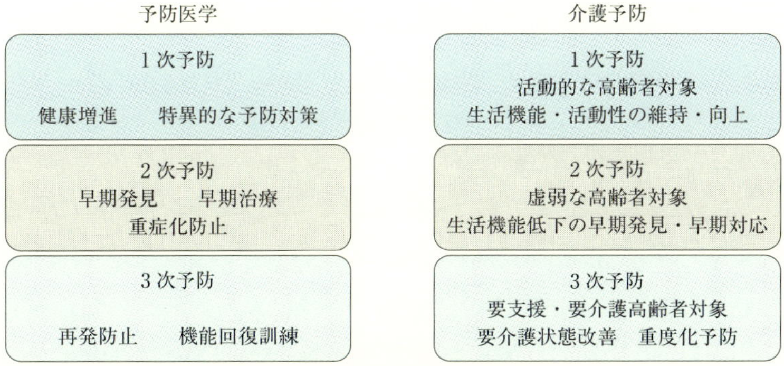

予防医学	介護予防
1次予防 健康増進　特異的な予防対策	1次予防 活動的な高齢者対象 生活機能・活動性の維持・向上
2次予防 早期発見　早期治療 重症化防止	2次予防 虚弱な高齢者対象 生活機能低下の早期発見・早期対応
3次予防 再発防止　機能回復訓練	3次予防 要支援・要介護高齢者対象 要介護状態改善　重度化予防

図12-6　予防の概念

出典：左：柳川洋・中村好一『公衆衛生マニュアル2010』南山堂，2010年，3頁に基づき筆者作成。右：厚生労働省『総合的介護予防システムについてのマニュアル（改訂版）』2009年に基づき筆者作成

り集団や地域を対象にするときには，公衆衛生学的な手法が用いられます。予防医学の考え方では，たとえば病気にかかっているかいないか，かかっているとしたらどの段階かなどの状況によって，やるべき課題が異なっています。つまり，予防にはいくつかの段階があるということです。

　予防医学的な1次予防は，健康教育や保健教育，定期健康診査などの健康増進活動や，インフルエンザの予防接種や感染経路対策など，特異的な予防対策を行う段階です。2次予防は，がん検診や循環器健診などを行い早期に対応する，つまり病気の早期発見，早期治療を行う段階です。3次予防は，いわゆる再発の防止と社会復帰のための機能回復訓練（リハビリテーション）を行う段階です。

　予防医学と同様に，1次予防から3次予防までの各段階を，介護の状況にあてはめたものが，介護予防の概念になります。厚生労働省が示す介護予防は，要介護の状態になることをできる限り防ぐこと，あるいは遅らせることと，要介護であってもその悪化をできる限り防ぐことの大きく2つの側面から定義されています。

　介護予防における1次予防は，活動的な状態にある高齢者を対象にして，現在の生活機能の維持・向上に向けた取り組みを行う段階です。つまり要介護の状態には至っていない，身体的自立度が高い高齢者を対象にしています。2次予防は，要支援・要介護に陥るリスクの高い高齢者を対象にして，生活機能低下の早期発見，早期対応を行います。3次予防は，要支援・要介護状態にある高齢者を対象にして，現在の要介護状態を改善したり，いっそう重度化することを予防する段階です。

　病気と要介護は，同時に2つを抱えることはあっても，本来的に同じではありません。ゆえに，医療と保健，福祉の専門職が，それぞれの知識や技術を活かしてサービスを供給する仕組みが必要です。どの段階においても，一人ひとりの個別状況に応じた予防の実践が求められることは共通しています。

健康寿命の延伸のために

　2000年から厚生労働省が推進している「健康日本21(21世紀における国民健康づくり運動)」では，国民の健康増進を進めて，壮年期死亡の減少，

健康寿命の延伸および生活の質の向上を実現することを目的に掲げています。2013年からは第2次の段階が始まっています。健康寿命とは，WHO（世界保健機関）が提示した言葉で，平均寿命から日常的に他者からの援助を必要とする期間，要介護の期間を差し引いたものです。すなわち，身体的に自立的な期間を示す指標となります。

　最近では，多くの自治体で健康寿命の延伸を政策目標に掲げて，住民対象の啓発活動や健康づくり教室，保健指導などが展開されるようになりました。現状と比較して，他者からの援助を今以上に必要としない期間が長くなることは，ほとんどの人の期待と一致します。高齢化の進展で要介護者数の増加が見込まれていますし，少子化によって担い手の不足も避けられそうにありませんので，個人の努力と社会の努力は，同時に進めなければなりません。

　先にあげた自助・共助・公助・商助の仕組みに，予防の概念を組み合わせて考えてみましょう。まずは身体的には自立度が高い状態で，あるいは何らかの持病を抱えていたとしても，自助でできる範囲のことで将来に備える必要があります。身体，病気，制度に関する知識はいざというときに役に立ちます。そして何らかの病気にかかるなど，他者からの援助が必要な状態になったときには，それ以上の悪化を食い止めるための2次的な予防を行います。地域社会には，日常的な支援を行うNPOやボランティア団体がありますし，自治会や民生委員もいます。共助を支える人材は，少子高齢化が進む地域の心強い存在です。一方で，再発防止や機能回復訓練を行う，あるいは要介護状態の悪化を予防するには，専門職の支援が必要です。公助の仕組みの中で保健・医療・福祉の専門サービスを供給する専門職は，頼れるエキスパートです。また，さまざまな身体状況に応じて利用可能な福祉機器は，個々の生活の維持に有効に働きます。要介護度の重度化防止の観点からも，さまざまな福祉機器の開発や普及は商助の力強い側面です。

　高齢者を対象とした学びと実践の場であるシルバー大学での様子を写真で紹介します。みな65歳以上の高齢者であり，自らの将来に備えるため，役立つ知識を得て効果的な運動を学ぶ，気構えを感じるシーンです。

図 12-7　シルバー大学校(栃木県)での授業の様子と体育館での実践の光景

3　これからの地域戦略

> この節で学ぶこと：少子高齢化や過疎が進む地域社会で，住民の心配に応えるには，どのようなまちづくりが可能でしょうか。自分たちの住む地域社会の将来を見据えて，人々の生活を支える仕組みについて考えてみましょう。
> キーワード：医療過疎，地域包括ケア，地域戦略

医療過疎と向き合う

　少子高齢化が進む現在，医師不足の問題をよく耳にします。毎年医学部を卒業して，医師になる人がいるはずなのに，なぜ医師不足が深刻化するのでしょうか。原因は，日本全体で医師の分布が一様ではないことにあります。ひとつは診療科による偏在の問題です。小児科や産婦人科，救急医療に携わる医師不足は深刻です。もうひとつは地域による偏在の問題です。「へき地」と呼ばれる地域に赴任することを望む医師は，それほど多くありません。

　「へき地」とは，厚生労働省のへき地保健医療対策において，交通条件および自然的，経済的，社会的条件に恵まれない山間地，離島その他の地域のうち医療の確保が困難であって，「無医地区」および「無医地区に準じる地区」に該当するものと定義されています。ここでいう無医地区とは，原則として医療機関のない地域で，当該地区の中心的な場所を起点としておおむね半径4kmの区域内に50人以上が居住している地区で，かつ容易に医療機

診療所も役場も図書館も——人が集まる多機能拠点

　岡山県新見市哲西町に，診療所や役場，図書館，市民ホールなどが一つ所に集約された複合施設があります。町のイベント会場にもなるその拠点には，日々さまざまな用事で人が集まってきます。この町の人口は約3000人ほどですが，人々が何気なく集い交流し，町のさまざまな情報が飛び交い，自然に拡散していきます。大都市のように，お互い名前も知らない大勢の人々が1日中すれ違っていく様相とは異なり，顔をよく見知った者同士の静かな交流の時間が流れています。この複合施設のすぐ横には道の駅があり，町の特産物や焼きたてパンの店も並びます。自然に町外から来た人々も立ち寄るスポットになっています。小さな町の一大結節機関といえるでしょう。

　大きな施設を建設するには，お金も時間も勇気も要ります。日本中のすべての市町村が大きな複合施設をいっせいに建てるのは難しいかもしれません。しかし，このチャレンジ精神旺盛な取り組みから，私たちが学べることはたくさんあります。ひとつは，住民が望む町の機能は何かを知ることです。実際，哲西町では，中学生以上の住民に調査を行って，町に何を作ってほしいかを把握するところから始めました。そしてみなが望む機能がひとつに集約された拠点を作ってしまったのです。次に，機能の効率化に着目することです。まちに必要な機能がどこにあるのか，見直してみることは可能でしょう。近いところにさまざまな機能を集約させることは，有効なアイディアです。高齢者がバスで一箇所に出てくれば，一度にさまざまな用事が足せるような仕組みは魅力的でしょう。診療所で治療して，役場で手続きをとって，道の駅で買い物して帰るなどです。

　　　　＊　＊　＊　＊　＊　＊　＊　＊　＊　＊

きらめき広場　哲西
http://www.kokudokeikaku.go.jp/share/demopulation/02shiryou3-2.pdf

隣には，道の駅・パン工房（米粉の焼きたてパン販売）もありますが，行政・図書館・文化センターとの同居はメリットが大きいです。

- 生涯学習センター
- 文化ホール
- 新見市役所哲西支局
- 図書館
- 保健福祉センター
- 医科診療所
- 歯科診療所

> 　社会学には，こうした取り組みをひとつの事例として研究するスタイルがあります。成功事例も失敗事例も学べることはたくさんあります。自分の興味あるテーマでかまいません。外へ出てフィールド調査を楽しんでみませんか。きっと思わぬ発見をすることになるでしょう。

関を利用することができない地区のことです。全国には「無医地区」がたくさんあります。一般的に，医師は都市部に集中する傾向があり，過疎化が進む地域社会の医師不足はより深刻です。地方の比較的小規模な町や村では，医師・医療の確保が大変な課題となっています。

地域包括ケア

　超少子高齢化が進む日本で，自助・共助・公助・商助の仕組みや予防の概念を意識して，個々の地域社会はどのような実践をしていけばよいでしょうか。そのヒントを与えてくれる概念に「地域包括ケア」があります。

　地域包括ケアは，広島県の公立みつぎ総合病院で院長をされた山口昇医師が，医療と福祉にまたがるケアの実践を行うなかで生み出した言葉です。たとえば，何か大きな病気をした患者が病院に入院して治療を受けます。生命をとりとめて退院できたとしても，家に帰ってからの生活を支えるケアの仕組みがなければ，患者の生活の質は下がってしまいます。そこで山口医師は，医療に加え，保健や福祉を加えたケアを包括的にとらえ，トータルで住民の

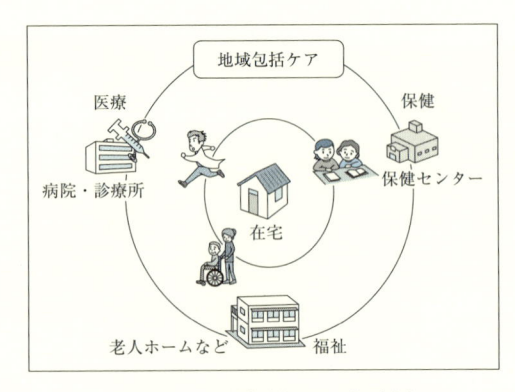

図 12-8　地域包括ケアの概念図

生活を支えようという発想に至りました。このとき，患者が在宅で療養する場＝地域社会を，保健・医療・福祉の専門職がそれぞれの拠点をもとに行き交う場として，住民相互の支え合いの場としてとらえました。

病院内で行う医療，老人ホームなどで行う施設福祉だけではなく，在宅での医療，看護，保健，福祉の実践の仕組みを模索したのです。こうして一人の住民に対して多くの職種がかかわり，在宅生活を支える仕組みは，多くの市町村にとってたいへん参考になるものでした。

地域社会にはたくさんの人々が暮らしています。子どもの数も高齢化率も異なるでしょうし，それが豊かな地域特性を形成しています。少子高齢化の進展は地域での生活に少なからず影響を及ぼしますが，その将来を考えたとき，地域特性を活かしてできることはまだまだありそうです。

【ブックガイド】

1　自治医科大学監修『地域医療テキスト』医学書院，2009 年。
2　金子勇編著『高齢者の生活保障』放送大学教育振興会，2011 年。
3　髙橋紘士編『地域包括ケアシステム』オーム社，2012 年。
4　柳川洋・中村好一編集『公衆衛生マニュアル2013』南山堂，2013 年。

社会学を学習すると，世の中の動きに多少なりとも敏感になります。自分の興味に従って社会学の研究成果を学んでいくと，いつの間にか，さまざまな制度・政策あるいは実践を，ときには分析眼を持って，ときには批判的にみられるようになっています。基本的な理論や学説を学んだ後には，現在の問題を真正面から受け止めて，緻密に最新のデータを紹介し続けている本(4)や，現在進行中の問題を最前線から紹介している本(1, 2, 3)を，ぜひ手にとってほしいと思います。

【発展学習】考えてみよう！

1　少子高齢化で生じた課題はどのようなものでしょうか。少子化と高齢化に分けて考えてみましょう。
2　少子高齢社会を支える人材には，どのような人がいるでしょうか。自助・共助・公助・商助のそれぞれについて考えてみましょう。
3　健康寿命の延伸のためには何をすればよいでしょうか。保健・医療・福祉の専門職と一般住民とに分けて考えてみましょう。

第13章　地域社会とソーシャル・キャピタル
ソーシャル・キャピタルは地域社会をどのように支えているのか

> この章で学ぶこと
> 　人と人との間に生まれる関係性への着目は，それ自体としては目新しいものではありません。むしろ，社会学においては古典的かつ根源的なテーマです。にもかかわらず，人々のつながり・関係性が「資本」という言葉と合体し，「ソーシャル・キャピタル（社会関係資本）」として再登場した現代的意義はどこにあるのでしょうか。本章では，その背景を「地域社会」の再生と結びつけて考えていきます。
> キーワード：社会的つながり，ソーシャル・キャピタル，コミュニティ

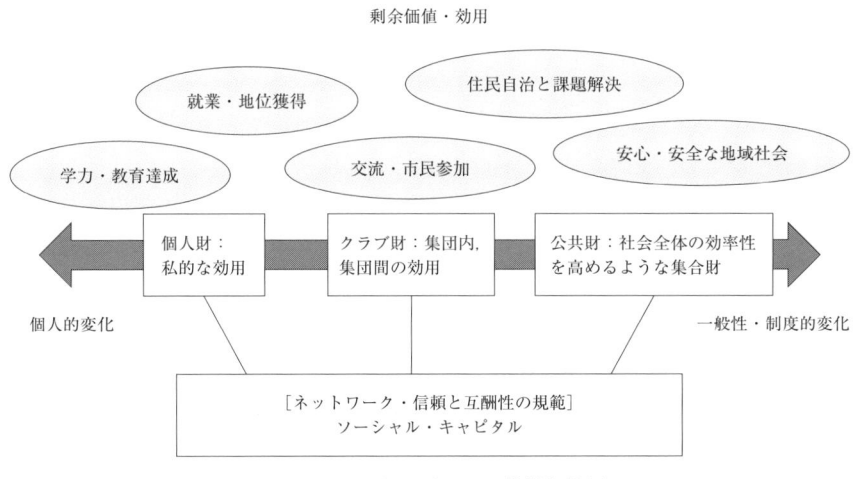

ソーシャル・キャピタルの特徴と効用

1 「ソーシャル・キャピタル」というアイディア

> この節で学ぶこと：ソーシャル・キャピタル(社会関係資本)とは，いったいどのような特徴を持った「資本」なのでしょうか。その定義については多くの議論が費やされてきました。ソーシャル・キャピタル(Social Capital)は，古典的経済学における貨幣資本や物的資本，あるいは人的資本(Human Capital)などの概念とは明らかに異なる性質を持っています。本節では，アメリカの政治学者ロバート・D・パットナム(Robert D. Putnam, 1941-)の主張に依拠しながら，その着想の源流をたどりつつソーシャル・キャピタルへの理解を深めていきます。
> キーワード：資本，結束型と橋渡し型，社会的信頼・一般的互酬性の規範

「資本」とは，もともとは経済学に由来する概念として定着したものです。経済学において物的資本とは土地や建物，道具などであり，人的資本は労働者自身が持っている知識や技術などを指していると説明されます。貨幣資本を含めたこれらの資本は，生産活動を通して利潤・価値を生み出し，人々はそれに対してさらなる投資をすることになります。

ソーシャル・キャピタルは「社会関係資本」あるいは「人間関係資本」と訳されますが，その名の通り人々の社会的なつながりの中に「資本(Capital)」を見出した概念だといえるでしょう。わざわざ「資本」と呼ぶわけですから，そこには人々の投資意欲を促すような利潤・価値が生み出されていることが前提となっています。とはいえ，ソーシャル・キャピタルがもたらす剰余価値あるいは効用とは何なのか。それは貨幣や物的資本，あるいは人的資本と同様なレベルで計測可能なものなのか。そもそも，人と人とのつながりであるソーシャル・キャピタルを可視的にとらえることができるのか。そこに投資するとはいったいどのような行為であるのか。いろいろな疑問が湧いてくるのも当然です。それでもなお，人々のつながりを「資本」に見立てるというアイディアは，現代社会において何かしら魅力的であるように思われるのです。

近年のソーシャル・キャピタルにかかわる議論の嚆矢となったのは，アメリカの政治学者ロバート・D・パットナムによる『哲学する民主主義——伝統と改革の市民的構造』(原著1993年，河田潤一訳，NTT出版，2001年)と『孤独なボウリング——米国コミュニティの崩壊と再生』(原著2000年，柴内康文訳，柏書房，2006年)の2冊の著書です。本章ではパットナムのソーシャル・キャピタル概念を中心に話を進めていくことになりますが，その前に，人と人とのつながりを「資本」として考えるというアイディアの系譜について簡単に触れておきましょう。

　フランスの社会学者ピエール・ブルデュー(Pierre Bourdieu, 1930-2002)は，資本という概念を経済学以外の領域にまで画期的に広げてくれた研究者です。彼は，個人が持っている利用価値のあるさまざまな資源を「資本」として整理・分類してみせました。たとえば，社会的権威を意味する象徴資本とか，言語資本，教育資本，政治資本，そして社会関係資本(ソーシャル・キャピタル)などがあります。彼の資本概念の中で最も知られているのは「文化資本」です。文化資本というのは，言葉遣いとかマナー，読書や音楽的趣味とか美術館へ行く頻度などの文化的経験も含んでいますが，この文化資本が教育達成システムの構築そして個人の階層的位置づけの再生産に深くかかわっていることを鮮やかに理論づけ，特に教育の分野で大きな貢献を果たしました(『ディスタンクシオン——社会的判断力批判』原著1984年，石井洋二訳，藤原書店，1990年)。ここでは，パットナムのソーシャル・キャピタル概念との直接的な接近は見当たりませんが，資本の概念を広げることで個人の所有するさまざまな資源をコントロールする(≒投資する)という回路が拓かれたことには留意すべきだと思います。

　同じ教育の領域で，ジェームズ・S・コールマン(James S. Coleman, 1926-96)は公共財的な性格を持つソーシャル・キャピタル概念を使って，高校中退者の分析を行っています。生徒を取り巻く環境的なソーシャル・キャピタルのありようによって，高校中退の可能性を減少させることができるということを示しました(「人的資本の形成における社会関係資本」1988年，金光淳訳『リーディングス　ネットワーク論——家族・コミュニティ・社会関係資本』勁草書房，

2006年)。ここでコールマンは，興味深い指摘をしています。人々のソーシャル・キャピタルへの投資は，それが幅広い効果をもたらすにもかかわらず，常に〈過少投資状態〉になりやすいというのです。貨幣を含めた物理的資本や人的資本への投資によって得られる利益は，通常投資した本人に還元されます。しかし，ソーシャル・キャピタルへの投資によって投資者が獲得できる利益は投資に見合ったものとは限りませんし，さらにいえば，その受益者は投資行為にかかわっていない不特定多数の人々にまで及びます。必然的にフリーライダー（ただ乗りする人）を生んでしまうという側面が，過少投資を生む大きな理由のひとつだと考えられます。このことは，公共的な財としてのソーシャル・キャピタルの特徴をよく説明しています。コールマンの指摘はパットナムが主張する文脈とつながっていきます。

　さて，パットナムは著書『孤独なボウリング』の中で，「ソーシャル・キャピタル」というアイディアを初めて持ち出した人物として，L・J・ハニファンという熱心な教育改革者を紹介しています。1916年に記されたというハニファンの言葉は，素朴でわかりやすいものでした。まず，身近な人々との社会的交流，そこから紡ぎ出される善意，友情，共感といった信頼関係の重要性が強調されています。そして，それこそがソーシャル・キャピタルの土壌となり，やがてはコミュニティ全体の生活改善につながっていく，と述べられているのです。この発想は長い間見過ごされてきたようですが，パットナム自身が自らの主張との近似性を認めています。そこではコミュニティを支える資源としてのソーシャル・キャピタルが熱く語られているのです。

　パットナムはソーシャル・キャピタルを次のように定義しています。「物的資本は物理的対象を，人的資本は個人の特性を指すものだが，社会関係資本が指し示しているのは個人間のつながり，すなわち社会的ネットワーク，およびそこから生じる互酬性と信頼性の規範である」（パットナム2006）。さらにそれは，「人々の協調行動を活発化することによって社会の効率性をたかめることのできる，『信頼』『規範』『ネットワーク』といった社会組織の特徴」（パットナム2001）でもあると記述しています。わかったようでわからない

というか，これだけでは行き届いた説明とはいえないかもしれません。

社会的信頼と一般的互酬性の規範

　パットナムのソーシャル・キャピタルを定義づける言葉の中で，特に私たちの目を引くのは「互酬性と信頼性の規範」ではないでしょうか。のちに信頼は「社会的信頼」という形で，互酬性は「一般的互酬性の規範」という言葉で，その対象となる関係性を広げて示されるようになります。これをもってソーシャル・キャピタルは，個人的なものではなく公共的な集合財としてのミッション（使命）を明確にしていきます。パットナムは「社会的信頼」について，「親しく知っている人々の中での単なる厚い信頼ではなく，匿名の他者に対する薄い信頼」(パットナム 2006)と説明しています。

　社会的信頼がなければ，一般的互酬性の規範も形成されません。人々の社会的なつながり（ネットワーク）の中に一般的互酬性の規範が埋め込まれていることは，ソーシャル・キャピタルの存在を示す「試金石」となります。ここにあるのは限定された相互関係の信頼ではなく，また，特定された関係性の中で受け渡しされる互酬性でもありません。時間的にも空間的にも限定されない，奥行きのあるものとしての「一般性」が語られることで，公共的な集合財としてのソーシャル・キャピタルがその姿を現すことになるのです。

　個人的な経験を少しお話しします。子育てに奮闘していた頃の記憶です。猛吹雪の中，高熱を出した幼い息子を連れて途方に暮れて歩いていたとき，通りかかった車に乗せてもらい救われたことがありました。お礼をするために名前を尋ねると，「あなたもいつか誰かに同じことをしてくれればいい，私も昔そのように言われて，今その恩を返しただけだから。バトンをくれる人と，渡す相手は違うのよ」と告げられました。それから20年ほどを経て，ほとんど同じ言葉をパットナムの記述に見つけ，いささか驚きました。「直接何かがすぐ返ってくることは期待しないし，あるいはあなたが誰であるかすら知らなくとも，いずれはあなたが誰か他の人にお返しをしてくれることを信じて，今これをあなたのためにしてあげる」(パットナム 2006)というものがソーシャル・キャピタルだと述べられています。これが社会の信頼あるいは一般的信頼であり，一般的互酬性ということなのです。

しかし，これは道徳や倫理の時間に話される「情けは人のためならず」というエピソードと，どこが違っているのでしょうか。道徳の授業ではなく，社会学の時間に新たな「資本」としてソーシャル・キャピタルが語られる意味を考えてみてください。

私たちは，資本主義と個人主義そして民主主義が分かち難く存在する現代社会に生きています。アレクシ・ド・トクヴィル（Alexis de Tocqueville, 1805-59）が言うように，「正しく理解された自己利益」に忠実であるならば，合理的選択の結果としてソーシャル・キャピタルに投資することを厭わないかもしれません。社会的つながりを資本に見立てた「ソーシャル・キャピタル」は，誰にでもアクセス可能な身近な資源であり，考えようによっては非常に廉価な投資対象としてそこにあるのです。

「結束型」と「橋渡し型」のソーシャル・キャピタル

人々の関係性のあり方は多元的かつ多様です。強いつながり・弱いつながり，発展的に外部へ広がるつながり方もあれば，内向きで閉鎖的なつながり方もあります。繊細で壊れやすかったり，そうかと思えば，ちょっとしたきっかけで新たなつながりが芽生えたりすることもあり可変的です。ですから，どのようなタイミングでソーシャル・キャピタルとしてとらえることができるのか，あいまいさも残ります。

私たちの理解を大いに助けてくれるのが，そこにあるソーシャル・キャピタルの性質が「結束型（ボンディング）」か「橋渡し型（ブリッジング）」なのかという類型化です。この区別は非常に重要なものです。

結束型のソーシャル・キャピタルとはどういうものでしょうか。それは構成メンバーの選択が限定的で，何かにつけて内向きな指向性が強く，等質性や志向の共通性を重視しているようなつながり方が特徴的です。大学の同窓会組織や会員制のクラブ，町内会組織や自助グループなどは結束型であることが多いかもしれません。構成メンバーの基盤が安定しているので連帯感が強く，いざというときには力強い味方になってくれますが，一方で，排他的で澱みやすく，新しい価値観を取り入れたりすることには疎い場合もあります。

橋渡し型は外向きの指向性を持ち，異質性にこだわらず包摂的で，領域をまたいだネットワークを広げられるところが魅力的です。連携や幅広い情報収集が可能となり，さまざまな市民運動・社会運動とも親和的です。ただし，つながりの安定性や持続性という点で課題を残す場合があるかもしれません。

パットナムは，結束型ソーシャル・キャピタルを「強力接着剤」，橋渡し型を「潤滑油」と評しています。社会を支えるためにはどちらも必要ですし，実際には結束型から橋渡し型へ，橋渡し型から結束型へという乗り換えも起こります。社会的つながりを厳密にどちらかの型（タイプ）として区別することは難しいのですが，その特徴がどちらに傾いているかを把握しておくことは重要です。

ソーシャル・キャピタルを類型化する軸としては，結束型・橋渡し型以外にも考えることができます（パットナムほか，猪口孝訳『流動化する民主主義——先進8カ国におけるソーシャル・キャピタル』ミネルヴァ書房，2013年）。たとえばそれが，組織としての形が整った公式なソーシャル・キャピタルであるのか，それともルーズな非公式なつながりであるのか。多重的な太いソーシャル・キャピタルなのか，かすかにひとつの絆で結ばれている細い関係なのか。なにしろ，人と人のつながりを集団的なレベルでとらえることにはその不可視性，流動性ゆえに独特な困難が伴います。だからこそ，類型化の軸を多様に準備しておくことはソーシャル・キャピタルの質的特徴を見極める場合には非常に有効なのです。

自分がどのような性質のソーシャル・キャピタルを持っているのか。あるいはどこに組み込まれているのか。このような客観的な状況把握は大いに意味があります。私たちは常に構造的な制約のもとで行為を選択しなければなりません。どのようなソーシャル・キャピタルにかかわっているのか，どのような社会的つながりの中で位置づけられているのかを俯瞰的に理解することで，自分自身の行為の選択＝投資先を決めるヒントが得られるかもしれないのです。

2　ソーシャル・キャピタルの可能性

> この節で学ぶこと：ソーシャル・キャピタルは汎用性の高い分析概念として学際的な広がりをみせてきました。学問領域にこだわらない越境性こそが，この概念の特徴だということもできます。さまざまな分野で実証研究が試され，その蓄積はソーシャル・キャピタルを精緻化していくことに貢献しています。
> キーワード：経済的効果，制度的パフォーマンス，開かれた資本

　ソーシャル・キャピタルが影響力を及ぼす領域は多分野に及んでいます。人々のつながりという網の目は私たちの社会全体を覆っているのですから，その影響がプラスであるのかマイナスであるのかは別として，むしろソーシャル・キャピタルと無関係であるような領域を探すことのほうが難しいでしょう。

　たとえば，経営学ではネットワークとしてのソーシャル・キャピタルが企業活動にどのような側面で効果的な影響を及ぼすのかを，社会学や防災学などの分野では地域社会の安定や安全への貢献を，さらに健康・医療・福祉の領域，教育学や情報論，政治学，地方自治・行政の制度的パフォーマンスなど，ソーシャル・キャピタルへの関心はまさに学際的であり，それぞれ実証的な研究が積み上げられている段階です。本節では経済，医療，教育の分野について取り上げてみました。

ソーシャル・キャピタルの経済的効果

　ソーシャル・キャピタルによる経済的効果は，個人レベルから公共的なレベルまで幅広く認められます。特に，ソーシャル・キャピタルが豊かであることによって，安心や安全にかかわるコストが節約できることは最も期待されている経済効果であるといえます。たとえば，信頼できる隣人に恵まれることは個人にとっても有益ですが，信頼し合える近隣関係が集合的レベルに達すれば，それはコミュニティの形成にもつながり，共助による何らかの公

共的な経済効果を生ずる確率は高いでしょう。

　ただし，ソーシャル・キャピタルによって得られる経済的便益を，貨幣資本のように厳密な数値的レベルで計測することは難しく，そのあいまいさが指摘されていることも事実です。元来，良好な信頼関係などは経済活動を支える環境要因のひとつとして認められており，経済学ではそれらを「外部性」の効果として扱ってきました。それゆえに，経済学者の中には，社会的ネットワークの重要性は認めるがソーシャル・キャピタルをわざわざ新たな「資本」に加えることには疑問を唱える人もいます。そのような側面を留保しておくことで，今後のソーシャル・キャピタルの議論に慎重さを期することは必要です。

　すでに古典ともいえる「紐帯（つながり）」の理論にも触れておきたいと思います。学生にとっての就職活動は将来の経済的自立にかかわる重大事ですが，個人財としてのつながりのネットワークはさまざまな側面で求職活動を支援してくれるものです。マーク・グラノベッター (Mark Granovetter, 1974) は，求職活動において「強い紐帯」より「弱い紐帯」のほうが効果的に働くことを実証的に明示し，1970年代に大きな注目を集めました（『転職──ネットワークとキャリアの研究』原著1974年，渡辺深訳，ミネルヴァ書房，1998年）。このような個人財としてのソーシャル・キャピタルは，就業してからも企業の中で一目置かれるための資源となり，社会的地位の獲得を助けてくれるかもしれません。ソーシャル・キャピタルが人的資本の形成に大きく影響するという視点は重要です。

　集合財としてのソーシャル・キャピタルが経済活動に与える影響については，経営学の分野で事例研究が蓄積されつつあります。企業の内部あるいは企業間においては，ソーシャル・キャピタルが人々の協調的行動を大いに助長し，それが生産活動にプラスに働くことは実証されていますし，企業の内外に張りめぐらされたネットワークが危機対応にも迅速かつ有効に影響力を発揮した事例も多く研究されています。コスト削減にも直接的につながるわけです。

　しかしながら，ソーシャル・キャピタルの影響力はプラスにだけ働くとは

限りません。強い結束型の関係性は，企業内やグループ内においては危機管理や仕事のしやすさでプラスとして働く場合もありますが，談合を容易にし，新規参入者を阻むなど逆機能的に働くことも大いにありうるのです。

　各国の行政府はソーシャル・キャピタルによる制度的パフォーマンスにいち早く反応しました。イギリスのブレア政権は 1997 年頃からソーシャル・キャピタルを政策の支柱となる理論として取り上げたとされています。アメリカ，オーストラリア，ニュージーランドなどの各政府，さらに OECD や世界銀行の研究取り組みもよく知られているところです。日本では 2003 年 6 月に，内閣府による「ソーシャル・キャピタル：豊かな人間関係と市民活動の好循環を求めて」が公表され，全国規模の調査結果が明らかになりました。今後は，「ソーシャル・キャピタル評価指標(アセスメント)」の精緻化が目指され，さらに制度的パフォーマンスや財政的パフォーマンスが議論されることと思われます。

　〈ケース 1〉
　ソーシャル・キャピタル論においては，実証的な事例を提示することが欠かせません。どの事象を取り上げ，それをソーシャル・キャピタルの効果としてどこまでのレベルで精緻に立証できるのか。さまざまな領域の研究者が挑戦している段階だともいえるでしょう。研究者でなくても，たとえば新聞記者が取材によって地域の事例を集めたドキュメントのアンソロジーといった種類のものもあります。「ソーシャル・キャピタルがここにあったよ」というレベルで見つけることは案外容易かもしれません。どこまでのつながりを「ソーシャル・キャピタル」，つまり「資本」と呼びうるのかは議論の余地が残るところです。しかし，パットナムの意図がコミュニティ崩壊の危機を乗り越えようとするところにあるのなら，むしろ学問的な精緻化よりも人々のソーシャル・キャピタルへの関心が広まることこそ本意であるはずです。

　パットナムが近年の注目すべきソーシャル・キャピタルの土壌としてあげているものの中にピアサポート・自助グループがあります。
　ここでは北海道釧路市にある「NPO 法人地域生活支援ネットワークサロ

ン」を紹介してみたいと思います。障がいを持った子どもの保護者たちのグループが母胎となり，2000年に地域生活支援ネットワークサロンを立ち上げた事例です。5年後には市内の14カ所以上に事業所の拠点を広げ，70名以上の雇用の創出と年間2億円以上の事業規模を達成するまでに至ります。地域を巻き込み，行政との協働を実現し，全国的なモデルケースとしても注目を浴びました。当初の障がいを持った子どもたちの保護者をメンバーとするグループは結束型のソーシャル・キャピタルだったわけですが，それが幅広い人々とつながるネットワークサロンとして発展することで，橋渡し型のソーシャル・キャピタルが醸成されたと考えられます。行政からの投資も促される結果となりました。地域におけるこのような事例を見つけ出し，ソーシャル・キャピタルを分析概念として質的な事例研究を試みることもできるのです。

健康・医療とソーシャル・キャピタル

人々とのつながりが健康に及ぼす影響については，日々の生活実感からも思い当たることが多々あるでしょう。たとえば，人間関係に悩まされ，そのストレスが病気の原因になったり，あるいは病気からの回復が周囲の人々の温かなサポートのおかげで促されたりといったこともあります。個人の持っている社会的ネットワークは，病気の予防や適切な治療にかかわる情報を得ることに役立ちます。つながりのあり方が私たちの健康，ひいては生活満足感や幸福感といったものに深く影響を及ぼすことは経験的に納得されやすいことです。

パットナムは統計調査や疫学的な実証研究の成果から，たとえば「コミュニティにより統合されるほど，風邪や心臓発作，脳卒中，ガン，うつ病にかかりにくく，また早死にをしにくい」ことや，健康状態の不良さとソーシャル・キャピタルの低さの間に強い関連があることなど，多くのことが明らかになったとしています。ソーシャル・キャピタルは健康維持にかかわる重要な環境要因のひとつとして注目を集め続けています。

超高齢社会を迎えている日本においても，人々の健康とソーシャル・キャピタルとの関連は看過できないものです。近藤克則らが愛知県において進め

た調査でも、ソーシャル・キャピタルと長寿との関連性が実証されています（「健康とソーシャル・キャピタル」稲葉陽二編著『ソーシャル・キャピタルの潜在力』日本評論社、2008年）。ただ、健康とソーシャル・キャピタルの因果関係を特定するための分析は、他の影響因子を慎重に考慮するなどのさまざまな課題をクリアする必要があり、かなりの困難を伴うものであるとの指摘もあります。

医学的な知見については専門家のさらなる実証研究を待つことにして、ここでは地域課題であった医療環境を人々のつながりが改善した事例を紹介しておきましょう。

〈ケース2〉

2007年に兵庫県立柏原病院の最後の一人であった小児科医が辞意を表明します。地方の医師不足は深刻で、この地域に限ったことではありません。しかし、ここでは母親たちのネットワークが「県立柏原病院の小児科を守る会」を発足させ、署名運動を手始めに、最終的には患者側の意識改革を実現し、住民参加によって地域医療を維持していく仕組みまで構築していくのです。医師不足という地域課題の解決は行政が責任を担うものであり、住民の活動は陳情をまとめることで終結する場合がほとんどです。この事例では、医師が働き甲斐を持って働ける地域づくり、医師が働きやすい場所づくりを市民の運動によって実現する道を拓いたという点で卓越しています。患者となる住民の新たな規範意識を醸成したというわけです。これをモデルケースとして他の地域では、住民が医療を支える、あるいは若手医師を育てるという試みが実践されるようになりました。ソーシャル・キャピタルが健康維持に有益であるというような疫学的な統計とは別次元において、地域住民のソーシャル・キャピタルが地域課題を契機に顕在化した事例として考えることができます。

教育とソーシャル・キャピタル──開かれた資本であることが重要

教育分野はソーシャル・キャピタルとのかかわりが最も注目される領域です。ソーシャル・キャピタルが他の資本の影響から独立し、誰にとっても開かれた資本であることによって「格差」を埋める機能を果たすのではないかと期待されてもいます。子どもの成長と発達は、生育環境としてのソーシャ

ル・キャピタルと深いかかわりを持つことはいうまでもありません。また，ソーシャル・キャピタルを形成する担い手の育成，一般的信頼や互酬性規範の社会化という側面においても教育は欠かせません。パットナムは児童福祉の分野についても「地域の凝集性の低いところで児童虐待率が高い」というアメリカでの知見を示していますが，児童虐待を防ぐ環境への目配りは日本においても喫緊の課題であることはいうまでもないことです。

　欧米においては，ソーシャル・キャピタルと教育との関連についての研究事例が数多く発表されていますが，日本ではむしろ少ないほうです。本節では「格差」と交差する議論を紹介しておきたいと思います。

　1990年代の後半以降，日本社会における「格差」の広がりが懸念されるようになりました。教育学者の苅谷剛彦は，親世代の経済力が子どもの学力と相関する傾向が強まっていることを示し，子どもたちの教育達成が構造的に固定化する圧力が高まっていると強い危機感を表明しています（『学力と階層―教育の綻びをどう修正するか』朝日新聞出版，2008年）。同じ問題意識を共有しつつ，志水宏吉らは学力とソーシャル・キャピタルとの関連を「つながり格差」と仮説し，全国学力調査の結果を詳細に分析しました。ソーシャル・キャピタルが経済資本や文化資本の影響からある程度独立したものであるのなら，親が持っている経済資本・文化資本が乏しい場合でも，それを補完しうる資源としてソーシャル・キャピタルに期待を見出すことができます。結論として，ソーシャル・キャピタルは経済資本や文化資本からの影響をいくらか受けるとしても，これらの資本に恵まれない貧困層にも相対的に開かれており，「格差」を補てんする可能性があるということが示されました（志水宏吉ほか「学力と社会関係資本―"つながり格差"について」，『全国学力テストは都道府県に何をもたらしたか』明石書店，2012年）。パットナムは「社会関係資本は，財政的，教育的資源が少ない家庭にとって最も重要なものになりうる」，「近隣によるサポートのプラスの効果は，家族の強いつながりが欠けている子どもに特に強く表れる」という知見を提示していますが，それとも一致する分析結果となっています。志水らは，さらに全国学力試験の上位である秋田県と，下位である沖縄県のソーシャル・キャピタルの地域特性を調査し，両地域と

もソーシャル・キャピタルが豊かであるにもかかわらず，子どもの学力に対して一方は正の効果を，他方は負の効果を発揮していることを突き止めています。ソーシャル・キャピタルが学力格差を縮減する可能性を持つこと，ただし，地域文化の影響を強く受けるソーシャル・キャピタルなら，その性質によっては，学力向上に親和的である場合とそうでない場合があることまでをも明らかにしたのです。

〈ケース3〉

学力格差に対応するもうひとつの事例を紹介しておきます。それは全国各地に広がりつつある「学習支援ボランティア」の活動です。先鞭をつけたのは，北海道釧路市の「冬月荘」における取り組みです。そこでは，NPOが生活保護を受給している子どもたちへの学習支援活動を立ち上げ，子どもたち同士の連帯，教える側となった地域のホームレスの男性までも巻き込んだ学習支援システムを構築していきました。つながることが想像しにくい人々が，「冬月荘」という場を拠点として信頼関係を築いていきます。行政も注目し，さまざまな事情を抱えた子どもたちに対して，大学生などがボランティアとして学習支援を行うという活動が事業としても広まっていきました。就学援助の受給者数が戦後最高に達しているという現状において，このような活動が有効であることは間違いありませんが，それ以上に，教える側，教えられる側の双方に一般的な信頼と互酬性の規範が醸成される可能性に注目しておきたいと思います。

3　コミュニティとソーシャル・キャピタル

> この節で学ぶこと：人々が信頼し合い，安心して暮らすことのできる地域社会は実現可能でしょうか。「コミュニティ」とは，そこで暮らす人々が協力し合って地域課題を解決していけるような地域環境を示す期待概念です。パットナムは，ソーシャル・キャピタルの存在は「市民が集合的問題解決をより容易にすることを可能とする」のだと強調しています。ここでは政策的観点を中心に，コミュニティの形成とソーシャル・キャピタルの醸成につい

> て考えます。
> キーワード：コミュニティの衰退，つながりの場，意識の醸成，市民的発明の時代

　私たちはどのような地域社会を経験してきたのでしょうか。たとえば，人口密度の高い都会で生まれ育った人と自然に囲まれた農業地帯で育ってきた人とでは，地域社会での経験や記憶はずいぶん違っているだろうと想像できます。人口規模やその地域特有の歴史・文化，基盤となる産業などは，その社会のソーシャル・キャピタルのあり方に影響を与えます。あなたの身近な地域社会にはどのような人々のつながりがあったのか。ソーシャル・キャピタルが地域での生活満足度にどのような影響を与えていたのか。その可能性を念頭に置きながら，ソーシャル・キャピタルを醸成するための具体的な施策について探ってみたいと思います。

〈つながり〉の衰退は進んでいるのか

　社会的なつながりが知らず知らずのうちに希薄になり，それが地域社会のコミュニティの衰退を招いたのではないか。人々がその成り行きに気づかないまま，その変化はわずか数十年ほどで急速に進んでしまったということに，パットナムは強い危機感を抱いています。同じ問題意識はロバート・ベラー (Robert N. Bellah, 1927-2013) らによる『心の習慣』(島薗進・中村圭志訳，みすず書房，1991年)，『善い社会』(中村圭志訳，みすず書房，2000年)にも貫かれています。パットナムの議論の文脈はそこから連なっているものであると，彼自身が述べています。読み合わせてみると，アメリカ社会のコミュニティの変容がよく理解されるでしょう。

　人々のつながりが徐々にほどけていく背景としてはさまざまなことが考えられます。人々の生活から時間的にも経済的にも余裕が失われていること，長時間通勤とスプロール現象，テレビやインターネットなどの電子的娯楽の普及があげられています。これらの影響は，どれかが決定的に作用したのではなく，複合的で，しかも時間的経過も直線的ではなかったことがアメリカの膨大な統計資料の分析によって明らかにされています。

日本も同様の事情を抱えていますが，特に単身世帯の増加と離婚率の高止まりは「血縁」をほころびさせ，若年層の非正規雇用割合の上昇は「職縁」の契機を奪い，町内会などへの参加率の低下は「地縁」を希薄化させました。このような時代状況に合った新たな「社会的つながりの仕方」を発見しなければなりません。

「社会的つながりの仕方を発見する」──参加の場を創る

　パットナムのソーシャル・キャピタル概念は人々の主体的な市民参加と深く関連づけられています。「市民参加」の定義はあいまいですが，それがフォーマルであるかインフォーマルであるかにかかわらず，さまざまな社会的な場面への「参加」としてとらえておきましょう。市民参加の低下はコミュニティ機能の後退の兆候として考えられています。選挙の投票率の低下，近隣の人々との社交にかける時間の減少，町内会・PTA・労働組合などの組織率の低下といった現象は，ソーシャル・キャピタルの弱体化を示す指標であり，コミュニティの衰退を表すものとされています。さまざまな市民運動・社会運動やボランティア活動への参加，NPOの数などもソーシャル・キャピタル指標のひとつとなっています。「市民参加の再興を促進するような新しい構造」と「政策」をどのように作り出せるのか。パットナムの関心は「これからの社会」へ向けて何をなすべきかという創造的提言に向けられています。

　ここでは身近な生活空間でもある地域社会について具体的に考えてみたいと思います。地域におけるソーシャル・キャピタルを集合的に可視化する方法はまだ確立されていません。人々が何を契機に，どのような場で社会的つながりを維持しているのか。筆者は2010年に北海道内10ヵ所で試験的にサンプル調査を実施してみました(図13-1〜3参照)。地域住民の社会参加の場をとりあえず可視化しようとしたものですが，その地域のつながり方の傾向をある程度とらえることができました。たとえば，高齢化率30.0％のT町(図13-1)は，人口1人あたりの神社数が突出して多い地域ですが，やはり祭祀関係のつながりが他のつながりの場を圧倒しています。S町(図13-2)は，町内会的なつながりや公的施設でのつながりが弱いようにみえますが，相対的

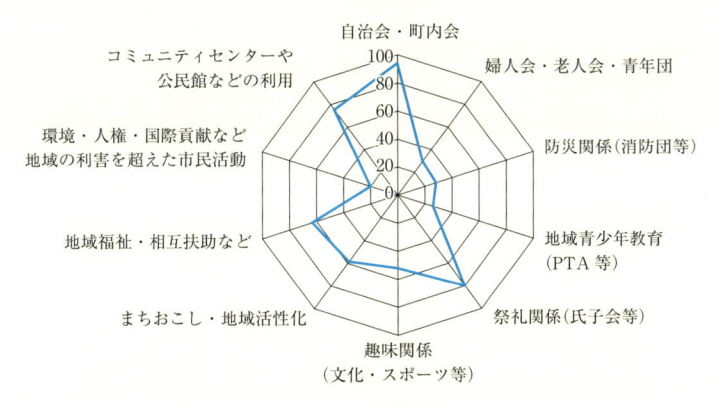

図13-1　T町（人口：4,473人　高齢化率：30.0%　出生率：1.46）

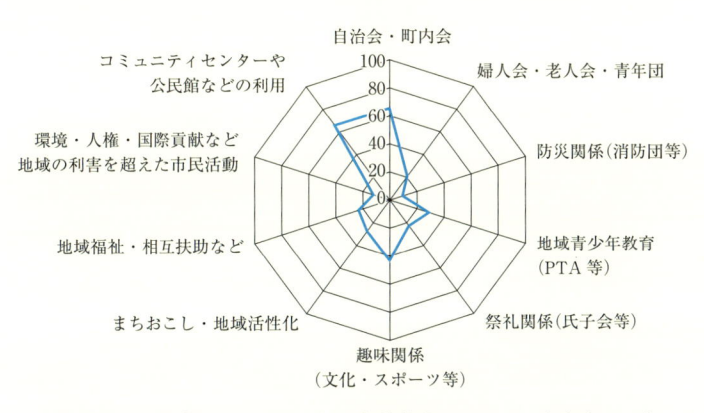

図13-2　S町（人口：19,787人　高齢化率：28.4%　出生率：1.4）

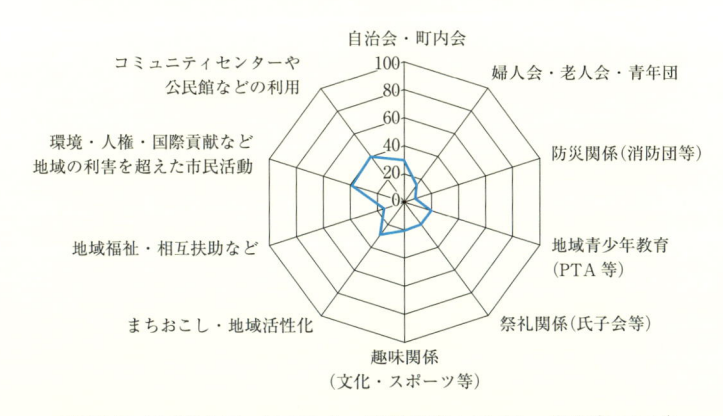

図13-3　Y市（人口：39,230人　高齢化率：20.6%　出生率：1.44）

注：人口は2010年5月各市町村HP，高齢化率は平成21年度北海道市町村要覧，出生率は平成10年～平成14年市町村別合計特殊出生率・標準化死亡比
出所：小林好宏・梶井祥子編著『これからの選択ソーシャル・キャピタル—地域に住むプライド』(財)北海道開発協会，2011年より

に趣味にかかわるつながりが活発である可能性がうかがわれます。Y市(図13-3)は高齢化率が20.6％の地方都市で，外国船が寄港する港があり，他都市からの流入者も比較的多い地域です。全体としてつながりが不活発である傾向ですが，相対的には地域を超えた運動に関心が高い特徴がみられます。地域ごとのこのような傾向を手がかりに，住民の需要と場の供給をどうコーディネートしていくかなど政策的観点からの検討を進めることは有効です。それぞれのつながりの場の質的特徴を，橋渡し的か結束的かという軸で特徴づけることもできます。ソーシャル・キャピタルの潜在的可能性を放置せず，客観的な分析からつながりのあり方を工夫することには，それなりの価値があると思われます。多元的かつ重層的な場を地域社会に用意しておくことは，重要な社会的投資となるはずです。

　しかしながら，最も留意されなければならない点は，つながりの仕掛け，機会や場の提供といったことが，決して上からの動員的なものではないことです。あくまでも地域住民の内発的かつ能動的なつながりを支援するという立場に貫かれていることが重要です。

　日本ではあまり議論されませんが，ロバート・ベラー(2000)が提示する「サブシディアリティ(subsidiarity)の原則」は住民の自律性を毀損しない形でのガバナンスのあり方を示唆するものです。この原則は，自治体のような上位の組織がむやみに〈ひも付き支援〉を行うことを禁ずるものです。そうでなければ，市民による創発的なつながりの仕方を発見することは難しくなるでしょう。

規範の醸成

　社会参加の場や機会が提供されるだけで公共的なソーシャル・キャピタルが形成されると考えるのは楽観的にすぎるでしょう。参加の機会が供給されることと並行して，当然ながら一般的な信頼や互酬性の規範意識をどのように醸成するかを考えなければなりません。これは時間のかかる難しい試みです。

　パットナムは世代を超えて生き残ったソーシャル・キャピタル基盤の成功例として，セツルメント(社会奉仕事業)とボーイ(ガール)スカウトをあげて

います。日本でいうならば，ボランティアや社会教育事業に置き換わるでしょうか。

キリスト教的な奉仕精神の母胎を持っていない日本ですが，阪神・淡路大震災のときには支援のために全国から多くの人々が自主的に集まり，この年は「ボランティア元年」といわれました。その後は学校教育のカリキュラムに取り入れられるという試みもあり，ボランティアという言葉とともにその活動が幅広く定着した感があります。

ボーイ（ガール）スカウトは，日本では社会教育の一環として位置づけられています。社会教育は戦後の民主教育がスタートした時期に，学校教育とともに教育の二大柱として位置づけられてきました。成長過程において地域や家族外の他者とのかかわりを経験することは，つながりのセンスを醸成する上でも重要です。しかしながら，現在の日本における社会教育事業費は年々縮少する傾向にあります。

ヨーロッパにおいては，就学前児童への予算配分は重要視されてきています。乳幼児期から社会とのつながりを意識させることが，就業や社会への参加意識に影響するとの認識が広まりつつあるからです。福祉国家論を世界的にリードしてきたエスピン＝アンデルセン（Esping-Andersen, 1947-）は，子どものための社会投資戦略を論じています。0〜6歳の就学前児童への投資は，それぞれの子どものライフチャンスを平等化することで，次世代の格差を縮め，社会的信頼の醸成にも有効に働きます。それは，いずれ社会にとっての高い収益率につながるというのです（『平等と効率の福祉革命―新しい女性の役割』原著2009年，大沢真理監訳，岩波書店，2011年）。

パットナムはソーシャル・キャピタルの効果を総括して「社会の効率性を高める」ことだと強調しています。社会の効率性をどこに求めるのかということも，実はそれ自体が論争的なテーマになりえます。社会の効率性は一元的に決まるものではありません。「社会の効率性とは何か」というテーマを議論し合うことによって，コミュニティ再生への道筋が見え始めることもあります。

「市民的発明の時代」をどう生きるか

　日本でのソーシャル・キャピタル研究をリードしてきた稲葉陽二は，エドワード・エルガー社が出版した『ソーシャル・キャピタル・ハンドブック』につけられているサブタイトルに触れています(稲葉陽二ほか『ソーシャル・キャピタルのフロンティア—その到達点と可能性』ミネルヴァ書房，2011 年)。そこには，『社会学，政治学，経済学のトロイカ』と記されているそうです。近代化とともに発展してきた社会科学の三大潮流が，ソーシャル・キャピタル論に関しては，知的トロイカ(3 頭立ての馬そり)を一緒に走らせているというわけです。近代社会科学の草創期において，この 3 つの社会科学が「社会秩序はいかにして可能になるのか」という共通した課題を抱いていたことが思い起こされます。たとえば，社会学のデュルケームが『分業論』で説いた〈有機的連帯〉，政治思想家のトクヴィルが関心を寄せた〈アソシエーション〉，経済学のアダム・スミスが『国富論』に先がけて書いた『道徳感情論』など，ソーシャル・キャピタル論の源流をそこに探すことができます。あらためて社会科学の古典的著作を紐解いてみるのもおもしろいかもしれません。

　社会の持続可能性は私たちのどのような行為によって支えられているのか。私たちはどのような社会を持続させたいと希求しているのか。このような問いかけに答えるための投資的な行為とはどのようなものなのか。それをどうすれば促すことができるのか。社会的なつながりを「資本」に見立てるアイディアは，〈福祉国家から参加社会へ〉という今のこの時代にこそ有効性を発揮しているのではないでしょうか。パットナムは現代を「市民的発明の時代」と呼んでいます。現代に見合った社会的つながりの方を，草の根の市民がどのように創出していくのか。民主主義を機能させ，目の前にある課題を地域社会がどのように解決できるのか。社会を構成しているつながりに，もっと注意深い関心を寄せるべきだというのがパットナムのメッセージの核心であるようです。

【ブックガイド】

1　ロバート・D・パットナム，柴内康文訳『孤独なボウリング——米国コミュニティの崩壊と再生』柏書房，2006年（原著2000年）。
2　稲葉陽二『ソーシャル・キャピタル入門——孤立から絆へ』中公新書，2011年。
3　金子勇『コミュニティの創造的探究——公共社会学の視点』新曜社，2011年。
4　櫻井義秀・濱田陽編著『アジアの宗教とソーシャル・キャピタル』明石書店，2012年。
5　DVD『ALWAYS三丁目の夕日』監督：山崎貴，2005年。

1はソーシャル・キャピタル論を広める契機となった代表的著作。統計的データを駆使する手法はとても参考になります。

2はソーシャル・キャピタル研究の第一人者による入門書。事例紹介もあり読みやすい本です。

3はコミュニティ研究の視点から，ソーシャル・キャピタルについても実証的に論じています。ソーシャル・キャピタルを社会学的に発展して考えるための専門書。

宗教とソーシャル・キャピタル形成はもともと親和性が強いのですが，本章では触れることができませんでした。4は宗教社会学の視点から地域を軸に実証的にソーシャル・キャピタルに切り込んだ叢書の第1巻。

5では高度成長期の東京の下町を舞台に，「コミュニティ」の人間模様を映像として垣間見ることができます。

【発展学習】考えてみよう！

1　社会的なつながりを「資本」に見立てるアイディアについて，その意義や有効性について議論してみてください。
2　あなたの住んでいる地域には，どのような特性を持ったソーシャル・キャピタルがあるでしょうか。地域課題を設定し，その解決のためにソーシャル・キャピタルを活かしていく道筋についてシミュレーションしてみ

てください。
3 〈新しいつながりの仕方〉について議論してみてください。

第14章　ジェンダー・セクシュアリティ

> この章で学ぶこと
> 　ジェンダーとセクシュアリティという概念の意味するところを学び，これらの概念がこれからの社会を考えるために不可欠なものであることを学びます。
> キーワード：ジェンダー，セクシュアリティ，フェミニズム，ケア，リプロダクション，性役割，再生産領域のグローバル化

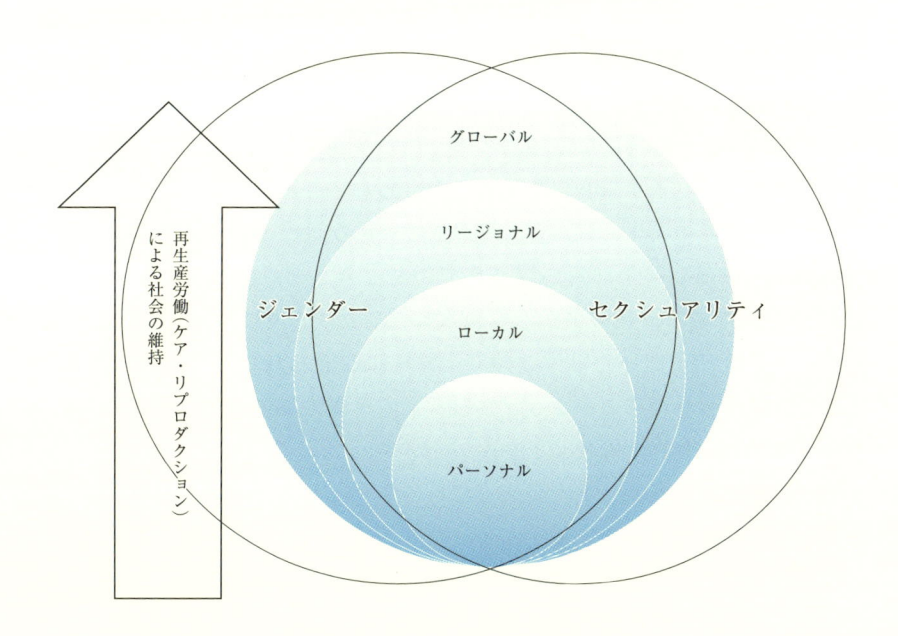

1　ジェンダー，セクシュアリティのはたらき

> この節で学ぶこと：ジェンダー，セクシュアリティという概念の意味とその背景にあるフェミニズムの歴史について学びます。
> キーワード：ジェンダー，セクシュアリティ，フェミニズム，家父長制

ジェンダー（gender）

みなさんは自己紹介をするとき，まず何を伝えますか。名前，年齢，出身地，趣味など，自分のことを知ってもらうために伝えられることはいろいろあります。

しかし，じかに相手と出会った場合，自分の「性別」について伝えた経験を持つ人は少ないかもしれません。面と向かっているときに自分の性別を紹介しないことが多いのは，「自分の性別は相手にすでに伝わっている」と思っている場合が多いからでしょう。自分の性別が相手に間違って伝わっていると感じられた場合には，相手との今後の関係をどう予測しているのかにもよりますが，訂正する必要を感じるかもしれません。

私はこれまでの人生では，多くの局面で一応女性とみなされて生きてきていますが，以前，非常に短い髪にしていたとき，初対面の子どもから当時50代であった私の母親の夫かと尋ねられたことがあります。当時はまだ20代のうら若き乙女だったはずなので，男性に間違われたことはともかく50代くらいにみられたことがショックだったのを覚えています。それとも年の差カップルと思われたのでしょうか……。

出会いがインターネット上の文字だけのやりとりから始まった場合は，どうでしょう。顔の見えない相手がどういう人であるのかを判断するひとつの材料として，相手の性別を知りたいと思うかもしれません。

私は，匿名掲示板で顔の見えぬ見知らぬ人と意見交換をした経験があります。その際には意見交換の相手も，私もお互いに姿の見えない相手の年齢と

性別を聞いた上，その点を考慮して発言していました。ただ，インターネット上では，私にしても，相手にしても本当のことを伝えているとは限りません。顔の見えないネット上のやりとりでは，性別や年齢を偽ってふるまうことも可能です。相手が発言する内容などから，相手の性別や年齢の自己申告が「嘘ではないだろう」と推測し，判断していたと考えられます。

では，私たちは，何を基準に相手の性別を判断しているのでしょうか。

私は長髪にしているときには化粧っ気ひとつなくても男性と判断されたことはありませんが，短髪にしていると男性と判断されることがありました。インターネット上では，ものごとに対する見方や立場の置き方や反応の返し方，語られる経験談の内容などから，書き手が本人の申告通りの性別・年齢なのかの真偽が判断されていたようでした。

私たちの社会には，どうやら女性と男性の服装・髪型やふるまい方，話し方，書き方などを判断するための「ルール」があるようです。それを基準として私たちは相手の姿かたちから，性別を判断する「サイン」を読み取っているのではないでしょうか。

本節では，とりあえず，ある社会における「性別の判断基準」を，「ジェンダー」ということにしましょう。あとからジェンダーにそれが意味する内容をもう少し追加しますが，今のところは，このように考えておきます。

ところで，たいていの社会の場合，「性別を判断する」とはその人が男女2つの性のいずれであるかを二者択一で判断することを意味しています。しかし，性別は男女のたった2種類に分けられるような単純なものではないのです。こう考えると「ジェンダー」つまり「性別の判断基準」の中には，その社会における性別の分け方の基準も含まれていることになります。

つまり，その社会に共有されている性別の分け方として，「女性」と「男性」の2つしか性別がないと考えるのか，「女性」と「男性」とは異なる第3，第4の性別があると考えるのか，というバリエーションがありうるわけです。

みなさんの中には，何を変なことを言い出すのだろうか，男女以外の性別などあるか，と思われる方もいるかもしれません。でも，もうちょっと立ち

どまってこの問題について考えてみましょう。

セクシュアリティ(sexuality)

　このことを考えるために本章のもうひとつのテーマである「セクシュアリティ」という言葉について考えてみます。みなさんはペニス(陰茎)，ヴァギナ(膣)など性器を意味する言葉を聞くとき，どんな感覚を持ちますか。何かしら恥ずかしいような落ち着かない思いを持つ人が多いかもしれません。さしあたり「セクシュアリティ」とは，このような身体的な「性」そのものにかかわる社会と個人の認識のあり方を指すと考えられます。性的な身体そのものではなく，「認識のあり方」であることが重要な点です。

　セクシュアリティも多様な形態をとりえます。少なからぬ部分はジェンダーの影響を受けますが，それだけでは説明できない部分も含まれます。

　たとえば，セクシュアリティを「身体の性」「心の性」「社会的性」「対象の性(性的指向)」の4つに分けてみる見方があります。

　「身体の性」とは，生物学的・医学的な性別です。人間の性は，遺伝子，性染色体，性腺，ホルモン，内性器，外性器など複数の観点から分化し，判断されます。しかし，性分化の過程において，これらのすべてが明確に女性型・男性型に分かれた身体を形成するとは限りません。つまり，現実に身体の性には「男でも女でもない性」があるということです。しかし，その社会のジェンダーが男女の2つの性別しか認めない場合，その身体が男でも女でもない自然のままの性でいることを「社会」が受け入れられないのです。

　事実，多くのインターセックスの方々が，赤ん坊の頃に医者や保護者によって男女のどちらかの性になるよう赤ん坊に本人の意思を確認せぬまま決められていたことが知られています(橋本秀雄『男でも女でもない性・完全版』青弓社，2004年，などを参考にしてください)。

　性別について男女の2つの分け方しかない社会においては，2つの性の枠組みに収まらない「身体の性」を持つ人たちは暮らしにくい状況になります。

　「心の性」とは，自分の性別に対する本人の認識です。性自認(gender identity)とも呼ばれます。

　「社会的性」は，社会で認識される性別です。社会から期待される性役割

(gender role)を含むこともあります。

　性別を男女の2つのみに分ける社会では，「身体の性」が男性であるとみなされる人が，「心の性」や「社会的性」を女性であると主張してふるまおうとするとき，大きな抵抗が生まれます。「身体の性」が女性であるとみなされる人が，「心の性」や「社会的性」が男性であると主張してふるまおうとする場合も同様に抵抗が生じます。しかし，その抵抗の具体的内容や強さは，その社会における「女性」「男性」の社会的位置づけ，たとえば，男性のほうが指導的立場で，女性はそれに従うべき立場だと考えているような認識がどれだけ強いかといったようなその社会の特色によって異なります。いずれにしても，「身体の性」とは異なる「心の性」「社会的性」を生きようとするには，多くの困難がつきものであることは間違いありません。

　本人に性別の壁を越えるつもりがなくても，たとえば短髪や男性的な服装を好む女性が，行く先々で「社会的性」が男性と判断されるような場合もあるでしょう。逆に「身体の性」が男性だったとしても，外見的に女性とみなされる風貌であれば，「社会的性」としては女性として認識されるかもしれません。なぜなら，「社会的性」は本人の意思とは無関係に社会の側の持つ「ジェンダー」，「性別を判断する基準」で判断されてしまう側面があるからです。

　「対象の性」とは，性愛の相手として好む性の方向性です。性的指向（sexual orientation）ともいわれます。対象の性の場合は，男女の2つしか性別を認めない社会でも「両性とも」，「性愛を求めない」などの複数の選択肢がありえます。ただし，多くの社会では，性自認が男性であれば女性を，性自認が女性であれば男性を「対象の性」とする，つまり，「性愛は異性を対象とするものだ」という社会認識が「ジェンダー」として根強く持たれています。

　異性間での性愛のみを「正常」とみなす傾向が強い社会では，自分と同じとされる性の持ち主を性愛の対象とする人は，「異常」とみなされることになり，これまた社会の中で困難をこうむることが多くなりそうです。

　このように，男女の2つのみに性別を分け，異性同士の性愛のみを「正常」とする社会では，その分け方から外れる身体や行動を持つ人々は，セク

シュアル・マイノリティとして社会的に不利な立場に立たされることになります。

しかし，ここまで話してきたことについて，ジェンダーという言葉を聞きかじったことがある人は違和感を持つかもしれません。

「ジェンダーって，女性問題のことじゃないの？」と。

そのように考える人が少なくないのにも理由があります。ジェンダーという言葉によってとらえられる問題はひとつには，セクシュアル・マイノリティと呼ばれる人たちがこうむる不利益の解消という問題がありますが，歴史的にまず「問題」として広く現れてきたのは「女性がこうむる不利益の解消」の問題だったからです。

では，次に，この歴史を簡単に振り返ってみることにしましょう。

フェミニズム

多くの社会においては，単に人の性別を女性と男性に分けるだけではなく，女性と男性の地位の高さについても区別をつけてきました。ジェンダーには，単に性別を分けるだけでなく，女性よりも男性が社会的に「偉い」立場である，ものごとを決める権限は女性より男性により多く備わっている，と男女に優劣や上下があると考える価値基準が伴っていることが非常に多いのです。ジェンダーとは性別の判断基準であるとともに，価値基準でもあるのです。

この世の中は，みなさんが世界史などで習ったように，生まれながらにして人間が変更することのできない「身分」に分けられていることを当たり前とする社会から，すべての人間が自由で平等な立場に立つことを基本理念とする社会に変わってきました。身分の差があるのが当たり前の社会では，女性が男性より低い立場に置かれていても，それはひとつの身分であり，「仕方ない」と考える人が多かったかもしれません。しかし，「すべての」人間が自由で平等だと考えるような社会になったなら話は別です。

フランス革命時の人権宣言では「人間は生まれながらにして自由かつ平等の権利を有する」とされたにもかかわらず，ここでいう「すべての人間」に女性は含まれていませんでした。しかし，女性も「人間」です。当然ながら，それに納得できない人々も出てきました。そして，それを改善しようとする

主張や運動を始めたのです。このような男性に比べて不利な状況に置かれてきた女性の立場の改善を要求する運動および思想が，フェミニズムです。

初期のフェミニズムは，19世紀後半から20世紀初頭にかけて男女平等な法的権利を各地で要求し，法的・形式的男女平等が達成されました。しかし，家庭や職場，地域での実質的な男女格差は解消されないまま残りました。

この問題に取り組んだのが第2波フェミニズムと呼ばれる動きです。これらのフェミニズムは，セクシュアリティや生殖（リプロダクション）にかかわる文化に染みついた社会的な差別や抑圧を解消するように働きかけました。

現在では，男女の間の格差・差別が自由・平等の理念に反するという認識は多くの社会に浸透してきており，日本で実質的な男女格差も次第に改善はされてきましたが，現代でも完全に解消されたわけではありません。

フェミニズムは，女性と男性の間に生み出された格差の要因を，性別の判断基準および価値基準のあり方がもたらす問題だと見出してきました。

女性役割や女性の低い地位が，女性の生物学的身体に由来する機能から説明されてしまっては，女性は永遠に不利な立場に置かれ続けることになりますが，そうではなく，男女の役割分担や位置づけは社会によって恣意的に作られたものなのだと主張することによって，すなわち，「ジェンダー」の働きによるものなのだと主張することによって，その判断基準や価値基準のあり方の変革を可能とし，変革を促すことを意図したのです。

男性中心主義社会の問い直し

ところで，当初フェミニズムは欧米中心に発展してきました。そのため，世界的にみれば比較的裕福で有利な立場にある欧米女性の価値観による主張が中心となっていました。これに対して，欧米社会においても不利な立場に立たされがちなエスニック・マイノリティの人々や，欧米社会以外のアジアやラテン・アメリカの女性たちから，「女性」の中にも格差が存在していることが指摘されています。欧米の白人女性の考えるフェミニズムは，そのままマイノリティの人々の状況にはあてはまらないというわけです。つまり，「女性」の内部にも多様性，差異，格差があることが明らかになったわけです。「女性」という一括りで女性問題をみようとするのは非常に乱暴な議論，

ということになります。そうなると，必然的な流れとして，「男性」の内部にも多様性，差異，格差があることを認めないわけにはいきません。

男性の内部における格差の問題は男性学あるいは男性性研究において明らかにされてきていますが，それらの学説について説明しなくても，みなさん自身の経験を振り返ってみても，納得できる部分があるのではないでしょうか。

背が高かったり，しっかりした骨格を持っていたり，リーダーシップがあったりする，いわゆる「男らしい」とされる男性は社会的に賞賛の的になり，何かと「成功」しやすい傾向が見て取れます。しかし，同じ男性であっても，背が低かったり，骨格が華奢だったり，引っ込み思案だったりする，いわゆる「男らしくない」とされる男性は社会的に低く評価されてしまいがちな傾向があります。背が低くて華奢で引っ込み思案な女性はもてはやされる可能性を秘めているにもかかわらず，男性がそうで何が悪いのか。

私たちの社会には，このような男女で不均衡な性別の判断基準・価値基準，すなわちジェンダーがあるのを認めないわけにはいきません。男性中心主義社会といっても，それは特定のタイプの「男性」のみに適用されるものであって，すべての男性に平等にもたらされる利益ではなかったのです。

次の節では，私たちの社会で，どのようなタイプの男性が優位な立場を占めやすく，その結果，女性たちがどのような形で不利な立場に置かれがちなのかを具体的にみることで，この問題について考えてみましょう。

2　社会生活の維持と再生産——ケアとリプロダクション

> この節で学ぶこと：人間の社会生活を維持するためには，ケアとリプロダクションが必要不可欠であり，現代ではこれらの再生産領域において労働のグローバル化が生じていることを学びます。
> キーワード：性別分業，再生産労働，ケア，リプロダクション，再生産領域のグローバル化

「ケア役割」を担う女性と「ケアレス・マン」

　役割(role)は社会学理論の基本的な概念のひとつです。この節では、役割という観点から、主流とされる男女のタイプをみてみましょう。

　<u>性役割(gender role)</u>という概念は、第2波フェミニズムを背景に登場した<u>女性学(Women's Studies)</u>の鍵概念でした。この概念を使うことによって、性別に取り決められているさまざまな慣習を、生物学的性から生来的に由来するものではなく、社会的に期待される役割だととらえることができるわけです。

　このような考え方を前提とすれば、今ある性役割は絶対的に固定されたものではなく、今後、変わっていく可能性を秘めたものとなります。実際、歴史を振り返り、複数の地域・社会に目を向ければ、性に付随する役割は、その男女の生きた時代や社会、身分、年齢などによってそれぞれ異なっていたことも事実なのです。

　ここでは、主に日本における性役割の具体的内容について考えてみましょう。性役割論では主に近代家族における「母役割」「妻役割」「主婦役割」が問題にされてきましたが、イエ制度の残滓が残る日本においては「嫁役割」も重要な論点となってきました。

　具体的に女性に期待される役割は、次のようなものになります。家庭の切り盛りをすること、子どもを産み育てること、夫のために炊事・洗濯を行うこと、夫の親も含めた親の介護、地域社会や学校社会における奉仕活動(PTAや町内会など)などなど、複数の役割が重層的に期待されます。

　要約すれば、他の家族成員の生活、および家族が地域社会に安定した地位を得るための微細かつ全体にわたるケアとそのマネジメントの労働が期待されているといえます。家庭役割に専念することが期待され、賃金労働役割は重視されていない時期もありましたが、近年では、女性にも補助的な賃金労働の役割も期待されるようになってきました。雇用条件の悪化により、男性一人の収入では安心できない状況が高まっていることも背景にあります。にもかかわらず、「補助的な」という修飾語をつけたのは、女性に賃金を得る役割が期待されるようになっても、相変わらず家事・育児等の役割は女性だ

けに期待され，男性はそれを免れる構造には大きな変化がないからです。近年では，「イクメン」という言葉が広められるなど，男性にも育児や家事役割が期待される度合いも高まってきていますが，男性の極端な育児休業の取得率の低さ（出産後就業を継続する女性が8割超の取得率なのに対し，男性は2％程度。ただし，出産を期に退職する女性はまだまだ多い）から考えても，社会の仕組み自体に大きな変化は訪れていないとみるべきでしょう。

「ケア」という面に注目して日本における性役割の特徴をまとめると，女性は生活全般にわたるケア役割をもっぱら期待されるのに対し，男性は賃金労働者としての役割が中心となる「ケアレス・マン」としてのふるまいが中心的に期待されているといえます。これは，各家庭や個人の価値観や関係性の問題ではなく，日本における働き方の構造の問題なのです。

その証拠に，育児役割が女性に限定されがちな日本社会では，近年は底が浅くなってきましたが，育児期の女性労働力が低下するM字型就労となります。

女性の年齢階級別労働力率は世代にもよりますが，30～34歳頃にくぼみ

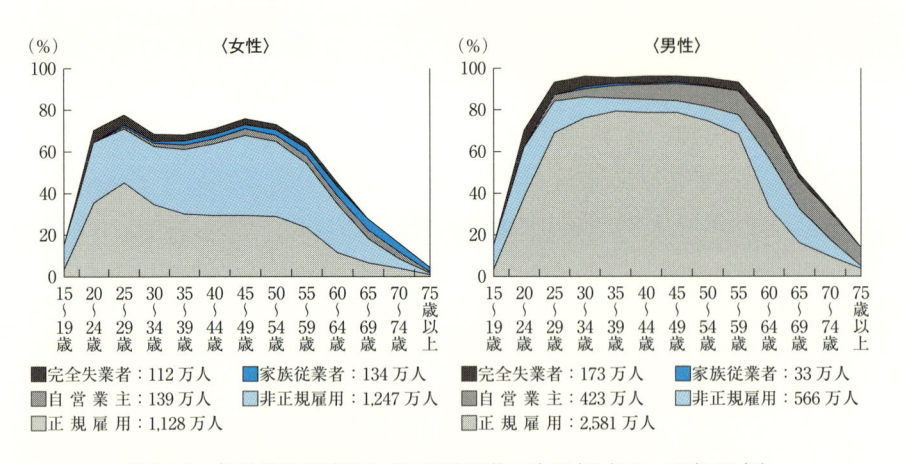

図14-1　年齢階級別労働力率の就業形態別内訳（男女別，平成24年）

（備考）1.　総務省「労働力調査（詳細集計）」（平成24年）より作成。
　　　　2.　正規雇用は，「正規の職員・従業員」と「役員」の合計。非正規雇用は「非正規の職員・従業員」。
出典：内閣府『男女共同参画白書平成25年度版』

性別分業も変化する？

図14-2 共働き世帯数の推移

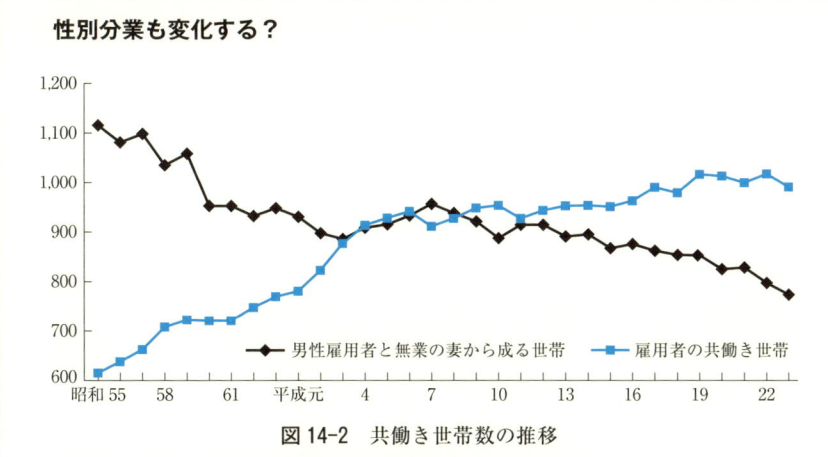

(備考)0. 出典は『平成24年度男女共同参画白書』第1-3-17図。
1. 昭和55年から平成13年は総務庁「労働力調査特別調査」(各年2月。ただし、昭和55年から57年は各年3月)、14年以降は総務省「労働力調査(詳細集計)」(年平均)より作成。
2. 「男性雇用者と無業の妻から成る世帯」とは、夫が非農林業雇用者で、妻が非就業者(非労働力人口及び完全失業者)の世帯。
3. 「雇用者の共働き世帯」とは、夫婦ともに非農林業雇用者の世帯。

　日本では、1980年頃から夫婦ともに雇用者の共働き世帯は年々増加し、1997年以降は共働きの世帯数が、男性雇用者と無業の妻から成る片働き世帯数を上回り、多数派を占めています。かつて片働き世帯が多数派だった時代には、結婚・出産後も働き続ける女性に対して「なぜ働くのか」という説明が求められていましたが、共働き世帯が多数派となるなかでは、片働き世帯の妻に「なぜ働かないのか」という説明が求められる状況も出てきています。しかし、各種の調査では、他国と比較して日本の男性の家事・育児時間が非常に短いことが明らかにされており、女性の家事・育児負担が変わらず高いのが現状です。性別分業の内容も時代によって変化していますが、ケア役割の任を女性が男性より多く担わなければいけない状況はなかなか変化しないようです。

を作ります(図14-1参照)。また、育児が一段落した後の就労は、パートタイムなどの非正規雇用で多く占められていることもわかります。図には示していませんが、有配偶の女性は育児期と考えられる20～30歳代には労働力率が低く、無配偶の女性は男性と同様の台形型に就業しています。

雇用の不安定化が叫ばれる以前から，非正規雇用の多くを女性労働者が占めていました。保育や介護など女性が従事することの多い職業も低賃金に抑えられてきました。日本は世界の中でもワースト・クラスで男女の賃金格差が大きい国としても知られています。性別分業が職業構造を支配している結果として，男性と比較して，女性が貧困状態に陥りやすいことが多くの論者によって指摘されています。また，企業社会が求める男性役割は，企業労働に全時間と労力をつぎ込める「ケアレス・マン」であるため，介護や育児などケア役割を担うことになった男性は，ケア役割を担うがゆえにそれができず，企業社会では不利な立場を強いられることになってしまうのです。

再生産労働とは

ケアとは，育児，介護，看護など他者を世話すること，他者への気遣い，心配りをすることです。もし，賃金労働には熱心でもケア責任を担わない「ケアレス・パーソン」だらけの世の中になったら，社会はどうなるでしょうか。

育児や介護，看護，日常の炊事や洗濯，あるいは，性愛や情愛を含んだコミュニケーションは，新たな社会成員とするべく子どもを育て，すでに労働力となっている成人にも，日々の食事や居心地の良い空間や関係の提供によって疲弊した労働力を癒し，回復させます。高齢者や病者などに介護・看護が適切に提供されることは，将来自分に何かがあったときにケアされるだろうという安心感によって，現在の労働の意欲を保たせる働きを持っています。「労働」の提供元が家族内であれ家族外であれ，以上のような「労働」が，フェミニズム理論において再生産労働と呼ばれてきたのはこのためです。

しかし，これらの労働は長らく「女性が自然に無償で行う（べき）こと」とされてきました。再生産労働の多くは社会生活にとって必要不可欠なものであるにもかかわらず，アンペイド・ワーク（不払い労働）であったり，市場労働であっても低賃金に抑えられるなどの問題を抱えてきました。

再生産労働のうちでも，生殖（リプロダクション）にかかわる労働は新たな「労働力」を産むという側面を持っています。人々の性や生殖は，人間あるいは国民の「生産」に直結しているため，その身体と生命を管理運営するこ

とは，国家や社会を維持する目的にとって非常に重要な課題となります。そのため生殖活動や性行動は個人にとっては非常に私的な事柄でありながら，常に公的・政治的な利害関心に沿った権力の介入の対象ともなってきました。

日本では，「産めよ殖やせよ」が国是として唱えられていた時代には出産増強政策，人口過剰が問題とされると出産抑制が必要な国家政策として唱えられてきた歴史があります。現在では，あからさまな人口政策はとりにくいのですが，少子化社会であるため政策には出産増強的意図が見え隠れします。

しかし，性や生殖は個人的な生活，人生に非常に深くかかわる領域であり，国家や社会の要請の通りに人に強制したり，制限したりすることは望ましいことではありません。現在において，あからさまな人口政策が行いにくいのもこのような理念が浸透しつつあるためです。

自分の生殖にかかわる健康とその健康を有する権利を意味するリプロダクティブヘルスとライツ（reproductive health and rights）は，その理念のひとつです。1994年に開かれた世界人口・開発会議において国際的に承認された概念で，「人間の生殖システム，その機能と活動過程のすべての側面において，単に疾病，障害がないというばかりでなく，身体的，精神的，社会的に完全に良好な状態であること」と定義されています。

さて，「ケアレス・パーソン」しかいない社会とは，ケアとリプロダクションを引き受ける人のいない社会です。そのような社会は次世代の誕生もなく，育てる人もおりませんから，早晩消滅するしかありません。

人類は誰もが赤ん坊から成人まで育つために必ず長期間にわたる誰かのケアを絶え間なく継続的に受けなければなりません。しかし，現代の資本主義社会においては，いくばくかのお金がなければケアに必要な物資を手に入れることもできません。そのため多くの人は賃金労働に従事しますが，企業社会は労働者に「ケアレス・パーソン」であることを求めるため，具体的なケアに従事することができなくなってしまいます。大きなジレンマです。

この大きなジレンマへの対応として，これまで少なからぬ社会では，男女が役割分業することで乗り切ってきました。しかし，男女のライフスタイルも多様になり，男女ペアで暮らすとは限らなくなり，雇用の不安定化が進ん

でいる現在では，この解決方法は適切ではありません。性別役割分業体制の

親密な関係性とロマンティック・ラブ・イデオロギー

　性・生殖や恋愛感情，結婚との関係をどうとらえるかもジェンダーです。つまり，正しい「性愛」「恋愛」「結婚」「生殖」とは何かという判断基準です。

　下図のように性愛と恋愛と結婚を結びつける考え方は，近代西洋で成立したもので，ロマンティック・ラブ・イデオロギーと呼ばれます。具体的には，恋愛相手の選択は個人の自由で，性交渉は基本的には婚姻関係外では正式に認められず，結婚に至る継続した恋愛関係が真の愛情を示すものとされるといった内容です。これに反する恋愛，性愛，結婚は「間違っている」というわけです。

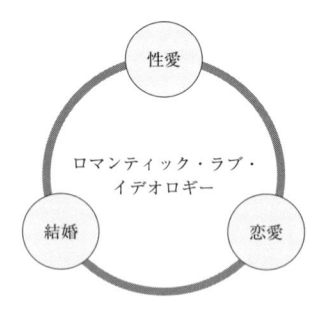

性愛 ― ロマンティック・ラブ・イデオロギー ― 恋愛 ― 結婚

　日本では，この考え方は高度経済成長期に普及したと考えられています。
　ひとつの証拠としては，見合い結婚と恋愛結婚の別を尋ねた設問に対する回答の割合が，高度経済成長終焉期の1970年代前後に逆転していることがあげられます。1935年時点では，見合い結婚7割弱，恋愛結婚1割強だった比率は，1970年には見合い結婚が5割を割り，恋愛結婚が5割近くに達し，2010年時点では見合い結婚は0.5割程度になり，恋愛結婚は9割近くになっています。見合い結婚が主流であった社会では，性愛と恋愛と結婚が上の図のようには密接に結びついていなかったと推測されるわけです。
　しかし，現在では，婚姻外の性交渉についての抵抗は以前より少なくなり，恋愛関係を持ったら必ず結婚に至らなければならないと考える人も少なくなってきたといわれています。この意味では，ロマンティック・ラブ・イデオロギーは崩壊したといえます。しかし，「恋愛」の中に，「真の愛情」といったものを見つけようとする心性などにその変化した姿をみることができます。

維持は，さまざまな社会的レベルで不可能になってきています。

再生産領域のグローバル化

　このジレンマを解消する手立てはあるでしょうか。一部の国では，ケア提供者を他の国から受け入れるという手段を用いています。家庭でケア役割を担うことの多い女性は，長らく国境を越えて移動する移民労働力の多くを占めることはありませんでした。しかし，1980年代中頃から特にアジア地域を中心に「移民の女性化」が生じていることが注目されています。

　フィリピンやインドネシアが代表的な送り出し国であり，アメリカやヨーロッパなどの先進工業国や香港やシンガポール，台湾といった新興工業国に多く受け入れられ，受け入れ国の家庭に入って家事労働者や介護労働者として働いています。増加の背景には，個人の経済的動機のみならず，受け入れ国と送り出し国の政策によって推し進められてきた側面もあります。

　日本では移民ケア労働者の家庭への進出は進んでいませんが，インドネシア・フィリピンなどと結んだ経済連携協定(EPA)では看護師・介護福祉士を受け入れつつありますし，「興行」ビザで入国し実際には接客業や性産業に従事するフィリピンやタイの女性たちの存在もありました。中国や韓国でもみられる農村部における国際結婚の増加もあります。

　これらの移民の女性化は，再生産労働に関しても新しい国際分業の形が展開していることを示しています。発展途上国の女性労働力は多国籍企業の工場において安価に雇用されるだけでなく，再生産労働の担い手も先進国や新興国の家庭や施設へと低賃金労働者として移動し，就労しているわけです。

　このようなある国・社会の女性などケアの担い手が相対的に高い賃金を受け取る労働力として雇用されるために，別の国・社会の女性がケア労働を相対的に低い賃金で請け負うことで支える状況は「ケアの連鎖」と呼ばれます。

　経済格差のある国からの移民によって，国内で担われにくくなったケア役割を肩代わりしてもらうという戦略は，一時的には双方にとって利益があるようにみえます。しかし，この戦略は性別役割分業をグローバルなレベルで置き換えているにすぎず，問題の先送りにすぎないと考えられます。

　女性が移民して賃金を得て家族に送金することによって，家族内の地位や

権限が上昇する場合もある一方で，出身国で女性に期待されるケア役割には変化が生じにくいともいわれます。ケア労働者として働く移民女性は出身国に子どもを残してきている場合も少なくありません。結果として，夫や子どもから不満や不信を持たれ，親子関係，夫婦関係に問題が生じる可能性があることも明らかにされています。移民女性たちの大きな犠牲のもとに，移民受け入れ先のケア労働が担われているという側面もあるのです。

女性や移民など不利な立場に立たされやすい状況にある他者に犠牲を強いる形でケア役割の担い手の問題を解決することが妥当なのかどうか，基本的人権という観点，およびグローバルな視点でこの問題を考えていく必要があります。

ジェンダーの視点からみる社会

これまで話してきたことから，現代社会のジェンダーとセクシュアリティのあり方が，女性をはじめ，ある一定の立場にある人々を差別，抑圧，排除，あるいは利用・搾取する仕組みを持ってきたことは明らかでしょう。

「ケアレス・マン」モデルは，長時間残業や深夜労働など非人間的な働き方を要請する傾向があります。それに対抗して，ワーク・ライフ・バランス（仕事と生活の調和）を実現できる，適切な賃金が支払われるディーセント・ワーク（人間らしい働き方）を求める声もあがってきています。これは，必要とするケアが適切に互いに提供されることを意味します。

自身の生計を立てることや，家族との生活を営むこと，社会を継続させていくことを考えるためには，ジェンダーの観点が不可欠です。本章でみたように，ジェンダーの問題は，グローバルな社会構造としてのジェンダー秩序と，個人にとっての多様な人々の関係のあり方を解き明かしていくものです。つまり，ジェンダーについて考えることは，自分が生きている社会と自分自身のあり方について考えることなのです。

どんな人もケアを必要としています。私たちは，ケアを担う人びとを不利な立場に置かない社会を作っていく必要があるのではないでしょうか。

【ブックガイド】

1. 木村涼子・伊田久美子・熊安貴美江編『よくわかるジェンダー・スタディーズ——人文社会科学から自然科学まで』ミネルヴァ書房，2013年。
2. 伊藤公雄・牟田和恵編『ジェンダーで学ぶ社会学［新版］』世界思想社，2006年。
3. 多賀太『男らしさの社会学』世界思想社，2009年。
4. ジョーン・スコット，荻野美穂訳『ジェンダーと歴史学　増補新版』平凡社，2004年。
5. 伊藤るり・足立眞理子編『国際移動と〈連鎖するジェンダー〉——再生産領域のグローバル化』作品社，2008年。

　ジェンダーについて考えるためには，幅広い観点が必要です。1は，ジェンダー研究の射程の広さと現代性を学ぶのに適しています。ブックガイドも項目ごとにありますので，そこから関心ある分野について深く知ることができるでしょう。ジェンダーについて社会学的に学ぶ教科書としては，「学ぶ」「愛する」「遊ぶ」といった日常的行為を各章の表題に掲げている2の文献をあげておきます。ジェンダーの変革には男性中心主義社会の問い直しが不可欠であると考えられますが，この点については3がバランスよく論じています。また，ジェンダーについて再考するためには，4のように男性中心で描かれてきた歴史を女性史という社会学の観点から描き直すことも不可欠です。グローバル化とジェンダーの再配置の問題については，5が参考になります。

【発展学習】考えてみよう！

1. 「性の商品化」の問題点について考えてみよう。
2. 男性が介護や育児などケアの主たる担い手となったとき，現状の社会の仕組みでは，どんなことに苦労する可能性があるか考えてみよう。
3. 性別による賃金格差と，正規雇用と非正規雇用の雇用上の身分の違いによる賃金格差との間にあるつながりについて考えてみよう。

第15章　災害とコミュニティ

> この章で学ぶこと
> 　災害は，いつ，どこで，どのようなレベルのものが起きるか，予測不可能です。大きな災害を前にして個人は無力です。この章では，東日本大震災の事例をもとに，災害対応基盤としてのコミュニティのありようと復興におけるコミュニティの重要性を示し，災害とコミュニティについて考えていきます。
> キーワード：災害と社会，コミュニティ，防災

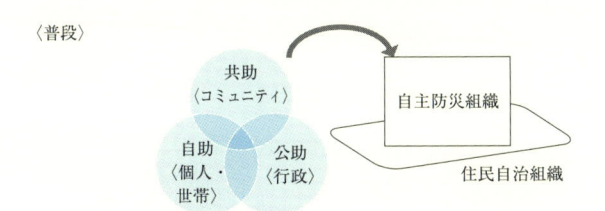

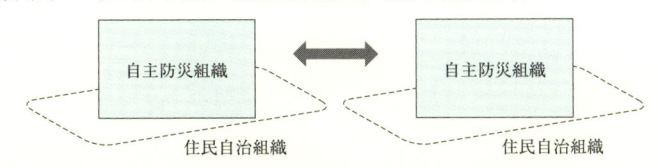

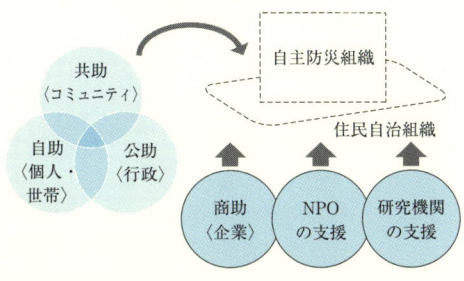

災害とコミュニティの関係

1　災害と社会

> この節で学ぶこと：ここでは，東日本大震災を事例に，災害が「社会的なもの」であるということを確認し，災害への社会的な対応のあり方について解説していきます。
> キーワード：災害，災害対策基本法，自助・共助・公助

東日本大震災の発生

2011年3月11日14時46分，わが国において観測史上，最も大きいマグニチュード9の地震が発生しました。この地震では北海道から九州地方にかけて震度7から1を観測しました。この地震によって引き起こされた津波が，東北地方から関東地方の太平洋沿岸500 kmにも及ぶ範囲を襲い，甚大な被害が生じました。死者は1万8493名，行方不明者2683名，住家被害は，全

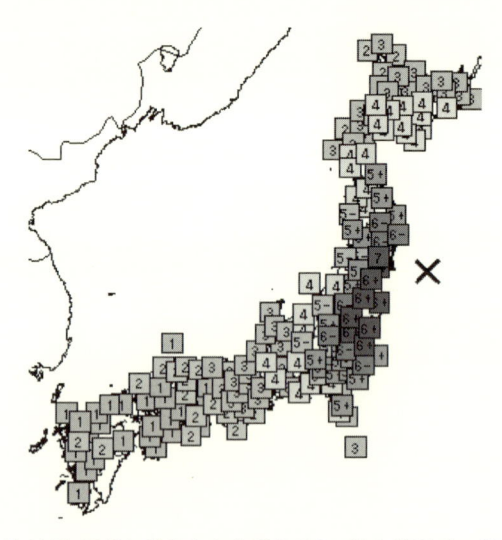

図 15-1　3月11日14時46分に発生した本震(M9.0，最大震度7)の地域ごとの震度分布
出典：気象庁技術報告第133号，平成23年(2011年)東北地方太平洋沖地震調査報告第Ⅰ編，13頁

壊12万8801棟，半壊26万9675棟（平成25年3月11日現在：消防庁報告）に上ります。

あの日，みなさんが置かれていた状況はさまざまかと思いますが，被害の光景はいまだ記憶に新しいのではないでしょうか。予測不可能な災害に，どのように対応していけばよいのか，途方にくれた人もいたでしょう。現代社会のもろさを実感した人もいたでしょう。

以下では，災害が「社会的なもの」であることを，東日本大震災におけるさまざまな事実関係をもとに確認していきます。その上で，私たちにとって，「コミュニティ」が災害対応の基盤，そして復興の基盤であることを確認していきましょう。

社会的なるもの「災害」——「地震」と「震災」

3月11日に起きた地震に対して，気象庁は同日，「平成23年（2011年）東北地方太平洋沖地震」（以下，「東北地方太平洋沖地震」）と命名し，日本政府は，4月1日，この地震とその後の余震によって生じた被害を総称して「東日本大震災」と命名しました。この2つの名称を聞いて，「あれ？」と思った人もいるのではないでしょうか。あの日，起きた出来事に対して，私たちがよく耳にする名称は後者の「東日本大震災」というものです。これら2つの名称にはどのような違いがあるのでしょうか。

わが国の災害対策の基本を示している災害対策基本法第二条第一項では「災害」を「暴風，豪雨，豪雪，洪水，高潮，地震，津波，その他その及ぼす被害の程度において，これに類する政令で定める原因により生ずる被害」と定義しています。災害とは，現象そのものではなく，人間が生活を送る社会において被害が生じた状況を指します。地震を例として考えると，「地震」とはマグニチュードで示される現象のことであり，地震による被害の総称が「災害」です。地震による災害は「震災」といいます。同規模の現象が生じたとしても，時代，場所が違えば，結果は違うものとして立ち現れます。その意味で，災害は「社会的なもの」なのです。

東北地方太平洋沖地震では，津波により多くの人が亡くなり，住む場所を失いました。津波被害のなかった地域でも，地震発生直後に，電気・ガス・

表 15-1 復興に関する政府の対応

年	月日	内容
平成二十三年	3月11日	東日本大震災発生 緊急災害対策本部発足 応急対策を開始，自衛隊等による救出総数2万7千人
	3月17日	被災者生活支援特別対策本部(支援チーム)設置 物資調達，避難所支援等本格化
	5月2日	東日本大震災財特法成立 第1次補正予算成立(復興経費4兆153億円) 仮設住宅，ガレキ処理，復旧事業，災害関連融資等
	6月24日	復興基本法施行 基本理念，国と自治体の責務，復興財源の確保(復興債・償還の道筋)，復興特区，復興対策本部，復興庁
	6月25日	東日本大震災復興構想会議「復興への提言」提出
	6月28日	東日本大震災復興対策本部(第1回)開催
	7月25日	第2次補正予算成立(復興経費1兆9106円) 原子力損害賠償，二重債務問題対策等
	7月29日	「復興基本方針」策定 復興期間，事業規模，復興財源，復興特区，復興交付金，施策の方向性
	8月5日	原発避難者特例法成立
	8月26日	各府省の事業計画と工程表のとりまとめ(第1回)
	8月27日	原子力災害からの福島復興再生協議会(第1回)開催
	11月21日	第3次補正予算成立(復興経費9兆2438億円) 復興交付金，除染，全国防災，立地補助金，産業復興等
	11月30日	復興財源確保法成立
	12月7日	復興特別区域法成立
	12月9日	復興庁設置法成立
平成二十四年	2月9日	復興推進計画第1号認定(岩手，宮城)
	2月10日	復興庁開庁
	3月2日	復興交付金の交付可能額通知(第1回)
	3月5日	東日本大震災事業者再生支援機構始業開始
	3月30日	福島復興再生特別措置法成立
	4月5日	平成24年度予算成立(復興経費3兆7754億円)
	4月6日	平成24年度復興庁一括計上予算の配分(箇所付け)について公表(2779億円)
	6月21日	子ども・被災者支援法成立
	6月24日	被災地域の原子力被災者・自治体に対する国の取組方針(グラウンドデザイン)の公表
	7月13日	福島復興再生基本方針閣議決定
	11月22日	東日本大震災からの復興の状況に関する国会報告
平成二十五年	1月29日	復旧・復興事業の規模と財源の見直し(19兆円を25兆円に見直し) 平成24年度当初予算概算決定(復興経費4兆3840円) ・復興庁の司令塔機能の強化 ・福島の復興・再生の加速化 ・復興交付金の増額 ・津波・原災地域の企業立地促進 等
	2月1日	福島復興再生総局を設置
	2月6日	復興推進委員会平成24年度審議報告
	2月26日	平成24年度補正予算成立(復興経費3177億円) ・住宅再建支援のための復興特交の増額 ・地域の希望復活応援事業 ・営農再開に向けた支援
	3月7日	「住まいの復興工程表」公表
	3月15日	「原子力災害による被災者支援策パッケージ」公表
	4月2日	「原子力災害による風評被害を含む影響への対策パッケージ」公表
	5月10日	福島復興再生特別措置法の改正
	5月15日	平成25年度当初予算成立(復興経費4兆3840億円)
	6月5日	復興推進委員会「新しい東北」の創造に向けて(中間とりまとめ)
	8月7日	避難区域の見直しが完了
	8月30日	平成25年度予算概算要求(復興経費3兆6377億円＋事項要求)
	10月11日	子ども・被災者支援法基本方針 閣議決定・国会報告
	11月12日	東日本大震災からの復興の状況に関する国会報告
	12月12日	平成25年度補正予算案閣議決定(復興経費5638億円)
	12月20日	「原子力災害からの福島復興の加速に向けて」閣議決定
	12月24日	平成26年度当初予算案閣議決定(復興経費3兆6464億円)

出所：「復興の現状と取組」(http://www.reconstruction.go.jp/topics/main-cat1/sub-cat1-1/20130618174925.html)(復興庁)より筆者抜粋。最終アクセス日，2014年3月20日。

水道といったライフラインはストップし、人々は不便で不安な生活を強いられ、社会生活を遂行する上で困難な状況に置かれました。都市部では帰宅困難者の存在がクローズアップされました。津波によって起きたとされる東京電力・福島第一原子力発電所の事故により、被害の構造はいっそう複雑なものとなりました。

東北地方太平洋沖地震は、地震規模で考えると千年に一度ともいわれるような大きな地震でした。さらに、被害状況をみると、現代社会特有の生活のありようが、被害を大きくした側面も指摘できます。これら状況を鑑み、日本政府はこの地震による被害を総称して「東日本大震災」と命名したのです。

「自助・共助・公助」

予測不可能な災害に、私たちはどのように対応していけばよいのでしょうか。「自助・共助・公助」という言葉を、一度は聞いたことがあると思います。「自助」とは、各自が日頃から非常食の準備をしたり、安否確認の方法や避難場所を確認したり、災害が生じた場合を想定して備えることを指します。「共助」は、災害が起きた際に主に近隣の人たちと協力し合い、困難な状況を解決していくことを指します。「公助」は公的機関の支援を指し、その対応については災害対策基本法に定められています。災害が起きた際、これら3つの連携により「減災」に結びつくと考えられています。「社会的なもの」である災害への対応は「社会的な営み」から考えていく必要があります。

「公助」の枠組みを示している災害対策基本法は、1958年の狩野川台風による水害と1959年の伊勢湾台風による高潮災害を契機に1961年に制定されました。公的機関の責任と役割を明確にするという意味で、当時としては画期的な法律でしたが、社会構造の変化により被災様相にも変化がみられることから、部分的に改訂し、現在に至っています。公共の福祉に徹することから、個々人の状況が考慮されているわけではなく、また改訂は災害が起きてから行われるため、対応には限界があります。よって、震災が起きた場合、自分の身は自分で守るという意識を各自が持ち、行動することが重要です。しかし個人対応にも限界があります。その狭間をつなぐものとして重要な役

割を果たすのが，「共助」です。

> ### 「阪神・淡路大震災」と「東日本大震災」
>
> 　東日本大震災以前に起きた地震による被害で，戦後最も大きかったものは，阪神・淡路大震災でした(地震名は「1995年(平成7年)兵庫県南部地震」)。この地震は，都市直下型地震であり，近畿圏広域において被害が確認され，その中でも兵庫県神戸市の被害は甚大でした。死者は6434名であり，その大半は家屋の倒壊，火災によるものでした。東日本大震災を阪神・淡路大震災と比べた場合，津波被害の有無が，被災直後の対応の錯綜，避難の長期化，復興の遅れにつながっています。
>
> 　阪神・淡路大震災でも津波は確認されましたが，小規模であり，被害はありませんでした。東日本大震災では，行方不明者が多く，そのほとんどは津波による犠牲者であると考えられています。震度6弱以上を観測した8県では，352市町村のうち237市町村の庁舎が被災しました。本章でテーマとしている「コミュニティ」は，阪神・淡路大震災において，その重要性が指摘されたわけですが，東日本大震災では，その物的基盤である地域(土地)と構成員である住民が被害に遭い，コミュニティの消滅，分断といった状況が生じています。このような状況から，被災直後の対応において，物資が避難所に行き届かない，ボランティアの受け入れ体制が整わない等，混乱がみられました。「コミュニティ」の枠組みが失われたなかで，個人と行政をつなぐ中間集団の形成が急がれました。
>
> 　津波被害が広範囲であったため，復興期に入ってからは，仮設住宅建設のための用地を確保できず，避難生活が長期化しました。今後，津波被害を避けることを想定した地域形成が求められ，現在，集団移転の作業が進められていますが，用地の確保もさることながら，住民個々の意見の集約が難しく，遅々として進まない状況です。
>
> 　東日本大震災において，福島原子力発電所の事故は，被害の構造をいっそう複雑なものとしました。見えない放射能の脅威に，いまだ日本全体が脅かされています。住み慣れた土地を離れ，避難せざるを得ない状況に置かれている福島県の人たちは，13万4708名(県内8万6735名，県外4万7995名)に上ります(福島県『平成23年東北地方太平洋沖地震による被害状況即報』(第1151報)(平成26年3月19日更新))。何をもって復興とするのか，そして終結とするのか，非常に難しい問題ではありますが，まずは，個々の生活基盤を整え，行政と個人，個人と個人，そして過去と未来をつなぐ「コミュニティ」を復興することが喫緊の課題となります。

「共助」は，主に私たちが日常生活を展開する地域社会である「コミュニティ」を枠組みとして描かれます。次の節では，東日本大震災において，「共助」の舞台である「コミュニティ」がどう動いたのかをみていきましょう。

2　防災コミュニティの形成

> この節で学ぶこと：阪神・淡路大震災，そして東日本大震災を受け，「防災コミュニティ」の形成が急がれています。その核となる「自主防災組織」に焦点をあて，防災とコミュニティの関係について考えていきましょう。
> キーワード：コミュニティ，防災コミュニティ，自主防災組織，住民自治組織

自主防災組織とコミュニティ

災害とコミュニティの関係について考えるときに，「コミュニティ」には，「共助」の舞台としての役割が期待されます。この場合の「コミュニティ」とは，一般的に「住民自治組織」が想定されます。その背景には，1995年に起きた阪神・淡路大震災の経験があります。

阪神・淡路大震災では，地震発生後，神戸市真野地区のように，普段の自治会活動の蓄積が，いち早い救出・救助活動に結びつき，その後も住民自治組織を基盤に復興活動が進められてきた地域（今野裕昭『インナーシティのコミュニティ形成——神戸市真野住民のまちづくり』東信堂，2001年）がある一方で，自治会が存在していても，住民の交流活動がほとんどなされていなかった地域では，震災後，住民組織の機能が麻痺しているといった状況の報告（倉田和四生『防災福祉コミュニティ』ミネルヴァ書房，1999年）がありました。災害発生後の対応における住民自治組織の重要性は2004年，2007年に発生した中越地震においても証明されることとなりました（松井克浩『中越地震の記憶——人の絆と復興への道』高志書院，2008年）。

阪神・淡路大震災の経験から，国は，地域において自主防災組織を立ち上

> **コミュニティとは**
>
> 　社会学において，概念としての「コミュニティ」の体系化を試みたのは，20世紀初頭の社会学者であるR・M・マッキーヴァーという人でした。彼は，1917年の著作『コミュニティ』において，「地域性」と「共同性」の側面から，「コミュニティ」の概念を整理しました(R・M・マッキーヴァー，中久郎訳『コミュニティ』ミネルヴァ書房，2009年)。「コミュニティセンター」や「コミュニティFM」などという言葉から，「地域性」という点は，何となく理解できるかと思います。しかし「共同性」とはいったいどのようなことを指すのでしょうか。
>
> 　自分の生活がより良いものとなるように私たちは行動します。同じように，自分たちの住む地域社会がより良いものとなるよう，人々は協力してきました。それは，道路清掃だったり，祭りの開催であったり，いろいろな共同作業を指します。結果としてそこに住む人たちの地域への愛着や誇りといったものを生み出してきました。そのような思いが，さらなる共同の原動力となり，「コミュニティ」は維持されてきました。しかし，生活のグローバル化，個人化が指摘される現代社会において，「コミュニティ」を「地域性」「共同性」という側面から理解することが難しい状況が出てきました。インターネットでつながる人間関係，社会的サービスを購入することにより成り立つ個々の生活。そういう現実がある一方で，誰もがそのような生活を享受できるわけではありません。そして，地域の中で何か困ったことが生じた際，その解決の第一の枠組みとしてコミュニティがあげられます。その意味で，「コミュニティ」は誰にとっても，生活課題解決における共通の資源ともいえます。このような点から「コミュニティ」という言葉は，実態を指すだけではなく，地域社会の共同に対する何らかの期待を込めて用いられることもあります。
>
> 　「コミュニティ」について考えるとき，特定の範囲を設定する場合もありますが，重層的なものとしても考えられます。あなたを始点として考えてみましょう。近隣，町内会・自治会，学区，市町村，県……というように，その範囲は際限なく広がりをみせ，それぞれに合った共同の形を考えることができます。

げることを推進し，「防災コミュニティ」の形成を進めてきました(総務省消防庁『自主防災組織の手引』2007年)。自主防災組織は，その名が示す通り，住民たちの「自主的」な防災活動によって成立しているとされる組織です。しかしながら，その組織化において，国のテコ入れが強く働き，規約や組織形

態については，国，そして県・各自治体から提示された例を模倣して作られた画一的なものが多いということが指摘されています。そのため，地域の個性を無視した上からの押し付けであるとして，自主防災組織の存在意味について，疑問視されてきました。また，自主防災組織の基盤として想定されている住民自治組織は，高齢化，人間関係の希薄化等から弱体化が叫ばれており，そのため自主防災組織の脆弱性も指摘されています。とはいえ，災害は誰かひとりにピンポイントで影響がみられるものではありません。ある範域を限定した形で生じます。よって，被害を少なくするためには，地域を範囲とした協働の体制が必要となり，「災害を生き延びるためのリソース」(松井2008：59)として住民自治組織を基盤とした自主防災組織の形成が求められます。

東日本大震災における自主防災組織の動き

東日本大震災において，自主防災組織はどのように動いたのでしょうか。

毎日新聞(2011年4月22日)によると，津波被害のあった岩手県陸前高田市において，2011年3月末現在で，区長の死亡・行方不明が13人に上ったといいます。その理由は「市沿岸部は全町内会で自主防災組織が結成されており，高齢者らの逃げ遅れがないよう点呼や避難誘導にあたったうちに津波にながされたとみられる」とされています。三陸地方では「津波てんでんこ」といって，津波が来たら，個々ばらばらに逃げるということが言い伝えられてきましたが，記事は「住民の高齢化が進むにつれて，災害時の集団避難が各地域でルール化していたとみられる」と伝えています。このような状況を目の当たりにして，岩手県釜石市のとある地域では，自主防災組織の結成を見送ったとのことでした。

陸前高田市の例は，高齢化により自主防災組織の基盤である住民自治組織が弱体化しているにもかかわらず，画一的な基準のもとに組織が作られた結果，組織の規約に従うことが目的化してしまい，いざというときに，本来求められている活動を展開することができなかった事例です。当然のことながら，「自主防災組織の存在」＝「防災コミュニティの成立」を意味しているわけではありません。そこで問われなければならないことは，コミュニティ

> **自主防災組織と住民自治組織**
>
> 　自主防災組織とは，「地域住民の連帯意識に基づき自主防災活動を行う組織で，平常時においては，防災訓練の実施，防災知識の普及啓発，防災巡視，資機材等の共同購入等を行っており，災害時においては，初期消火，避難誘導，救出・救護，情報の収集・伝達，給食・給水，災害危険箇所等の巡視等を行う」組織であるとされています(総務省消防庁『平成25年版　消防白書』2013年)。自主防災組織を軸とした防災コミュニティの形成が急がれ，その基盤としての役割が住民自治組織に求められています。住民自治組織とは，一定の地域区画を持ち，その区画が相互に重なり合わず，原則として全世帯加入の考え方に立っている組織で，「○○町内会」「○○自治会」といった名称を名乗っています。地域の諸課題に包括的に関与することを目的としており，以上の理由から行政や外部の第三者に対して地域を代表する組織とされています(中田実『地方分権時代の町内会・自治会』自治体研究社，2007年)。この組織内で，住民同士のさまざまな協働がみられ，「コミュニティ」の枠組みのひとつといえます。

の実情にあった形で自主防災組織が組織され，活動が展開されることです。

　岩手県盛岡市の被害は大きくありませんでしたが，震災直後にライフラインがストップし，住民たちは不便で不安な生活を強いられました。このようななか，市内には自主的に多くの避難所が設置されました。そのひとつであり，積極的な避難所運営がみられた北松園町内会を基盤とする「北松園自主防災隊」では，普段の自治会活動で見知った人たちが，「北松園自主防災隊」の名のもと，規約や組織体系を無視した形で避難所の運営を行いました。災害はいつ，どのようなレベルのものが起きるのか，予測不可能です。したがって，規約や組織体系があったとしても，その通りに動けるとは限りません。北松園町内会は，被雇用者が多いため，日中に災害が起きた場合，対応可能な人が地域に不在であることを認識し，「あくまでも(組織体系図は)充て職にすぎない」と理解していました。また，若年層が比較的揃っている町内会であり，普段の自治会活動も活発であったことから，「普段から『自主防災隊』を通して避難訓練をしていた」「みんな知っている人だから」ということが，当日の避難所設置の際に有効に働いたと代表は話していました。

北松園町内会以外に居住する人の利用もみられました。その多くが，高齢化した近隣町内会居住者だったといいます。避難所に訪れた人たちは，水や食べ物，情報を求めての利用だけではなく，「一人でいるのが怖くて」といったように不安を解消する場として利用している様子が確認されました。

　災害発生時，自主防災組織が効果的な対応をするためには，普段の自治会活動の状況から，その地域の実情を，あえていうならば地域の「弱み」を認識し，非常時における自主防災組織の動きを考えていくことが求められます。被雇用者が多い地域であれば，日中に動ける人が少ないという点，高齢化率の高い地域であれば実質的に動ける人が少ないという点，子育て世帯が多い地域であれば，他世帯への支援には回ることが難しいという点などです。地域の実情を住民たちが理解し，普段の自治会活動の延長線上に自主防災組織を位置づけ，災害のレベルに応じて柔軟な対応をすることが防災コミュニティの成立においては重要です。さらに，他地域の自主防災組織と，相互に弱みを確認し合い，災害時の相互補完，応援も視野に入れた活動を描き出すことによって，より強固な防災コミュニティの成立に結びつくでしょう。その意味で，防災コミュニティとは，ひとつの町内会や自治会に限らず，際限なく広がりを持ったものとして理解する必要があります。

3　復興とコミュニティ

> この節で学ぶこと：東日本大震災では，津波，そして原発事故によってコミュニティは大打撃を受けました。コミュニティの復興が急がれますが，それは困難な状況にあります。復興において，なぜコミュニティが必要なのでしょうか。コミュニティの復興のためにはどのような支援が必要なのでしょうか。
> キーワード：復興，防災集団移転事業，NPO，商助

コミュニティの消滅・分断，個の意見

　津波被害のあった24市町村180地区では，国の防災集団移転事業により，

安全な場所への集団移転が計画されています。この事業は「災害が発生した地域又は災害危険区域のうち，住民の居住に適当でないと認められる区域内にある住居の集団的移転を促進するため，当該地方公共団体に対し，事業費の一部補助を行い，防災のための集団移転促進事業の円滑な推進を図る」(国土交通省(http://www.mlit.go.jp/crd/city/sigaiti/tobou/g7_1.html))ことを目的として行われるものであり，被災者にとっては生活の拠点が得られ，コミュニティの復興の足がかりとなる事業でもあります。震災から2年が過ぎ，この事業がやっと動き始めました。しかし，3年経った現在でも，事業は遅々として進まず，各地域では戸惑いがみられます。

岩手日報(2013年5月5日)によると，岩手県宮古市では，復興事業による高台への住宅建設開始は2015年の見込みであり，これから本格的に用地交渉を始める地区もある他，浸水地の買い取り価格などを示しながら個別の意向確認をしなければならず，膨大な時間と労力がかかっているとのことでした。このようななか，事業の希望者には自力再建に切り替える人も出始め，計画変更を余儀なくされる地区も出てきています。陸前高田市では当初，556戸が高台移転を目指していましたが，4月下旬までに484戸に減少したとのことでした。市内で最も戸数が多い同市米崎町の脇の沢地区では，事業希望者が128戸から76戸となり，減少した52戸の半数ほどが自力再建，残る半数は災害公営住宅を選んだといいます。

東日本大震災の被害があまりにも広範に及ぶため，集団移転事業では，用地の確保が難しい状況にあります。また，復興を考える際に，震災前のコミュニティの枠組みで再建を描ける地域もあれば，再編成が求められている地域もあり，意見の集約が難しいところです。残ることを積極的に選択する人，さまざまな理由から残らざるを得ない人，これを機会に新たな土地に生活を求める人，その選択はさまざまです。震災を受け，横並びでは捉えられない個々の生活欲求があふれ出ています。

復興とコミュニティについて考えるとき，原発事故はより複雑な状況を導いています。この事故により福島第一原子力発電所から20 kmを基準として，それ以外の地域については放射線量の状況等を考慮し，避難指示区域と

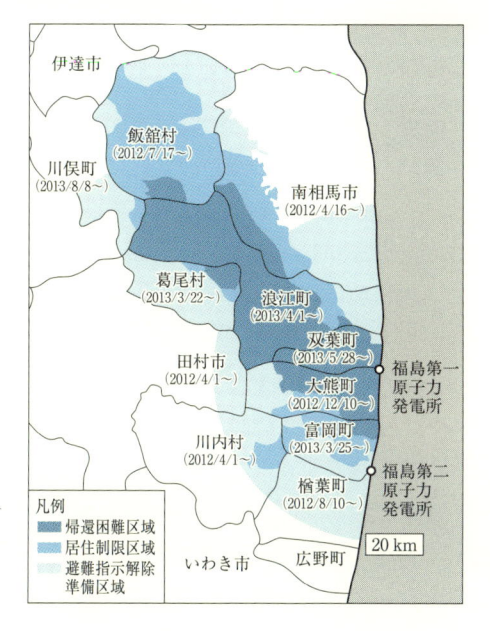

図 15-2　福島県における避難指示区域（平成 25 年 8 月 8 日現在）（復興庁）
出典：http://www.reconstruction.go.jp/topics/main-cat1/sub-cat1-1/20140117_genjo.pdf

して，帰還困難区域，居住制限区域，避難指示解除準備区域の 3 区分が設定されています。避難指示区域に居住していた人たちは「いつ戻ることができるのかわからない」という状況のなか，地域から離れ「仮」の生活を送っています。コミュニティを復興させようにも，その基盤であった土地に足を踏み入れることはできず，コミュニティで共に働いてきた人たちは，各地に散らばっています。コミュニティの不在は，生活を維持する上での拠り所，個々の意見の集約する基盤の不在を意味しますが，避難者たちは，自分たちの生活を成り立たせることに精いっぱいであり，コミュニティの復興は二の次，三の次というのが現実です。

コミュニティの復興──住民の思いをどうつなぐか

　このようななか，NPO など，「コミュニティ」以外の機関が，コミュニティの復興につながる活動を提供しています。

　宮城県石巻市北上町のある集落では，昔から受け継がれ，集落の住民にとっての文化的な拠り所であった獅子舞や神楽の道具が津波によって流され

てしまいました。獅子舞や神楽の復活のために，NPO が住民たちを行政や資金提供の機関につなげる支援をしてきました。専門的知識の提供ともいえる支援です。また，高台の集団移転においては，住民たちの要望を聞き取り行政に伝え，ワークショップの場で住民たちの錯綜する意見の集約に努めてきました。これは，利害関係のない地域外の機関であるからこそ可能となった作業といえます(http://www.parcic.org/project/tohoku/detail/community/)。このような後押しを受けて，コミュニティの復興はいま動き始めています。

　原発事故地域の避難者は，日本各地に散らばっており，コミュニティの復興が重要であるといっても，復興はおろか，交流自体も難しい状況にあります。そのようななか，NPO や社会福祉協議会，研究機関，生活協同組合，避難者受け入れの自治体などが，もとの自治体を単位とした交流会を各地で開催し，避難者たちの交流を図っています。

　福島県浪江町では，商店会が合併した際に作られた「まちづくり NPO 新町なみえ」が中心となり，各地に避難している住民に対して，交流の場を提供しています。これらの活動は，避難者の孤立を防ぎ，情報へのアクセスを可能にし，さまざまな生活課題の解決にも結びつくと同時に，生まれ育った土地の復興，再生に対する自分たちの思いをつなげる上で，拠り所となります。この活動は，研究機関との連携(「広域避難者による多居住・分散型ネットワーク・コミュニティの形成」(研究代表者：佐藤滋(早稲田大学)，http://www.ristex.jp/korei/02project/prj_h24_13.html)，企業の支援(http://www.jti.co.jp/investors/press_releases/2012/pdf/0325_01_appendix_01.pdf)を受けて行われており，コミュニティの復興における外部機関とのかかわりの重要性を示しています。このような活動は非常に細々としたものではありますが，全国各地に散らばった人々を「コミュニティ」の枠組みでつなぎとめる際に重要な役割を果たし，将来，コミュニティの復興，地域再生の活動が本格化したとき，大きな資源となるに違いありません。

　自分たちの生活を維持するために，協力し合い作り上げてきたのが「コミュニティ」であり，人々はその協力を通して，「コミュニティ」の中に位置づけられてきました。「コミュニティ」は，さまざまな意見が錯綜するな

> **自助・共助・公助，そして，「商助」**
> 　今回の地震では，企業の支援である「商助」にも注目すべきです。震災発生後，公的支援では見過ごされがちな女性や障がい者，子ども，高齢者などの声を拾い，個別的な状況を配慮した上で，企業が必要な支援を提供してきました。復興過程における専門的知識の提供もさることながら，復興支援型ファンドを設立し，被災地と被災地以外の支援者をつなぐ役割を果たしている企業もあります。
> 　「ミュージックセキュリティーズ」という会社では，東日本大震災を機に，復興支援型ファンドを設立しました。出資者は，応援したい企業を直接選択し，長期間にわたり，復興の過程を見届けることが可能となります（http://oen.securite.jp/）。被災地における事業が波に乗ることは地域経済の潤いにもつながり，結果としてコミュニティの復興にもつながります。そして，出資者においても自分が出資した資金の使い途がはっきりしていることで，支援の意識が高まります。

かで，個々の意見を集約する基盤でもありました。地震により大打撃を受けたコミュニティの復興は，そう簡単には進みません。しかし，生活の基盤として人々がコミュニティを求めている以上，そして，さまざまな生活欲求があふれ出ている今だからこそ，意見集約の基盤としてその復興が急がれます。現時点での復興が難しいのであれば，コミュニティの復興活動が本格化されるまで，住民の思いをつなげていく支援が求められます。「コミュニティ」の復興の先に被災地の復興が描き出されることになります。

災害とコミュニティ，その行方

　千年に一度ともいわれている東日本大震災は，私たちに「コミュニティ」の存在意味を2方面から問いかけています。ひとつは，被災後の災害対応基盤である，「防災コミュニティ」の役割について，もうひとつは復興における「コミュニティ」の重要性についてです。

　震災前までは，コミュニティとは無縁に生きていると思っていた人もいたでしょう。しかしながら，程度の差こそあれ，あの日，一人ではどうにもできない状況に置かれ，誰かと共に助け合う「共助」の必要性を強く感じたのではないでしょうか。2でみてきたように「共助」の基盤としての役割がコ

ミュニティに期待されるわけですが，東日本大震災では，画一的な基準のもとに作られた組織を機能させることが目的化してしまい，悲劇を招いてしまった事例，普段のコミュニティ活動によって非常時の対応に差がみられた事例など，「防災コミュニティ」の成立にはほど遠い状況も確認されました。「防災コミュニティ」の成立には，普段のそして不断の「コミュニティ」での活動が基礎となります。その意味で，「コミュニティ」を作り上げていく行為自体が，「防災コミュニティ」を作り上げていくことにつながります。

復興におけるコミュニティの重要性は，東日本大震災以外の災害からも指摘されています。阪神・淡路大震災，中越地震によって被災した地域はコミュニティを基盤として，今，復興を遂げています。しかし，東日本大震災では，あまりにも被害が大きく，被害の範囲が広範囲であったため，コミュニティの復興は遅々として進まず，コミュニティの不在といった状況にあります。人々は目先の生活を維持することに精いっぱいで，コミュニティを復興させる余力がありません。ここで求められることは，人々の思いをくみ取り，人々をつなげ，コミュニティの復興につなげていく支援です。生活の拠り所であるコミュニティの復興の先に，被災地の復興が描き出されます。

住民にとって，「コミュニティ」は安心・安全の基盤である必要があります。あなたが所属する「コミュニティ」は，現在，どのような状態にありますか？　災害が起きたとき，「共助」の基盤となりうるでしょうか。「災害は忘れた頃にやってくる」ことをあらためて肝に銘じ，これを機会に観察してみてはいかがでしょうか。

【ブックガイド】

1　大矢根淳・浦野正樹ほか編『災害社会学入門』弘文堂，2007年。
2　吉原直樹編『防災の社会学（第二版）』東信堂，2012年。
3　松井克浩『中越地震の記憶―人のきずなと復興への道』高志書院，2008年。
4　山下祐介『東北発の震災論―周辺から広域システムを考える』精興社，

> 2013年。
> 5　岩崎信彦他編『阪神・淡路大震災の社会学』(3巻)昭和堂，1999年。

　日本の社会学会における災害研究は，阪神・淡路大震災以降，積極的に行われてきました。いまだ新しい領域といえます。社会学における災害研究は，地域社会学，農村社会学，都市社会学，環境社会学での研究蓄積をもとに展開されていることから，勉強する際は，必要に応じて，上記に示した分野の研究動向にも目を向ける必要があります。

　1と2は，社会学が災害をどのように捉え，課題設定をしているのかということを知る上で頼りになります。その意味で，社会学における災害研究の入門書といえます。1は，災害と社会を考えるシリーズ本であり，合わせて6篇あります。他シリーズも，興味のある領域から読み進めることをお勧めします。2もシリーズ本ですが，他シリーズは社会学に特化したものではないので，学問領域による課題設定の違いを確認するために読むと良いでしょう。

　3〜5は，社会学における災害研究の発展的なものです。3は，中越地震後すぐに取り組まれた調査をもとに書かれており，災害とコミュニティとの関係を考える際の良書です。4は，東日本大震災によって露呈した現代社会の問題が非常にわかりやすくまとまっています。社会学的なエッセンスを捉えるのに良書であり，お勧めです。5は阪神・淡路大震災を読み解くために，日本の社会学者の総力のもとに取り組まれたものです。地震発生直後から，復興までを網羅的に扱っています。初学者の方が読み進めることは，骨の折れる作業になるかと思います。とはいえ，社会学的視点により「震災」を解剖する際のスキルを身につけるためには必読の書です。

【発展学習】考えてみよう！

1　具体的な災害を想定し，どのような困難に対して，どのような対応が，どのような枠組みのコミュニティで行われるべきでしょうか。コミュニティの重層性を意識して考えてみましょう。
2　あなたが所属する「コミュニティ」の「弱み」は何でしょうか。災害が起きた際，その弱みはどのような困難性につながりますか？　その弱みを解決するためにはどうしたらよいでしょうか。
3　普段のコミュニティ活動に参加しない人に，災害時，「コミュニティ」は開かれるべきか否か，考えてみましょう。その際，活動に参加しない人は，どのような人で，なぜ参加しないのかも，あわせて考えてみましょう。

索　引

ア行

アーカイブ分析　29
アクセスパネル　35
アノミー　10, 11
アファーマティブ・アクション　75
アンダーソン，ベネディクト　203
逸脱　6
一党独裁　162
一般交換　50
一般的互酬性の規範　239
移民　18
　──の女性化　271
　──労働者　205
インセンティブ・ディバイド（意欲格差）　71
インターネット調査　34
インタビュー　29, 41
インフォームドコンセント　28
ウェーバー，マックス　10
ウェルマン，バリー　123
ウォーラーステイン，イマニュエル　19, 202
運動サイクル　91
エスニシティ　214
エスノグラフィー　41
エスノメソドロジー　17
『エスノメソドロジー』　17
エスピン＝アンデルセン，イエスタ　187
エートス　11
エリートと大衆の対立　15
オピニオン・リーダー　113
オープン型　35
オング，ウォルター　103

カ行

改革開放政策　162
階級　9
　──社会　161
　──対立　15
介護予防　228
χ^2検定　38
階層の再生産　68
会話分析　17
学歴　165
家族周期　→ライフサイクル
価値　6
葛藤理論　15
ガーフィンケル，ハロルド　17
仮面　4
カリスマ　11
間主観性　16
間主観的　15
感情労働　146
環太平洋パートナーシップ協定（TPP）　212
官僚制　10
関連性　16
機械的連帯　10
機会の平等　8, 72
企業福祉　142
基礎集団　5
機能集団　5
機能主義　13
機能的代替性　15
規範　6
逆機能　15, 109
キャリーオーバー効果　34
教育の近代化理論　65
教育の社会化機能　63
教育の社会配分機能　63
共産主義社会　161
業績主義　65
近代化　9
緊張関係（ストレーン）　87
グラノベッター，マーク　243
クラメールの連関係数　38
クローズド型　35

クロス分析　35, 41
グローバリゼーション　7, 200
グローバル・シティ　213
系統抽出法　31
結果の平等　8, 73
結束型ソーシャル・キャピタル　240
『ゲマインシャフトとゲゼルシャフト』　12
健康寿命　229
健康日本21　228
顕在的機能　15, 109
現象学的社会学　16
限定コード　68
権力論　20
行為の意味　11
交易国家　160
公共圏論　20
公共社会学　19
合計特殊出生率　46, 218
構造　6
構造機能分析　13
幸福（well-being）　51, 56
公民権法　66
合理的選択理論　21
高齢化率　50, 220
国民国家　9, 200
互酬性に基づく交換　49
個人化　47
国家　5
子どもの社会化　45
個別面接法　32
コミットメントからの逃走　51
コミュニケーション 2 段階の流れ仮説　112
コミュニティ　282
　　——解放論　123
　　——の衰退　249
　　循環型——　134
　　地縁型——　125
　　テーマ型——　125
雇用関係　140
コールマン, ジェームズ　237
コント, オーギュスト　9
コンフィデンシャリティ　28

サ行

災害対策基本法　277, 279
再生産労働　138, 268
　　——の賃労働化　154
在宅勤務　153
裁量労働制　152
差別　8
産業革命　9, 160
産業空洞化　7, 205
産業構造の変動　7
産業者　9
サンシモン　9
三段抽出法　31
サンプリング　30
サンプル　30
自記式調査　32
資源動員論　89
自己責任化　106
自己本位型　11
『自殺論』　11
自主防災組織　282
自助・共助・公助・互助・商助　133, 226, 279
自助グループ（セルフ・ヘルプ・グループ）　96, 195
慈善事業　180
『実証哲学講義』　9
『資本主義の精神とプロテスタンティズムの倫理』　11
市民革命　160
市民社会　9
　　——の道徳　10
社会運動　7, 84
社会階層　5, 9, 162
社会階層と社会移動全国調査　165
社会学主義　11
社会関係の形式　12
社会主義社会　161
『社会大系論』　13
社会調査法　24
社会的交換　18
社会的公正　175
社会的事実　11
社会的信頼　239
『社会的世界の意味構成』　16
社会的ネットワーク　18
社会的排除　19, 58

社会はシンボルを共有する人々の集まり　5
『社会分業論』　10
社会民主主義　161
『社会理論と社会構造』　15, 108
社会を想像する　3
シャドーワーク　45
主意主義　11
自由回答　33
就業構造基本調査　138
集合的アイデンティティ　90
集合法　32
就職氷河期　167
終身雇用　142
集団本位型(利他的)自殺　11
住民基本台帳　31
住民参加型在宅福祉サービス団体　193
住民自治組織　281
受益圏　86
受苦圏　86
宿命型自殺　11
シュッツ, アルフレッド　16
順(正)機能　15, 109
準拠集団論　88
少子高齢化　167
職域分離　147
職業の地位　165
植民地　9
人権　8
人口減少社会　222
人口ピラミッド　221
人口変動　7
人口ボーナス　7
新国際分業　205
新自由主義　183, 213
人的資本論　146
ジンメル, ゲオルク　12
スティグマ　59, 186
ステルスマーケティング　116
ズナニエツキ, フロリアン　13
スメルサー, ニール　87
生活史　13
生活保護　172, 184
正規雇用　141
制裁(サンクション)　6
生産労働　138

政治的機会構造　89
性自認　260
政治プロセス(政治過程)　81
性的指向　261
制度　6
性別役割分業　45, 142
精密コード　68
性役割　260
世界システム　202
　──論　19
セクシュアリティ　260
セクシュアル・マイノリティ　262
世俗内禁欲的な倫理　11
世代間移動　165
世代内移動　166
選挙人名簿　31
潜在的機能　15, 109
先進国　7
全数調査(悉皆調査)　30
選択意思　12
選択式回答　33
層化多段無作為抽出法　31
層化抽出法　31
相関関係　37
相互扶助　180
想像の共同体　203
相対的剥奪論　87
相対的貧困率　171
属性主義　64

タ行

第 1 次抽出単位　31
第 2 次抽出単位　31
他記式調査　32
多国籍企業　204
多段抽出法　31
ダブルバーレル　33
多文化主義　214
断酒会　97
単純無作為抽出法　31
男性性イデオロギー　154
地域経済の衰退　7
地域社会　5
地域統合　207
地域包括ケア　232

中間集団　122
抽出　30
抽出台帳　31
中進国　7
中範囲の理論　15
調査票　32
「強い紐帯」より「弱い紐帯」　243
テーマ型コミュニティ　125
デュルケム，エミール　10
テレワーク　153
テンニース，フェルディナンド　12
電話法　32
等間隔抽出法　31
統計的検定　38
同心円地帯理論　12
ドキュメント分析　29
都市的生活様式　133
途上国　7
トーマス，ウィリアム　12
トランス・コミュニティ　98

ナ行

ナショナリズム　9
難民　18
二段抽出法　31
ニート　151
人間の安全保障　7, 19
年功賃金　142

ハ行

排外主義　214
バウマン，ジグムント　106
パーク，ロバート　12
バージェス，エルンスト　12
橋渡し型ソーシャル・キャピタル　240
『パーソナル・インフルエンス』　113
パーソンズ，タルコット　13, 44
パットナム，ロバート　237
ハーバーマス，ユルゲン　20
ハビトゥス　69
ハラスメントの回避　28
反グローバリズム　213
晩婚化　47, 53
バーンスティン，バジル　68
非正規雇用　149

非正規労働者　171
批判理論　20
標準的雇用　141
標本　30
貧困の罠　187
フィールドワーク　29, 41
夫婦の精神的安定化　45
フェイスシート　34
フェミニズム　263
フォーディズム　145
福祉国家　181
　——の危機　183
福祉レジーム　187
フーコー，ミシェル　20
フリーランス　153
ブルーカラー　158
ブルデュー，ピエール　20, 69, 237
フレキシビリティ　150
フレーム　90
プロアクティブ・ムーブメント　86
文化資本論　20
文化帝国主義　210
文化的再生産論　67
分業　10
分析的社会学　18
ヘイトスピーチ　214
へき地　230
ベーシックインカム　184
ベック，ウルリッヒ　20
ベルリンの壁　162
封建社会　9, 160
防災コミュニティ　282, 289
包摂　19, 58
母集団　30
ホームレス　143, 172
『ポーランド農民』　13
ホワイトカラー　158
本質意思　12

マ行

マクルーハン，マーシャル　103
マス・メディアの時代　105
マズロー，アブラハム　57
マートン，ロバート　15, 108
マルクス，カール　85, 161

マルクス主義　15
マルチ・メディアの時代　105
未婚化　53
見せかけの関係　37
身分制　9, 159
民族主義的ナショナリズム　162
無作為抽出　30
メリトクラシー　65, 164
モダニティ　9
モノグラフ　41
模倣する　4

ヤ行

役割　4
有機的連帯　10
郵送法　32
寄せ場　143, 172

ラ・ワ行

ライフサイクル　53
ライフスタイル　158
ラザースフェルド，ポール　112

ランダムサンプリング　30
リアクティブ・ムーブメント　86
リスク社会論　20
理念　6
類型化　16
ルール　4, 6
労働運動　85
労働組合　141
労働市場　140
　──の二重構造　143
労務管理制度　145
ローカリズム　208
ワークフェア　183
ワーク・ライフ・バランス　153, 272

アルファベット順

AA（Alcholics Anonymous）　97
AGIL 図式　13
OffJT　146
OJT　146
society　4
well-being　→幸福

執筆者紹介（執筆順，＊は編者）

＊櫻井 義秀（さくらい よしひで）　はじめに，第1章，第9章
　北海道大学大学院文学研究院・教授。専門：比較宗教社会学
　主要著書：『タイ上座仏教と社会的包摂―ソーシャル・キャピタルとしての宗教』（編著）明石書店，2013年。『カルト問題と公共性―裁判・メディア・宗教研究はどう論じたか』北海道大学出版会，2014年。

寺沢 重法（てらざわ しげのり）　第2章
　元北海道大学大学院文学研究科助教。専門：宗教社会学，社会意識論，台湾研究
　主要論文：「慈済会所属者の族群と社会階層は多様化しているのか？―TSCS-1999/2004/2009の分析」『宗教と社会貢献』5巻2号，2015年，27-42頁。「現代台湾において日本統治時代を肯定的に評価しているのは誰か？―『台湾社会変遷基本調査』の探索的分析」『日本台湾学会報』17号，2015年，226-240頁。

平賀 明子（ひらが あきこ）　第3章
　元北星学園大学教授。専門：家族社会学
　主要論文：「中年期カップルにおける肯定的感情と否定的感情―アメリカにおける中年期研究（MIDUS）の日本版調査にみる」『現代社会学研究』20巻，2007年，113-126頁。

野崎 剛毅（のざき よしき）　第4章
　札幌国際大学短期大学部・准教授。専門：教育社会学
　主要論文：「アイヌ民族の教育経験と階層形成」『現代社会学研究』34巻，2021年，7-19頁。「アイヌ語復興の可能性としての「言語の巣」」『北海道大学大学院教育学研究院紀要』第138号，2021年，55-75頁。

竹中 健（たけなか けん）　第5章
　九州看護福祉大学大学院看護福祉学研究科・教授。専門：医療社会学・社会福祉論・ボランティアNPO論
　主要論文："Why would she act as a volunteer in a Children's Hospice?: One woman's experience in a Scottish Community", Kyushu Journal of Social Work, 3, 19-24, 2020. "Why Japan's Hospital Volunteer Program Has Failed: Civil Society or Mobilization?", Bulletin of Hiroshima Kokusai Gakuin University, 47, 1-10, 2014.

辻 泉（つじ いずみ）　第6章
　中央大学文学部・教授。専門：メディア論，文化社会学
　主要著書：『メディア社会論』（共編著）有斐閣，2018年。『鉄道少年たちの時代―想像力の社会史』勁草書房，2018年。

執筆者紹介

*飯田俊郎（いいだ としろう）　第7章
　青森公立大学経営経済学部・教授。専門：都市社会学
　主要論文：「リピーター現象の現状と問題点」小内透編『講座　トランスナショナルな移動と定住―定住化する在日ブラジル人と地域社会　第3巻　ブラジルにおけるデカセギの影響』御茶の水書房，2009年，3-20頁。「プロ野球ファンの価値観と行動様式―北海道日本ハムファイターズの観客動員戦略のために」（趙元任・笹本国央と共同執筆）『札幌国際大学　北海道地域・観光研究センター年報』3号，2010年，19-25頁。

今井　順（いまい じゅん）　第8章
　上智大学総合人間科学部・教授。専門：経済社会学，労働社会学など
　主要著書・論文：*The Transformation of Japanese Employment Relations: Reform without Labor*, Palgrave Macmillan, 2011.　『雇用関係と社会的不平等―産業的シティズンシップ形成・展開としての構造変動』有斐閣，2021年。

*西浦　功（にしうら いさお）　第10章
　札幌大谷大学社会学部・教授。専門：福祉社会学
　主要論文：「ボランティア活動観に関する実証的研究」『現代社会学研究』12巻，1999年，71-87頁。「ホームヘルパーのアイデンティティー構築の困難性―感情労働としての在宅介護」『人間福祉研究』8号，2005年，43-54頁。

人見泰弘（ひとみ やすひろ）　第11章
　武蔵大学社会学部・准教授。専門：国際社会学
　主要論文：「滞日ビルマ系難民のキリスト教―宗教文化とエスニック・アイデンティティ」三木英・櫻井義秀編『日本に生きる移民たちの宗教生活―ニューカマーのもたらす宗教多元化』ミネルヴァ書房，2012年，29-53頁。'Japanese Refugee Policy and Burmese Refugees'『コロキウム―現代社会学理論・新地平』6号，新泉社，2011年，60-69頁。

青山泰子（あおやま やすこ）　第12章
　自治医科大学医学部総合教育部門（社会学）・准教授。専門：福祉社会学
　主要論文：「東日本大震災被災市町村における母子保健事業と地域組織活動実態調査」『「避難家族に対するリフレッシュママ教室」事業報告書』公益社団法人母子保健推進会議，2014年，33-62頁。「地域医療の展開と医療過疎」金子勇編著『高齢者の生活保障』放送大学教育振興会，2011年，104-115頁。

梶井祥子（かじい しょうこ）　第13章
　札幌大谷大学社会学部・教授。専門：社会学，家族社会学，ソーシャル・キャピタル論など
　主要著書：「『つながり』に投資する地域社会」小林好宏・梶井祥子編著『これからの選択　ソーシャル・キャピタル―地域に住むプライド』北海道開発協会，2011年，59-91頁。「人口減少社会に生きる若者」梶井祥子編著『若者の「地域」志向とソーシャル・キャピタル―道内高校生1,755人の意識調査から』中西出版，2016年，11-39頁。

猪 瀬 優 理(いのせ ゆり)　第14章
　　龍谷大学社会学部・教授。専門：宗教社会学
　　主要著書・論文：『信仰はどのように継承されるか』北海道大学出版会，2011年。「現代日本の新宗教」田中雅一・川橋範子編『ジェンダーで学ぶ宗教学』世界思想社，2007年，92-110頁。

庄司知恵子(しょうじ ちえこ)　第15章
　　岩手県立大学社会福祉学部・准教授。専門：農村社会学，地域社会学
　　主要論文：「災害時の防犯活動の位相」吉原直樹編『安全・安心コミュニティの存立基盤―東北6都市町内会分析』御茶の水書房，2013年，57-92頁。「都市部町内会における東日本大震災への対応―盛岡市松園地区北松園町内会『北松園自主防災隊』の事例」(伊藤嘉高と共同執筆)，吉原直樹編『防災の社会学　第二版』東信堂，2012年，99-124頁。

アンビシャス 社会学
2014年5月25日　第1刷発行
2022年5月25日　第4刷発行

　　編著者　　櫻井義秀

　　　　　　　飯田俊郎

　　　　　　　西浦　功

　　発行者　　櫻井義秀

発 行 所　北海道大学出版会
札幌市北区北9条西8丁目　北海道大学構内（〒060-0809）
Tel. 011(747)2308・Fax. 011(736)8605・http://www.hup.gr.jp/

㈱アイワード　　　　　　　Ⓒ 2014　櫻井義秀・飯田俊郎・西浦功
ISBN978-4-8329-6793-9

書名	著者	体裁・価格
格差の社会学入門 第2版 ―学歴と階層から考える―	平沢和司 著	A5・210頁 定価2700円
コモンズ 地域の再生と創造 ―北からの共生の思想―	小磯修二 草苅 健 著 関口麻奈美	四六・308頁 定価2600円
調査と社会理論【全2巻】	布施鉄治 著	A5 定価各12000円
コリアン・ネットワーク ―メディア・移動の歴史と空間―	玄 武岩 著	A5・480頁 定価6500円
統一教会 ―日本宣教の戦略と韓日祝福―	櫻井義秀 中西尋子 著	A5・658頁 定価4700円
大学のカルト対策	大畑 昇 櫻井義秀 編著	四六・274頁 定価2400円
カルトからの回復 ―心のレジリアンス―	櫻井義秀 編著	四六・402頁 定価3200円
越境する日韓宗教文化 ―韓国の日系新宗教 日本の韓流キリスト教―	李 元範 櫻井義秀 編著	A5・500頁 定価7000円
信仰はどのように継承されるか ―創価学会にみる次世代育成―	猪瀬優理 著	A5・304頁 定価3800円
教典になった宗教	土屋 博 著	A5・298頁 定価4500円
聖と俗の交錯 ―宗教学とその周辺―	土屋 博 編著	四六・248頁 定価2400円
〈現代宗教文化研究叢書7〉 現代中国の宗教変動とアジアのキリスト教	櫻井義秀 編著	A5・490頁 定価7500円
〈現代宗教文化研究叢書8〉 宗教とウェルビーイング ―しあわせの宗教社会学―	櫻井義秀 編著	A5・438頁 定価5800円

〈価格は消費税を含まず〉

北海道大学出版会